ABA 로 배우는 첫 사회성 프로그램

James T. Ellis · Christine Almeida 공저 | 허은정 · 김명하 · 김수정 · 민정윤 · 박미성 공역

Socially Savvy

An Assessment and Curriculum Guide for Young Children

학지사

우리와 함께했고
많은 것을 배우게 해 준
모든 아이에게
바칩니다.

섬과 섬 사이는 바닷물만 가득하다. 잠시 바닷길이 열려 서로 연결되는 기적의 순간, 그 찰나의 순간이 지나면 섬들은 또다시 외로운 고독의 시간으로 잠긴다. 우리는 짧은 시간만 열리는 섬의 길에 목이 마르고, 그 섬을 늘 찾아가고 싶다. 그래서 우리는 섬과 섬 사이를 잇는 다리를 놓아, 이들을 고립의 순간에서 끄집어 낸다.

자발적이든 비자발적이든 이렇게 고립무원의 섬 같은 아이들에게 우리는 사회성 훈련이라는 이름하에 열심히 다리를 놓는 작업을 한다. 이 작업은 고되고 쉽지 않지만 반대로 큰 기쁨을 얻는 일이라는 것을 안다.

흔히 자폐스펙트럼장애(Autism Spectrum Disorder: ASD) 아동은 사회성 기술이 부족하다고 알려져 있고, 그 아이들에게 또래나 세상과 소통하는 방법을 가르쳐 주어야 한다고 말한다. 그러나 사회적 상호작용은 일방통행이 아니다. "내가 너에게 가고 있으니, 너도 나에게 와 주겠니?"라는 함의가 있는 것이다. 이는 ASD 아동이 느끼는 세상과 그것을 보는 시각을 우리도 이해하고 존중해야 할 필요성이 있음을 생각하게 하는 지점이다. ASD 아동에게 세상으로 나오는 길을 알려 주고 그 길을 격려하는 한편, 그와 동시에 세상의 친구들도 거기로 한 발 들어가 그 아이들의 손을 잡는 노력이 필요하다. 그런 면에서 『ABA로 배우는 첫 사회성 프로그램』은 실제로 이 양방향의 왕래를 균형 있게 할 수 있도록 충실한 안내자의 역할을 한다.

놀이치료 시간에 선생님과 어떻게 팽이를 돌리는지, 그리고 팽이 놀이의 규칙은 무엇인지 배워서 잘 알고 있는 아이가 막상 놀이터에서 또래 아이들과 만나 팽이를 돌리는 순간에는 주저하고 다가가지 못한다고 하면, 이 아이는 실제로 이 놀이를 놀이답게 활용할 기회를 충분히 가진다고 할 수 없다.

ASD 아동 중에서는 성인과의 대화나 상호작용은 상대적으로 편안하게 느끼고 덜 긴장하는 한편 또래 친구들과의 대화는 어렵게 느끼거나 위축되는 경우가 많다. 성인들은 ASD 아동들이 원하는 바를 미리 간파하기도 하고, 아이들의 속도에 맞춰 기다려 주기도 하지만, 또래는 그들의 속도에서 벗어나면 상호작용을 중지하고 그 자리를 뜨는 경우가 많기 때문이다.

다른 사람의 얼굴이나 눈을 잘 보지 않는 ASD 아동은 다른 친구가 말할 때 상기된 표정으로 말하는지, 뭔가 불만을 표시하는 듯한 얼굴인지, 지겹다는 표정인지 알아차리지 못한다. 표정에 담긴 비언어적인 신호를 포착하기 어려울 뿐 아니라 이에 반응하거나 자신의 생각을 표현하는 것에도 어려움을 느낀다. 이처럼 ASD 아동에게는 단순하지 않은 여러 가지 사회적 상황에서의 문제에 대처하기 위해 『ABA로 배우는 첫 사회성 프로그램』에서는 공동주의, 사회적 놀이, 비언어적 기술, 집단 규칙 등과 관련된 기술들을 구체적으로 가르칠 수 있는 활동과 방법을 제시하고 있다.

『ABA로 배우는 첫 사회성 프로그램』은 치료사와 부모가 광범위한 사회적 기능 영역을 구체적인 기술로 세분화하는 데 도움을 준다. 제1장에 제시된 Socially Savvy 체크리스트는 아동의 특정 강점과 성취해야 할 과제를 정확히 지적함으로써 개입이 가장 필요한 기술의 우선순위를 정하고 이를 해결하기 위한 전략을 개발하여 해당 전략의 효과를 추적할 수 있게 해 준다. 이 책에는 즐거운 어린 시절과 미래의 학업 성공에 중요한 사회성 기술 개발을 촉진하는 놀이 기반 활동도 포함되어 있다.

사회성은 우리 모두에게 가장 중요한 능력이고 필수적인 능력이지만 이를 함양하기 위한 활동은 회피하고 싶거나 부담스러운 활동이 되어서는 안 되고 즐겁고 흥겨운 경험이어야 한다. 이런 점에서 『ABA로 배우는 첫 사회성 프로그램』에서 제시된 게임과 활동은 즐거우면서도 자연스럽게 아이들이 익혀야 할 기술들을 가르친다.

우리 모두는 사회적 상호작용을 통해 서로 이해하고 지지하며 성장할 수 있다. 그러나 사회적 상호작용에는 복잡하고 미묘한 규칙과 동적인 요소가 포함되어 있다. 이 책은 사회성의 본질을 탐구하고, ASD 아동과 우리가 서로에게 어떻게 의미 있는 연결을 형성할 수 있는지에 대해 고찰한다.

이 책이 독자들에게 새로운 통찰력을 제공하고, 사회적 관계의 중요성을 가르치고 안내할 수 있게 하며, 더 나은 세상을 위해 함께 노력하게 하는 데 도움이 되기를 바란다.

끝으로, 미국에서 역자 회의에 참석하려고 매번 시차를 극복해야 했던 박미성 선생님, 글자 하나에 담긴 의미까지도 세세하게 살펴보고 직접 아이들에게 물어보며 어떤 표현이 더 적절할지 매일 고민했던 김명하, 민정윤 선생님, 실제로 이 책의 프로그램을 미리 적용해 보며 도움말을 주시고 묵직하게 중심을 잡아 주신 김수정 선생님에게 감사를 드린다.

매번 새벽까지 이어지던 역자 회의와 토론의 열정이 이 책을 만나게 될 교사, 치료사, 부모님에게 전달되고, 아이들의 변화에 가슴이 뻐근해지는 희열의 순간을 조우하게 되기를 기도한다.

2024년 10월
녹음 가득한 정발산에서
허은정

일러두기

이 책의 제1장에서 제시된 'Socially Savvy 체크리스트'와 'Socially Savvy 체크리스트 요약 보고서'는 독자가 아동에게 실제로 적용해 볼 수 있도록 학지사 홈페이지 『ABA로 만나는 사회성 프로그램』 자료실에 게시했다.

사회성 장애가 있는 아동들은 명시적이고 일관된 규칙이나 지원 없이는 사회적 뉘앙스와 기대가 혼재된 혼란스러운 세상에서 허둥대는 경우가 너무 많다. 사회성 기술 장애는 다양한 방식으로 나타날 수 있다. 다른 아동들에게 거의 또는 전혀 관심을 보이지 않거나, 다른 사람들과 상호작용을 시작하고 지속하는 데 어려움을 겪거나, 그룹이나 사회적 상황에서 예상되는 규칙을 따르는 데 어려움을 겪을 수 있다. 많은 경우, 사회성 기술 부족으로 인해 아동은 사회적 상호작용을 회피하고 활동이나 다른 사람과의 상호작용에 무관심한 것처럼 보일 수 있다. 다른 경우에는 특정 상황에서 다른 아동을 밀치거나 물건을 넘어뜨리는 등의 문제행동이 연쇄적으로 나타나거나 두 가지 모두 나타날 수 있다.

오늘날, 학교, 교사와 부모는 종종 사회성 기술(그중 대부분은 놀이에서 발달)에 적절한 관심을 주기보다는 아동들의 학업 능력에 집중한다. 유치원 때부터 시작되는 이런 경향들은 여러 가지 이유로 근시안적이다. 첫째, 학업적 성공은 강력한 사회성 기술의 기초를 필요로 한다. 둘째, 5세에 기본 수학을 읽고 풀 수 있지만 사회적 상황을 해결할 수 없다면, 그 아동은 다른 사람들과 상호작용을 하고 협력해야 하는 많은 상황에 대한 준비가 되어 있지 않은 것이다. 마지막으로, 사회성은 '행복한' 어린 시절을 보내는 데 필요한 능력이다. 사회적 역량은 아동이 생일 파티에서 즐거운 시간을 보내고, 친구와의 갈등을 해결하고, 자신의 목소리를 듣고, 스스로를 옹호하고, 필요할 때 도움을 요청할 수 있는 길을 열어 준다. 특히 아주 어린 아동에게는 효과적인 사회성 기술을 개발하는 것이 학업성취도만큼 중요하거나 어쩌면 그보다 더 중요할 수 있다. 게다가 많은 아동은 직접적인 교육이 제공되지 않는 한 필요한 사회성 기술을 개발하지 못할 것이다.

공립학교의 사회성 기술 훈련은 때로 굉장히 부적절할 때가 있다. 대부분의 경우에 그것은 일주일에 30분에서 1시간 동안 '사회성 화용 그룹'의 형태로 진행되며, 이러한 기술이 학교생활 전반에 걸쳐 일반화되기를 기대한다. 그러나 이 형식으로 성공하려면 아동들은 그룹 내에서 잘 기능하기 위해 최소한의 사회성 기술 레퍼토리가 필요하다. 진짜로 효과적이려면 그룹의 리더는 각 아동의 개별 기술에 대해 상세하고 정확한 평가부터 시작해야 한다.

이 책은 사회성 기술 결함을 평가하고 개념화하고 효과적인 중재를 계획하기 위해 응용행동분석(Applied Behavior Analysis: ABA)의 원칙에 의존한다. 수십 년간의 연구에 따르면 증거 기반 절차를 체계적으로 사용하여 기술을 가르치고 행동을 변화시키는 ABA는 교사, 치료사, 보조 인력이 정기적으로 데이터를 수집하여 중재의 효과를 측정하고 신중하면서도 전략적으로 계획을 변경할 수 있도록 해야 한다.

사회적 기능의 광범위한 영역을 구체적인 기술로 세분화하면 아동의 특정한 강점과 약점을 파악할 수 있다. 일단 아동의 구체적인 상황을 평가한 후에는 교사와 부모가 개입이 가장 필요한 기술의 우선순위를 정하고, 이를 해결하기 위한 전략을 개발하며, 그 전략의 성공 여부를 지켜보는 것이 훨씬 쉬워진다. 사회성을 연습하는 것은 관련된 성인과 아동 모두에게 덜 부담스러워진다. 하루 종일 계획적이고 자연스럽게 발생하는 기회를 통해 한두 가지의 특정 기술을 연습함으로써 교사와 부모는 '사회성 기술'을 연습해야 한다는 부담감을 덜 수 있다. 이 책을 개발한 이유는 이 접근 방식이 많은 아동과 가족 및 교사에게 매우 성공적인 것을 보았고, 사회성 장애로 어려움을 겪고 있는 더 많은 아동에게 도움을 주고 싶었기 때문이다.

이 책의 목적은 ABA 원칙에 기반한 아동들의 사회성 기술에 대한 평가 및 추적 도구와 중재 지침을 제공하는 것이다.

ABA를 통한 효과적인 교육과 행동 변화는 선행사건-행동-결과(A-B-C) 또는 자극-반응-결과라는 기본 학습 패러다임에 의존한다. 즉, 특정 행동이 왜 발생하는지 또는 사회성 기술이 없거나 부족한 때를 이해하기 위해 우리는 행동 전에 일어나는 일(선행사건 혹은 자극)과 행동 후에 일어나는 일(결과)을 살펴볼 필요가 있다. 도전적인 행동을 줄이거나 없애기 위해 우리는 선행사건과 결과를 바꿀 필요가 있다. 마찬가지로 새로운 기술을 효과적으로 가르치려면 교육을 전달하는 방법, 기술이 발생하기 전의 환경 조건, 그리고 아동이 그 기술을 보여 줄 때 우리(그리고 다른 사람들)가 어떻게 반응하는지에 세심한 주의를 기울여야 한다. 각 구성 요소에는 기술이나 행동의 발생에 영향을 미치는 다양한 요인이 있을 수 있다.

예상되는 자극과 반응을 위해 A-B-C 학습 패러다임을 사용하는 예를 살펴보자.

누군가 "안녕."이라고   아동이 "안녕."이라고   그 사람이 다가와
말함   대답함   대화를 시작함

이제 이 패러다임을 사용하여 누군가가 인사할 때 왜 아동이 반응하지 않는지 생각해 보자. 각 구성 요소에는 아동이 기대하는 기술(즉, "안녕."이라고 대답)을 보이는지에 영향을 미치는 다양한 요인이 있을 수 있다.

아동의 주의가 완전히   "안녕."이라는 말은 현재   아동에게 사회적 상호작용이
집중되지 않을 수 있다.   아동의 레퍼토리에   강화되지 않았을 수 있으며,
                          없을 수도 있다.   더 이상 사회적 상호작용을
                                                     하고 싶지 않아서 "안녕."이라고
                                                     말하지 않을 수 있다.

아동이 사회성 기술을 보이지 않는 이유를 이해해야 중재 방법을 선택할 수 있다.

교사는 인사나 다른 사회적   "안녕." 또는 손 흔들기와   인사나 다른 사회적 시작 행동에
상호작용을 시작하기 전에   같은 다른 신체적 반응을   대한 아동의 동기를 높이고
아동의 모든 관심을 끌도록   가르친다.   유지하기 위해 개별적인 강화를
한다. 교사는 다른 사람들이   해 준다. 처음에는 아동이 인사에
접근할 때 아동의 관심을 높이기   반응한 후에 추가적인
위해 노력해야 한다.   사회적 요구를 하지 않는다.

따라서 아동에게 가장 효과적으로 새로운 사회성 기술을 가르치고, 이 기술을 독립적으로 사용하게 하려면 우리는 학습 패러다임의 각 구성 요소를 고려하고, 아동이 목표한 사회성 기술을 일관되게 발휘할 수 있도록 잠재적인 변화를 줄 수 있어야 한다.

이 책은 유치원 진학을 앞둔 아동에게 중요한 사회성 기술에 초점을 맞추고 있다. 이 시기에는 많은 아동이 사회성 기술에 결함이나 장애를 드러낸다. 이 매뉴얼은 통합 유치원 프로그램으로 아동들을 지원한 우리의 경험을 바탕으로 작성되었고, 다양한 사회성 기술 장애가 있는 아동에게 적용할 수 있는 도구와 전략이 포함되어 있다. 매뉴얼에 설명된 많은 사회성 기술 중재가 놀이 기반의 언어가 풍부한 환경에서 이루어지지만, 평가도구 자체는 놀이나 언어능력에 초점을 맞추지 않았다. ABLLS-R(Assessment of Basic Language and Learning Skills-Revised)이나 VB-MAPP(Verbal Behavior Milestones Assessment and Placement Program)와 같이 이러한 기술 영역을 평가할 수 있는 다른 좋은 도구들도 있다.

이 평가도구는 사용하기 쉽다. 여기에는 각 항목에 대한 설명과 중요성에 대한 설명이 포함되어 있어 평가를 완료하는 사람들 간의 일관성을 보장하고, 익숙하지 않은 평가자가 항목이나 기술을 이해하는 데 도움이 된다. 평가는 교사, 부모 또는 팀이 특정 자녀 또는 특정 환경에서 중요하다고 생각할 수 있는 추가 기술을 포함하도록 개별화될 수 있다. 또한 이 매뉴얼에는 교사와 부모가 아동의 개별화 교육 프로그램(Individualized Education Program: IEP)에 대한 목표를 개발하는 데 도움이 되는 각 기술에 대한 기준-기반 목표 샘플이 포함되어 있다.

각 기술에 대해 구체적인 교육 전략이 제공된다. 다양한 사회성 기술을 가르치는 맥락으로 활용할 수 있는 50가지 활동을 설명하고 있다. 또한 자세한 교육 계획, 시각적 지원의 예시 및 상황 이야기 예시도 제공한다. 이 프로그램의 핵심 방법론은 사회성 기술 중재가 사회적 환경(즉, 그룹)에서 나이에 적합하고 재미있는 전형적인 활동 내에서 가장 잘 이루어진다는 것이다. 마지막으로, 구체적인 데이터 수집 절차 및 데이터 시트 예시와 함께 목표 기술에 대한 아동의 진전 상황을 측정하는 방법에 대한 지침을 제공한다.

다음은 책의 각 장에 대한 간략한 요약이다.

제1장 Socially Savvy 체크리스트

Socially Savvy 체크리스트는 교사나 부모가 아동의 강점과 중재가 가장 필요한 영역을 결정할 수 있는 구조화된 방법을 제공하는 사회성 기술 평가이다. 이 평가는 사회성 발달의 일곱 가지 영역, 즉 공동주의, 사회적 놀이, 자기 조절, 사회적·정서적 기술, 사회적 언어, 교실·그룹 행동, 그리고 비언어적인 사회적 언어로 나뉘어 있다. 각 영역 내에서 일반적으로 발달 진행 순서에 따라 정렬되는 여러 가지 특정 기술을 식별한다.

제2장 기술의 설명

이 장에서는 평가의 각 영역에 대한 간략한 설명과 개별 기술에 대한 설명을 제공한다.

제3장 IEP 목표 예시

이 장에서는 교사와 부모가 아동을 위한 특정 IEP 목표와 성취 기준을 식별하고 설명하는 데 도움이 되는 각 기술에 대한 예시 기준 기반의 목표를 제공한다.

제4장 교수 전략

이 장에서는 목표 기술에 대한 구체적인 교수 전략을 제공한다. 여기에는 대상 기술에 대한 일반적인 고려 사항, 학습의 맥락이 될 수 있는 잠재적인 게임 또는 활동에 대한 참조, 상황 이야기 또는 시각적 지원을 사용하는 방법 또는 자세한 단계별 교육 계획이 포함된다.

제5장 사회성 기술을 가르치기 위한 활동

이 장에서는 목표로 삼은 사회성 기술을 가르치기 위한 맥락으로 활용할 수 있는 50가지의 구체적인 게임과 활동을 제공한다. 지침에는 각 활동에 대한 목표로 삼은 사회성 기술, 각 활동에 대한 자세한 설명, 필요한 자료, 적절한 경우에 시각적 지원 예시가 포함되어 있다. 또한 활동을 변형하거나 일반화하는 방법에 대한 아이디어와 유용한 제안도 제공한다.

제6장 자료 수집

이 장에서는 수집할 데이터 유형과 이 데이터를 수집하는 가장 효율적인 방법을 포함하여 아동을 평가하는 방법에 대한 구체적인 아이디어를 제공한다. 또한 샘플 데이터 시트도 제공한다.

제7장 사례 연구

초기 평가부터 중재와 데이터 수집에 이르는 과정을 설명하기 위해 1:1, 2인 및 그룹 등 다양한 형식의 사회적 기술 중재를 제시한 아동들의 사례를 제공한다.

부록

부록 1: 수업 계획
목표로 삼은 사회성 기술에 대한 수업 계획 샘플이 일부 제공된다.

부록 2: 시각적 지원
활동 및 중재 전략에 대한 시각적 지원 샘플이 일부 제공된다.

부록 3: 사회적 상황 이야기
목표로 삼은 사회성 기술에 대한 상황 이야기 샘플이 일부 제공된다.

아동이 새로운 기술을 배우도록 돕는 열쇠는 '과제'가 아니라 즐겁게 학습할 수 있는 환경을 제공하는 것이다. 다른 사람들과 교류하는 것은 재미있는 경험이 되어야 하며, 이 영역에서 어려움을 겪는 아동에게 사회성 기술을 배우는 것은 흥미로워야 한다. 학습을 재미있게 만드는 한 가지 방법은 교사이든 부모이든 성인에게 사회성 기술을 평가하고 가르치는 관리가 가능하고 덜 부담스러운 방법을 제공하는 것이다. 이 책은 부모와 교육자가 사회성 기술을 배우고 가르치는 것을 재미있는 경험으로 만들기 위한 자원 역할을 한다.

사회성 기술을 가르치기 위한 활동

Socially Savvy
체크리스트

◆ Socially Savvy 체크리스트
◆ Socially Savvy 체크리스트 요약 보고서

Socially Savvy 체크리스트는 여러 가지 목적으로 사용된다. 각 사회성 기술 영역에서 아동의 강점과 문제점을 파악하고, 개입이 필요한 특정 기술을 강조하며, 시간 경과에 따른 사회성 기술 성장을 평가한다. 체크리스트는 7개의 일반 영역으로 나뉜다.

1. **공동주의**(Joint Attending: JA)

   공동의 관심이나 즐거움을 보여 주는 기술

2. **사회적 놀이**(Social Play: SP)

   다른 아동들과 다양한 수준의 상호작용 놀이에 참여하는 것과 관련된 기술

3. **자기 조절**(Self-Regulation: SR)

   예상치 못한 변화, 실수, 수정 피드백 또는 기타 어려운 상황에 대한 반응으로서 행동 반응을 조절하는 능력과 유연성을 보여 주는 것과 관련된 기술

4. **사회적·정서적 기술**(Social/Emotional: SE)

   자신과 타인의 다양한 감정을 인식하고 적절하게 대응하는 기술

5. **사회적 언어**(Social Language: SL)

   다양한 수준의 사회적 상호작용에서 언어를 사용하여 반응하고 시작하고 유지하기 위한 기술

6. **교실·그룹 행동**(Classroom/Group behavior: CG)

   그룹에 필요하거나 성인이 정한 규칙을 따르고 기대치를 충족하는 데 필요한 기술

7. **비언어적인 사회적 언어**(Nonverbal social language: NV)

   사회적 상호작용의 일부로 비언어적 의사소통을 읽고 사용하는 것과 관련된 기술

7개의 영역 내에서 기술은 일반적으로 점진적인 순서로 나타나는 것으로 간주하지만 모든 기술이 반드시 그런 것은 아니다. 경우에 따라 각 영역에서 더 뒤에 있는 기술에는 아이들이 먼저 개발해야 하는 전제 기술이 없는 경우도 있다. 일부 기술은 영역 간에 중

복되기 때문에 이 7개 영역의 기술 간에 항상 명확한 차이가 있는 것은 아니라는 점에 유의해야 한다. 이 체크리스트를 개발할 때 많은 자료를 참조하였으며, 유치원 환경에서 아동에게 중요하다고 생각되는 기술을 파악하는 데 중점을 두었다. 매뉴얼에 설명된 많은 사회성 기술 중재는 놀이 기반 및 언어가 풍부한 환경을 가정하지만, 이러한 기술을 평가할 수 있는 다른 도구를 사용할 수 있을 것으로 생각하고 이 체크리스트는 놀이나 언어 기술에 초점을 맞추지 않았다.

　　Socially Savvy 체크리스트는 교사, 부모 또는 아동의 전반적인 사회적 기능을 직접적으로 이해하고 있는 사람이 작성할 수 있다. Socially Savvy 체크리스트를 작성하는 평가자는 최소 2주 동안 사회적 환경에서 아동을 관찰할 것이며, 해당 기간 동안에 아동을 관찰한 결과를 바탕으로 평가해야 한다. 이 체크리스트는 4점 평가 시스템을 사용한다.

- 0점＝이 기술을 거의 또는 전혀 보여 주지 않음
- 1점＝이 기술을 몇 번만 보여 줌
- 2점＝이 기술을 일관되게 보여 주지는 않음
- 3점＝이 기술을 지속적으로 보여 줌
- N/A＝환경으로 인해 혹은 아동이 다른 방법으로 보충하기 때문에 해당되지 않는다.

　　아동들은 다양한 유치원 및 사회적 환경에 참여한다. 사회적 환경마다 중요한 사회성 기술이 다를 수 있으며, 이 체크리스트에서 확인되지 않은 기술이 다른 환경에서는 관련이 있을 수 있음을 인정한다. 따라서 Socially Savvy 체크리스트는 각 환경, 아동 또는 그룹의 필요에 맞춰 수정할 수 있게 설계되었다. 각 7개 영역의 마지막 부분에는 평가를 받는 개별 아동 또는 아동이 평가받는 환경과 관련될 수 있는 추가 기술을 기록할 수 있는 공간이 있다.

　　Socially Savvy 체크리스트는 아동의 진행 상황을 평가하고 중재가 필요한 기술을 파악하는 데 도움이 되도록 필요할 때마다 참조하고 업데이트할 수 있다. 이 장의 마지막에 제공된 표에 아동의 점수를 그래프로 표시하여 진행 상황을 시각적으로 확인할 수 있다. Socially Savvy 체크리스트로 아동을 평가할 때마다 다른 색의 펜이나 연필을 사용하여 그래프에 아동의 점수를 기록해야 한다. 각 평가 기간에 색상을 지정했지만, 각 평가 지점마다 사용하는 색상이 다르고 각 평가 지점에 사용되는 색상이 명확하게 구분되어 있다면 어떤 색상의 펜이나 연필이든 사용할 수 있다. 예를 들어, 아동을 처음 평가할 때 연필이나 회색 펜을 사용하여 점수를 음영 처리해야 한다. 다음에 아동을 평가할 때는

(몇 달 또는 1년 후) 검은색 펜을 사용해야 한다. 아동에게 기술이 없으면 그 열에 해당하는 숫자 옆에 색상 점을 찍는다. 예를 들어, 아동이 공동주의 2가 없는 경우 JA 2 옆에 색점을 찍는다. 아동이 특정 기술에서 1, 2 또는 3점을 받으면 기술 번호에 해당하는 동일한 수의 칸에 색을 칠한다(1은 1칸, 2는 2칸, 3은 3칸).

다음에 아동을 평가할 때 아동이 더 이상 같은 수준에서 해당 기술을 보여 주지 않는 한 이전에 음영 처리된 칸을 변경해서는 안 된다. 특정 기술에서 성장이 있었다면 이를 반영하기 위해 적절한 추가 칸을 음영 처리해야 한다. 예를 들어, 아동이 초기 평가에서 1점(한 칸이 음영 처리됨)을 받았지만, 이제 해당 기술을 완전히 숙달한 경우에는 추가로 두 칸을 더 음영 처리하여 첫 번째 칸은 한 가지 색상으로, 두 번째와 세 번째 칸은 두 번째 색상으로 표시하여 세 칸 모두를 음영 처리해야 한다. 따라서 다양한 색상으로 진행 상황을 명확하게 나타낼 수 있다. 어떤 이유로 후속 평가에서 아동의 기술 수준이 감소한 경우, 해당 평가 기간에 할당된 색상을 사용하여 해당 칸에 'x'를 표시하는 것이 가장 좋다.

경우에 따라 Socially Savvy 체크리스트를 완료한 후에 요약 보고서를 제공하는 것도 도움이 된다. 이 장의 마지막에 보고서 샘플이 제공된다. 이 보고서 형식을 사용하여 아동이 0점을 받으면 해당 옆에 'x'를 표시하여 기술이 '아직 레퍼토리에 없음'으로 표시한다. 아동이 1점 또는 2점을 받으면 해당 열에 'x'를 표시하여 해당 기술이 '신규 획득'으로 기록된다. 마찬가지로 아동이 3점을 받으면 해당 기술 옆의 '완료' 옆에 'x'가 표시된다. 아동이 'N/A' 점수를 받으면 보고서에 표시하지 않는다.

관찰	날짜	평가자	관찰 장소	관찰 시간(총계)
1				
2				
3				
4				

각 항목에 대해 다음의 평가 척도를 사용하여 각 기술의 강점을 표시한다. 평가는 소그룹 및 대그룹의 사회적 상황에서 아동을 직접 관찰한 것을 기반으로 해야 한다. Socially Savvy 체크리스트를 작성하는 평가자는 최소 2주 동안에 사회적 환경에서 아동을 관찰해야 하며, 평가는 이러한 환경에서 아동을 관찰한 결과를 바탕으로 해야 한다.

평가 시스템: 0＝이 기술을 거의 또는 전혀 보여 주지 않음, 1＝이 기술을 몇 번만 보여 줌,
2＝이 기술을 일관적으로 보여 주지는 않음, 3＝이 기술을 지속적으로 보여 줌, N/A＝해당되지 않음.

공동주의(JA)	1	2	3	4
JA 1 물건이 제시될 때 그 방향을 쳐다본다(예: 보거나 그와 관련된 반응을 함).				
JA 2 사회적 상호작용을 유지하기 위해 자신의 행동을 반복한다.				
JA 3 사회적 상호작용을 유지하기 위해 장난감으로 동작을 반복한다.				
JA 4 사회적 상호작용을 유지하기 위해 응시한다(적어도 한 번은 상대방의 얼굴을 직접 본다).				
JA 5 물건을 향한 포인팅이나 몸짓을 따라간다.				
JA 6 다른 사람의 시선을 따라 물체를 추적한다.				
JA 7 관심을 공유하기 위해 다른 사람에게 사물을 보여 주며 눈맞춤을 한다.				
JA 8 관심을 공유하기 위해 사물을 가리키고 눈맞춤을 한다.				
JA 9 자신이나 다른 사람이 하고 있는 행동에 대해 언급(예: "나는 ○○해요.")한다.				

사회적 놀이(SP)		1	2	3	4
SP 1	사회적 상호작용을 끌어내는 게임(예: 까꿍 놀이, 간질이기 게임)에 참여한다.				
SP 2	폐쇄형 장난감(예: 퍼즐, 모양 분류)을 가지고 또래와 가까이에서 5~10분 정도 평행 놀이를 한다.				
SP 3	개방형 장난감(예: 블록, 트럭, 레고)을 가지고 또래와 가까이에서 5~10분 정도 평행 놀이를 한다.				
SP 4	장난감이나 자료를 공유한다(예: 다른 사람이 놀게 허용, 요청 시 자료를 건네주기).				
SP 5	폐쇄형 장난감을 가지고 5~10분 동안 협동하여 논다(또래와 지시를 주고받음).				
SP 6	개방형 장난감을 가지고 5~10분 동안 협동하여 논다(또래와 지시를 주고받음).				
SP 7	구조화된 게임의 일부로 순서를 주고받으며 게임이 끝날 때까지 계속 주의를 집중한다.				
SP 8	활동이 끝날 때까지 그룹과 함께 야외 게임을 한다(예: 오리-오리-동물, 술래피하기 게임).				
SP 9	또래가 요청하면 하던 것을 멈춘다.				
SP 10	또래와 구조화된 놀이 또는 게임을 적절하게 끝낼 수 있다.				
SP 11	상상 놀이 주제에서 역할(예: 식당, 의사, 소방관)을 맡아 최대 3~5개의 행동을 언어적 및 비언어적으로 지속한다.				
SP 12	장난감이나 물건을 교환한다(예: 미술 수업 중 물감 색 교환 요구하기).				
SP 13	선호하는 활동에 또래를 초대한다.				
SP 14	또래에게 다가가 진행 중인 활동에 적절하게 참여한다.				
SP 15	또래가 선택한 활동에 같이하자는 초대를 수락한다.				
SP 16	게임에서 지거나 탈락하는 것을 받아들인다.				

사회적 놀이(SP)	1	2	3	4
SP 17 구조화되지 않은 시간 동안에 적절하게 참여한다(예: 먼저 활동을 끝내면 새로운 활동으로 이동, 나이에 맞는 놀이에 참여).				
SP 18 다른 사람의 놀이 아이디어의 변화를 따르고 개방형 놀이 동안에 변화를 유지한다(예: 놀이 방식 또는 이야기 줄거리의 변화).				
SP 19 한 사람이 술래가 되는 게임을 적절하게 한다.				
SP 20 게임의 규칙이 변경되었을 때 따르거나 또래의 새로운 아이디어를 받아들일 때 유연성을 보여 준다.				
SP 21 또래와 함께 놀이 방식을 계획하고 그대로 따라간다(예: 블록으로 집을 짓기로 결정한 다음 짓기).				
SP 22 친구인 아동을 구별하고, 그 이유를 간단하게 설명할 수 있다.				
SP 23 다른 사람의 취향과 관심이 자신과 다를 수 있음을 적절하게 받아들인다.				
SP 24 이겼을 때 지나치게 자랑하는 말이나 몸짓을 사용하지 않는다.				

자기 조절(SR)	1	2	3	4
SR 1	새로운 과제나 활동에 대한 유연성을 보여 준다.				
SR 2	요청이 거부되었을 때 적절하게 반응한다.				
SR 3	말하기 전에 손을 들고 호명되기를 기다린다.				
SR 4	성인이 유도한 진정 전략에 반응한다.				
SR 5	화가 났거나 좌절했을 때를 인식하고 휴식 또는 진정에 필요한 물건이나 활동을 적절하게 요구한다.				
SR 6	전환할 때 교실에서의 기대 행동을 따르고 유연성을 보여 준다.				
SR 7	계획과 다른 상황이 발생했을 때 유연성을 발휘한다.				
SR 8	선호하는 활동이 중단될 때 유연성을 보여 준다.				
SR 9	도전적인 행동을 하지 않고 피드백 및 수정에 따른다.				
SR 10	도전적인 행동을 하지 않고 자신이나 다른 사람의 실수에 대처한다.				
SR 11	자신과 다른 사람의 공간에 대한 인식을 보여 준다(예: 줄을 서서 걸을 때 다른 사람의 발을 밟지 않음, 이야기 나누기 시간 동안 다른 사람에게 밀착하지 않음, 다른 사람과 상호작용할 때 한 팔 정도의 거리를 유지함).				
SR 12	피드백에 따라 행동을 수정한다.				
SR 13	적절한 단어와 어조를 사용하여 다른 사람의 요청을 거절한다.				
SR 14	도전적인 행동(예: 괴롭힘, 놀림, 공격성)을 하지 않고 자신을 옹호한다(예: "못 받았어." "안 보여." "비켜 줄래?" "그만해.").				
SR 15	새롭거나 어려운 활동을 하는 동안에 도움을 요청한다.				
SR 16	지시에 따라 최대 1분 동안에 도전적인 행동을 하지 않고 도움이나 요구한 물건을 기다린다.				

SP

SR

자기 조절(SR)	1	2	3	4
SR 17 특정 주제나 질문에 집착하지 않는다.				
SR 18 말할 때 대화에 적절한 목소리 크기와 어조를 사용한다.				

사회적 · 정서적 기술(SE)	1	2	3	4
SE 1 다른 사람과 자신의 감정을 인식한다(예: 행복, 슬픔).				
SE 2 질문을 받으면 자신과 타인의 감정 상태(예: 행복, 슬픔)에 대해 간단히 설명한다.				
SE 3 다른 사람에 대한 공감을 나타낸다(예: 놀이터에서 넘어진 친구에게 "괜찮아?"라고 물어봄, 우는 친구를 안아 줌).				
SE 4 도전적인 행동을 하지 않고 부정적인 감정을 표현한다.				
SE 5 다른 사람의 행동이나 소지품에 대해 적절한 정도의 관심을 표현한다.				
SE 6 친구가 자신의 행동에 어떻게 반응할지 예상하고(예: '탑을 무너뜨리면 친구가 화를 많이 낼 것이다.' '친구를 도와주면 친구의 기분이 좋을 것이다.') 그에 따라 행동한다.				

SR

SE

사회적 언어(SL)	1	2	3	4
SL 1	만날 때 혹은 헤어질 때 나누는 인사에 반응한다.				
SL 2	대상(성인, 또래)을 지정하여 지시하면 따른다.				
SL 3	만날 때 혹은 헤어질 때 나누는 인사를 먼저 한다.				
SL 4	또래를 이름으로 부른다.				
SL 5	사회적 질문에 대답한다(예: 이름, 나이, 성, 반려동물의 이름).				
SL 6	사회적 질문을 한다(예: 이름, 나이, 성, 반려동물의 이름).				
SL 7	다른 사람이 공유한 물건이나 정보에 대해 구체적인 질문(예: 물건의 이름, 물건의 위치, 누가 무엇을 가지고 있는지)을 한다.				
SL 8	관심을 요구한다(예: "내가 만든 것 좀 봐요." "내가 얼마나 멀리 뛰는지 봐.").				
SL 9	듣는 사람의 주의를 적절하게 끈다(예: 이름 부르기, 어깨 두드리기).				
SL 10	다른 사람의 시작 행동에 반응한다.				
SL 11	진행 중인 활동에 대한 질문에 대답한다.				
SL 12	본인, 가족, 주요 행사(예: 개학일, 명절, 가족 행사)에 대한 정보를 공유한다.				
SL 13	선호하는 주제에 대해 5개 이상의 질문에 대답한다.				
SL 14	서로 의견을 주고받는다(예: 아동이 또래에게 "나도 그 영화가 좋아!" "난 ○○는 없고, ××는 있어."와 같이 말함).				
SL 15	가까운 과거 또는 미래의 사건에 대한 정보를 공유한다.				
SL 16	대화를 유지하기 위해 3~4회 정도 질문에 대답하거나 질문하거나 의견을 말한다.				

사회적 언어(SL)		1	2	3	4
SL 17	또래가 화제를 바꾸면 적절하게 반응한다.				
SL 18	말할 때 몸과 시선이 상대방을 향한다.				
SL 19	들을 때 몸과 시선이 상대방을 향한다.				
SL 20	공손한 표현을 사용한다(예: '~해 주세요' '고맙습니다' '미안합니다' '실례합니다' '괜찮아요').				
SL 21	자신과 타인의 '다름'을 받아들인다(예: 부정적인 말을 하지 않음).				
SL 22	사회적 상호작용 중에 문제가 생겼을 때 이를 수정하거나 명확히 하려고 한다.				
SL 23	나이에 맞는 주제로 대화한다(또래와 비슷한 관심을 주제로 이야기함).				
SL 24	상황에 맞는 언어를 사용하고 어울리는 주제를 꺼낸다.				

SL

교실 · 그룹 행동(CG)	1	2	3	4
CG 1 일정 및 교실 규칙(놀이터 규칙 포함)을 따른다.				
CG 2 교실 일과나 활동의 일부로 언어적 지시를 따른다(예: 자료 가져오기, 점심 치우기).				
CG 3 자신, 타인, 그룹의 소지품을 인식한다.				
CG 4 지정된 장소에 장난감 및 자료를 보관한다.				
CG 5 직간접적으로 신호를 주면 교사를 보거나 다가와 반응한다.				
CG 6 노래 또는 활동을 주도하는 또래를 모방한다(예: 가라사대 게임).				
CG 7 간접적인 단서에 반응한다(예: 줄을 서야 할 때 "친구들은 어디 있어?"라고 말함).				
CG 8 놀이 기구를 적절히 사용한다.				
CG 9 자발적으로 또는 요청을 받았을 때 다른 사람을 돕는다.				
CG 10 교사가 부를 때까지 그룹에서 자리를 지킨다(예: 줄을 서라고 부를 때까지 자리에 앉아 있음).				
CG 11 장소나 물건(예: 의자, 겉옷)을 찾아 활동을 준비한다.				
CG 12 새로운 활동 중에 지시를 따른다.				
CG 13 새로운 활동 중에 지시를 한다.				
CG 14 줄을 서서 걸을 때 자기 자리를 지키고 그룹과 보조를 맞춘다.				
CG 15 노래, 책 또는 놀이 활동에서 나오는 단어나 동작을 반복한다.				
CG 16 친구 중 일부는 다른 규칙이나 일정을 따르기도 한다는 것을 받아들인다.				

교실 · 그룹 행동(CG)	1	2	3	4
CG 17 다른 사람의 소유물을 사용하기 위해 허락을 구한다.				
CG 18 교사가 주도하는 소그룹 체험 학습에 최소 10분 이상 참여한다.				
CG 19 최소 10분 동안 조용히 그룹에 앉아 있는다.				
CG 20 교사가 주도하는 소그룹 듣기 활동에 최소 10분 이상 참여한다.				
CG 21 교사 또는 또래 주도 활동에서 다른 아동들과 함께 반응한다.				
CG 22 그룹에서 기본적인 2~3단계 지시를 따른다.				
CG 23 친구에게 물건을 전달한다(예: 자료 나눠 주기, 공유 물건을 돌아가며 보고 다음 사람에게 전달하기).				

CG

비언어적인 사회적 언어(NV)	1	2	3	4
NV 1	비언어적 상호작용에 반응한다(예: 하이파이브, 손 흔들기, 엄지 척, 주먹 부딪히기, 미소).				
NV 2	적절하게 성인 또는 친구들과 비언어적 상호작용을 시작한다(예: 하이파이브, 손 흔들기, 엄지 척, 주먹 부딪히기, 미소).				
NV 3	말이 없는 동작을 식별한다(예: 몸으로 말해요 게임).				
NV 4	그 사람과 보낸 시간, 관계 및 친숙함에 따라 적절한 수준의 애정을 보여 준다(예: 껴안고, 친구와 하이파이브를 하고, 낯선 사람에게 먼저 말을 걸지 않는 것).				
NV 5	기본적인 몸짓과 비언어적 단서를 따른다(예: 손동작에 따라 멈추거나 다가옴).				
NV 6	다른 사람의 신체 언어, 행동 또는 시선에 따라 자신의 행동을 수정한다.				

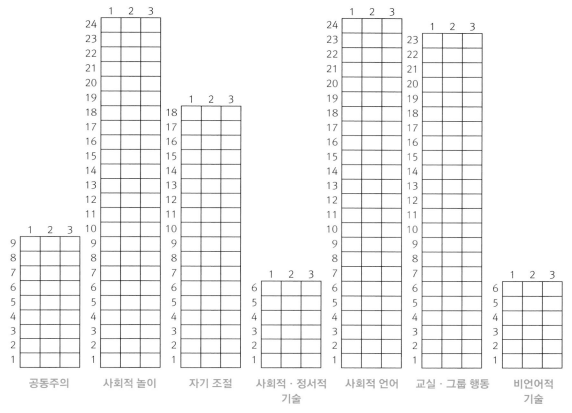

관찰	날짜	평가자	관찰 장소	관찰 시간(총계)
1				
2				
3				
4				

체크리스트 요약 보고서 Socially Savvy

아동: 나이:

평가일: 평가자:

Socially Savvy 체크리스트는 미취학 아동과 초등학교 저학년 아동의 사회성 기술을 평가한다. 다양한 영역, 특히 공동주의, 사회적 놀이, 자기 조절, 사회적·정서적 기술, 사회적 언어, 교실·그룹 행동과 비언어적인 사회적 언어에서 아동의 사회성 기술에 대한 그림을 제공한다. 총 127개의 개별 사회성 기술에 대해 7개 영역 각각에서 특정 기술이 식별된다. 각 섹션 내에서 기술은 일반적으로 더 단순한 것에서 더 복잡한 것으로 이동하며 일반적으로 성장하는 아동이 이를 습득하는 순서로 되어 있다. 각 영역에서 번호가 낮은 기술이 더 간단하거나 이후 기술의 선행 기술이 될 수 있다.

아동의 전반적인 사회적 기능을 직접 경험하거나 이해하고 있는 사람이라면 누구나 Socially Savvy 체크리스트를 작성할 수 있다. 여기에는 부모와 교사가 포함되나 딱히 여기에만 국한하지는 않는다. 평가자는 최소 2주 동안에 사회적 환경에서 아동을 관찰해야 하며 평가는 이러한 환경에서 아동의 관찰을 기반으로 해야 한다. Socially Savvy 체크리스트는 4점 평가 시스템으로 구성되는데, 이는 다음과 같다.

0=이 기술을 거의 또는 전혀 보여 주지 않음, 1=이 기술을 보이긴 하나 몇 번만 보여 줌, 2=이 기술을 일관되게 보여 주지는 않음, 3=이 기술을 지속적으로 보여 줌, N/A=해당되지 않음. 보고서를 완성하기 위해 1점 또는 2점을 받은 기술은 '습득 중' 범주 내에서 결합하고 3점은 '습득 완료', 0점은 '아직 레퍼토리에 없음'으로 기록되어야 한다.

Socially Savvy 체크리스트는 아동의 특정 강점과 문제점을 파악하는 데 도움이 된다. 교사와 부모는 이러한 일반적인 영역과 특정한 사회성 기술을 세밀하게 평가함으로써 중재가 가장 필요한 특정 기술의 우선순위를 정할 수 있다.

공동주의			
기술	습득 완료	습득 중	아직 레퍼토리에 없음
JA 1 물건이 제시될 때 그 방향을 쳐다본다(예: 보거나 그와 관련된 반응을 함).			
JA 2 사회적 상호작용을 유지하기 위해 자신의 행동을 반복한다.			
JA 3 사회적 상호작용을 유지하기 위해 장난감으로 동작을 반복한다.			
JA 4 사회적 상호작용을 유지하기 위해 응시한다(적어도 한 번은 상대방의 얼굴을 직접 본다).			
JA 5 물건을 향한 포인팅이나 몸짓을 따라간다.			
JA 6 다른 사람의 시선을 따라 물체를 추적한다.			
JA 7 관심을 공유하기 위해 다른 사람에게 사물을 보여 주며 눈맞춤을 한다.			
JA 8 관심을 공유하기 위해 사물을 가리키고 눈맞춤을 한다.			
JA 9 자신이나 다른 사람이 하고 있는 행동에 대해 언급 (예: "나는 ○○해요.")한다.			

	사회적 놀이	습득 완료	습득 중	아직 레퍼토리에 없음
	기술			
SP 1	사회적 상호작용을 끌어내는 게임(예: 까꿍 놀이, 간질이기 게임)에 참여한다.			
SP 2	폐쇄형 장난감(예: 퍼즐, 모양 분류)을 가지고 또래와 가까이에서 5~10분 정도 평행 놀이를 한다.			
SP 3	개방형 장난감(예: 블록, 트럭, 레고)을 가지고 또래와 가까이에서 5~10분 정도 평행 놀이를 한다.			
SP 4	장난감이나 자료를 공유한다(예: 다른 사람이 놀게 허용, 요청 시 자료를 건네주기).			
SP 5	폐쇄형 장난감을 가지고 5~10분 동안 협동하여 논다 (또래와 지시를 주고받음).			
SP 6	개방형 장난감을 가지고 5~10분 동안 협동하여 논다 (또래와 지시를 주고받음).			
SP 7	구조화된 게임의 일부로 순서를 주고받으며 게임이 끝날 때까지 계속 주의를 집중한다.			
SP 8	활동이 끝날 때까지 그룹과 함께 야외 게임을 한다 (예: 오리-오리-동물, 술래 피하기 게임).			
SP 9	또래가 요청하면 하던 것을 멈춘다.			
SP 10	또래와 구조화된 놀이 또는 게임을 적절하게 끝낼 수 있다.			
SP 11	상상 놀이 주제에서 역할(예: 식당, 의사, 소방관)을 맡아 최대 3~5개의 행동을 언어적 및 비언어적으로 지속한다.			
SP 12	장난감이나 물건을 교환한다(예: 미술 수업 중 물감 색 교환 요구하기).			

기술	습득 완료	습득 중	아직 레퍼토리에 없음
SP 13 선호하는 활동에 또래를 초대한다.			
SP 14 또래에게 다가가 진행 중인 활동에 적절하게 참여한다.			
SP 15 또래가 선택한 활동에 같이하자는 초대를 수락한다.			
SP 16 게임에서 지거나 탈락하는 것을 받아들인다.			
SP 17 구조화되지 않은 시간 동안에 적절하게 참여한다(예: 먼저 활동을 끝내면 새로운 활동으로 이동, 나이에 맞는 놀이에 참여).			
SP 18 다른 사람의 놀이 아이디어의 변화를 따르고 개방형 놀이 동안에 변화를 유지한다(예: 놀이 방식 또는 이야기 줄거리의 변화).			
SP 19 한 사람이 술래가 되는 게임을 적절하게 한다.			
SP 20 게임의 규칙이 변경되었을 때 따르거나 또래의 새로운 아이디어를 받아들일 때 유연성을 보여 준다.			
SP 21 또래와 함께 놀이 방식을 계획하고 그대로 따라간다 (예: 블록으로 집을 짓기로 결정한 다음 짓기).			
SP 22 친구인 아동을 구별하고, 그 이유를 간단하게 설명할 수 있다.			

SP

기술	습득 완료	습득 중	아직 레퍼토리에 없음
SP 23	다른 사람의 취향과 관심이 자신과 다를 수 있음을 적절하게 받아들인다.			
SP 24	이겼을 때 지나치게 자랑하는 말이나 몸짓을 사용하지 않는다.			

자기 조절

기술	습득 완료	습득 중	아직 레퍼토리에 없음
SR 1 새로운 과제나 활동에 대한 유연성을 보여 준다.			
SR 2 요청이 거부되었을 때 적절하게 반응한다.			
SR 3 말하기 전에 손을 들고 호명되기를 기다린다.			
SR 4 성인이 유도한 진정 전략에 반응한다.			
SR 5 화가 났거나 좌절했을 때를 인식하고 휴식 또는 진정에 필요한 물건이나 활동을 적절하게 요구한다.			
SR 6 전환할 때 교실에서의 기대 행동을 따르고 유연성을 보여 준다.			
SR 7 계획과 다른 상황이 발생했을 때 유연성을 발휘한다.			
SR 8 선호하는 활동이 중단될 때 유연성을 보여 준다.			
SR 9 도전적인 행동을 하지 않고 피드백 및 수정에 따른다.			
SR 10 도전적인 행동을 하지 않고 자신이나 다른 사람의 실수에 대처한다.			
SR 11 자신과 다른 사람의 공간에 대한 인식을 보여 준다 (예: 줄을 서서 걸을 때 다른 사람의 발을 밟지 않음, 이야기 나누기 시간 동안 다른 사람에게 밀착하지 않음, 다른 사람과 상호작용할 때 한 팔 정도의 거리를 유지함).			

SP

SR

기술	습득 완료	습득 중	아직 레퍼토리에 없음
SR 12	피드백에 따라 행동을 수정한다.			
SR 13	적절한 단어와 어조를 사용하여 다른 사람의 요청을 거절한다.			
SR 14	도전적인 행동(예: 괴롭힘, 놀림, 공격성)을 하지 않고 자신을 옹호한다(예: "못 받았어." "안 보여." "비켜 줄래?" "그만해.")			
SR 15	새롭거나 어려운 활동을 하는 동안에 도움을 요청한다.			
SR 16	지시에 따라 최대 1분 동안에 도전적인 행동을 하지 않고 도움이나 요구한 물건을 기다린다.			
SR 17	특정 주제나 질문에 집착하지 않는다.			
SR 18	말할 때 대화에 적절한 목소리 크기와 어조를 사용한다.			

	기술	습득 완료	습득 중	아직 레퍼토리에 없음
SE 1	다른 사람과 자신의 감정을 인식한다(예: 행복, 슬픔).			
SE 2	질문을 받으면 자신과 타인의 감정 상태(예: 행복, 슬픔)에 대해 간단히 설명한다.			
SE 3	다른 사람에 대한 공감을 나타낸다(예: 놀이터에서 넘어진 친구에게 "괜찮아?"라고 물어봄, 우는 친구를 안아 줌).			
SE 4	도전적인 행동을 하지 않고 부정적인 감정을 표현한다.			
SE 5	다른 사람의 행동이나 소지품에 대해 적절한 정도의 관심을 표현한다.			
SE 6	친구가 자신의 행동에 어떻게 반응할지 예상하고(예: '탑을 무너뜨리면 친구가 화를 많이 낼 것이다.' '친구를 도와주면 친구의 기분이 좋을 것이다.') 그에 따라 행동한다.			

SR

SE

사회적 언어

	기술	습득 완료	습득 중	아직 레퍼토리에 없음
SL 1	만날 때 혹은 헤어질 때 나누는 인사에 반응한다.			
SL 2	대상(성인, 또래)을 지정하여 지시하면 따른다.			
SL 3	만날 때 혹은 헤어질 때 나누는 인사를 먼저 한다.			
SL 4	또래를 이름으로 부른다.			
SL 5	사회적 질문에 대답한다(예: 이름, 나이, 성, 반려동물의 이름).			
SL 6	사회적 질문을 한다(예: 이름, 나이, 성, 반려동물의 이름).			
SL 7	다른 사람이 공유한 물건이나 정보에 대해 구체적인 질문(예: 물건의 이름, 물건의 위치, 누가 무엇을 가지고 있는지)을 한다.			
SL 8	관심을 요구한다(예: "내가 만든 것 좀 봐요." "내가 얼마나 멀리 뛰는지 봐.")			
SL 9	듣는 사람의 주의를 적절하게 끈다(예: 이름 부르기, 어깨 두드리기).			
SL 10	다른 사람의 시작 행동에 반응한다.			

기술		습득 완료	습득 중	아직 레퍼토리에 없음
SL 11	진행 중인 활동에 대한 질문에 대답한다.			
SL 12	본인, 가족, 주요 행사(예: 개학일, 명절, 가족 행사)에 대한 정보를 공유한다.			
SL 13	선호하는 주제에 대해 5개 이상의 질문에 대답한다.			
SL 14	서로 의견을 주고받는다(예: 아동이 또래에게 "나도 그 영화가 좋아!" "난 ○○는 없고, ××는 있어."와 같이 말함).			
SL 15	가까운 과거 또는 미래의 사건에 대한 정보를 공유한다.			
SL 16	대화를 유지하기 위해 3~4회 정도 질문에 대답하거나 질문하거나 의견을 말한다.			
SL 17	또래가 화제를 바꾸면 적절하게 반응한다.			
SL 18	말할 때 몸과 시선이 상대방을 향한다.			
SL 19	들을 때 몸과 시선이 상대방을 향한다.			
SL 20	공손한 표현을 사용한다(예: '~해 주세요' '고맙습니다' '미안합니다' '실례합니다' '괜찮아요').			

기술	습득 완료	습득 중	아직 레퍼토리에 없음
SL 21 자신과 타인의 '다름'을 받아들인다(예: 부정적인 말을 하지 않음).			
SL 22 사회적 상호작용 중에 문제가 생겼을 때 이를 수정하거나 명확히 하려고 한다.			
SL 23 나이에 맞는 주제로 대화한다(또래와 비슷한 관심을 주제로 이야기함).			
SL 24 상황에 맞는 언어를 사용하고 어울리는 주제를 꺼낸다.			

	기술	습득 완료	습득 중	아직 레퍼토리에 없음
CG 1	일정 및 교실 규칙(놀이터 규칙 포함)을 따른다.			
CG 2	교실 일과나 활동의 일부로 언어적 지시를 따른다(예: 자료 가져오기, 점심 치우기).			
CG 3	자신, 타인, 그룹의 소지품을 인식한다.			
CG 4	지정된 장소에 장난감 및 자료를 보관한다.			
CG 5	직간접적으로 신호를 주면 교사를 보거나 다가와 반응한다.			
CG 6	노래 또는 활동을 주도하는 또래를 모방한다(예: 가라사대 게임).			
CG 7	간접적인 단서에 반응한다(예: 줄을 서야 할 때 "친구들은 어디 있어?"라고 말함).			
CG 8	놀이 기구를 적절히 사용한다.			
CG 9	자발적으로 또는 요청을 받았을 때 다른 사람을 돕는다.			
CG 10	교사가 부를 때까지 그룹에서 자리를 지킨다(예: 줄을 서라고 부를 때까지 자리에 앉아 있음).			

SL

CG

기술	습득 완료	습득 중	아직 레퍼토리에 없음
CG 11 장소나 물건(예: 의자, 겉옷)을 찾아 활동을 준비한다.			
CG 12 새로운 활동 중에 지시를 따른다.			
CG 13 새로운 활동 중에 지시를 한다.			
CG 14 줄을 서서 걸을 때 자기 자리를 지키고 그룹과 보조를 맞춘다.			
CG 15 노래, 책 또는 놀이 활동에서 나오는 단어나 동작을 반복한다.			
CG 16 친구 중 일부는 다른 규칙이나 일정을 따르기도 한다는 것을 받아들인다.			
CG 17 다른 사람의 소유물을 사용하기 위해 허락을 구한다.			
CG 18 교사가 주도하는 소그룹 체험 학습에 최소 10분 이상 참여한다.			
CG 19 최소 10분 동안 조용히 그룹에 앉아 있는다.			
CG 20 교사가 주도하는 소그룹 듣기 활동에 최소 10분 이상 참여한다.			

기술	습득 완료	습득 중	아직 레퍼토리에 없음
CG 21	교사 또는 또래 주도 활동에서 다른 아동들과 함께 반응한다.			
CG 22	그룹에서 기본적인 2~3단계 지시를 따른다.			
CG 23	친구에게 물건을 전달한다(예: 자료 나눠 주기, 공유 물건을 돌아가며 보고 다음 사람에게 전달하기).			

비언어적인 사회적 언어

	기술	습득 완료	습득 중	아직 레퍼토리에 없음
NV 1	비언어적 상호작용에 반응한다(예: 하이파이브, 손 흔들기, 엄지 척, 주먹 부딪히기, 미소).			
NV 2	적절하게 성인 또는 친구들과 비언어적 상호작용을 시작한다(예: 하이파이브, 손 흔들기, 엄지 척, 주먹 부딪히기, 미소).			
NV 3	말이 없는 동작을 식별한다(예: 몸으로 말해요 게임).			
NV 4	그 사람과 보낸 시간, 관계 및 친숙함에 따라 적절한 수준의 애정을 보여 준다(예: 껴안고, 친구와 하이파이브를 하고, 낯선 사람에게 먼저 말을 걸지 않는 것).			
NV 5	기본적인 제스처와 비언어적 단서를 따른다(예: 손동작에 따라 멈추거나 다가옴).			
NV 6	다른 사람의 신체 언어, 행동 또는 시선에 따라 자신의 행동을 수정한다.			

기술의 설명

Socially Savvy 체크리스트에 대한 이 부록은 식별된 각 기술의 의도와 중요성에 대한 간략한 설명을 제공한다. 각 설명에 대하여 명확하게 이해를 하는 것은 정확한 평가에 매우 중요하다. 경험상 체크리스트 기술이 불분명하면 평가자가 항목을 채점하지 않거나, 잘못 채점하거나, 항목을 다르게 해석을 하여서 평가자 간에 동일한 항목에 대한 점수가 달라질 수 있음을 발견했다. 대상 기술에 대한 다음의 설명은 Socially Savvy 체크리스트를 완료할 때 잠재적인 불일치를 피하는 데 도움이 된다. 이는 사회적 기술과 그 중요성에 익숙하지 않은 부모 및 기타 개인에게 특히 중요하다. 이러한 항목에 관한 설명은 또한 전문가가 Socially Savvy 체크리스트의 결과를 부모 및 기타 전문가에게 설명하는 데 도움이 될 수 있다.

공동주의

JA 1 물건이 제시될 때 그 방향을 쳐다본다(예: 보거나 그와 관련된 반응을 함).

이것은 일반적으로 발달하는 3~6개월의 아동에게서 관찰되는 매우 기본적인 공동주의 기술이다. 이 기술은 반드시 아이가 물건을 제시하는 사람을 바라볼 필요는 없지만, 단순히 제시된 물건을 바라보고 방향을 잡으면 된다.

JA 2 사회적 상호작용을 유지하기 위해 자신의 행동을 반복한다.

이 매우 기본적인 공동주의 기술은 아동이 다른 사람의 사회적 관심을 불러일으킨 특정 행동을 반복하거나 계속하도록 요구한다. 예를 들어, 어떤 행동(예: 손뼉 치기, 장난감을 테이블에서 떨어뜨리기, 특정 소리 내기)을 보여 사회적 관심을 얻은 후, 아동은 다른 사람의 반응을 예상하여 그 행동을 반복한다. 아동은 또한 다른 사람의 손을 잡고 손뼉을 치도록 함으로써 다른 사람이 행동을 계속하도록 물리적으로 안내할 수 있다. 이것은 보통 4~8개월 사이에 보인다.

JA 3 사회적 상호작용을 유지하기 위해 장난감으로 동작을 반복한다.

이 기술은 JA 2와 유사하지만, 아동이 다른 사람의 사회적 관심을 끌 수 있는 장난감으로 동작을 반복하거나 계속해야 한다. 예를 들어, 장난감을 가지고 어떤 행동(예: 북을 치거나 장난감의 버튼을 누르는 것)을 보여 사회적 관심을 받은 후, 아동은 다른 사람의 반응을 예상하여 그 행동을 반복한다. 이것 또한 4~8개월 사이에 보인다.

JA 4 사회적 상호작용을 유지하기 위해 응시한다(적어도 한 번은 상대방의 얼굴을 직접 본다).

이 기술은 아동이 사회적 상호작용이나 활동이 계속되기를 원한다는 것을 전달하기 위해 다른 사람을 바라볼 것을 요구한다. 예를 들어, 아동은 까꿍 놀이를 계속하거나 그네를 한 번 더 타고 싶다는 것을 성인에게 알리기 위해 성인을 쳐다볼 수 있다. 눈맞춤은 또한 특정 행동이나 놀이 동작을 반복하거나 사물이나 자료의 제시에 반응하는 것과 짝을 이룰 수 있다. 더 복잡한 사회적 상호작용 중에 이 기술은 상호작용하는 게임이나 대화 중에 아동이 시선을 유지하는 것과 관련된다. 이것은 보통 3~6개월 사이에 보인다.

JA 5 물건을 향한 포인팅이나 몸짓을 따라간다.

이 기술을 가진 아동은 물체나 영역을 바라보기 위해 다른 사람이 손가락 등으로 가리키는 것이나 몸짓을 따라간다. 예를 들어, 어떤 사람이 하늘을 가리키며 "봐!"라고 말하면 아이는 비행기를 보기 위해 하늘을 바라볼 것이다. 이것은 보통 6~9개월 사이에 보인다.

JA 6 다른 사람의 시선을 따라 물체를 추적한다.

이것은 JA 5와 비슷하지만, 아동이 물체에 대한 다른 사람의 시선을 따라야 한다는 점을 제외하고는 다르다. 예를 들어, 어떤 사람이 열정을 보이며 무엇인가를 바라보면 아동은 같은 방향을 본다(예: 사람이 "안 돼."라고 말하며 테이블 아래를 보면 아동도 테이블 아래를 본다). 이것 또한 6~9개월 사이에 보인다.

JA 7 관심을 공유하기 위해 다른 사람에게 사물을 보여 주며 눈맞춤을 한다.

발전된 이 공동주의 기술은 아동이 다른 사람에게 물건을 가져다주면서 동시에 그 사람을 바라보아야 한다. 그리고 상대방이 그 물건을 보는지를 확인할 수 있어야 한다. 아동은 이 상호작용에 언어를 사용할 수도 있고, 사용하지 않을 수도 있다. 이 기술은 공유에 관심이 없는 아동에게는 어려울 수 있다(즉, 이러한 유형의 상호작용에 대한 일반적인 결과인 '주의를 끌어오는 것'이 아동에게는 강화가 되지 않을 수 있음). 이것은 보통 9~12개월 사이에 관찰된다.

JA 8 관심을 공유하기 위해 사물을 가리키고 눈맞춤을 한다.

이 기술은 JA 7과 유사하며, 아동이 사람을 바라보는 것과 함께 사물을 가리키도록 요구한다. 아동은 이 상호작용에 구두 언어를 짝지을 수도 있고 아닐 수도 있다. 이 기술은 공유할 동기가 없는 일부 아동에게는 어려울 수 있다(즉, 이러한 유형의 상호작용에 대한 자연적인 결과인 '주의'가 아동에게 강화되지 않을 수 있음). 이것도 보통 9~12개월 사이에 보인다.

JA 9 자신이나 다른 사람이 하고 있는 행동에 대해 언급(예: "나는 ○○해요.") 한다.

이 기술은 아동이 자신의 행동과 환경에 있는 다른 사람들의 행동에 주의를 기울이고, 환경에 있는 다른 사람들을 향해 명확한 의견을 말하도록 요구한다. JA 7, JA 8과 마찬가지로 이 기술은 아동이 의견을 말할 때에만 발생하는 상호적인 사회적 반응에 의해 아동이 동기를 얻도록 한다. 이 기술은 일반적으로 약 24~27개월에 나타난다.

사회적 놀이

SP 1 사회적 상호작용을 끌어내는 게임(예: 까꿍 놀이, 간질이기 게임)에 참여한다.

이 기본적인 사회적 놀이는 일반적으로 약 8~9개월에 시작된다. 아동은 기대에 찬 표정을 짓거나, 흥분의 신호를 보이거나, 더 많은 것을 원한다는 것을 언어적 또는 비언어적으로 표시함으로써 참여하게 된다.

SP 2 폐쇄형 장난감(예: 퍼즐, 모양 분류)을 가지고 또래와 가까이에서 5~10분 정도 평행 놀이를 한다.

또래들과 상호작용하기 위한 첫 번째 단계 중 하나는 아동이 비슷한 장난감을 가지고 놀면서 또래들과 가까운 곳에 있는 것이다. 일반적으로 아동들이 더 많은 폐쇄형 장난감을 먼저 사용하는 것이 좋다. 아동이 반드시 다른 아동과 상호작용할 것을 기대하는 것은 아니지만, 단순히 또래 또는 유사한 장난감과 자료를 가지고 또래와 가까이에서 놀기를 기대한다. 이런 행동은 보통 27~30개월 정도에 나타난다.

SP 3 개방형 장난감(예: 블록, 트럭, 레고)을 가지고 또래와 가까이에서 5~10분 정도 평행 놀이를 한다.

이는 SP 2와 비슷하지만, 아동이 개방형 활동에서 또래들과 평행하게 노는 것이 기대된다. 아동은 반드시 다른 아동과 상호작용할 것을 기대하는 것은 아니지만, 단순히 또래 또는 유사한 장난감과 자료를 가지고 또래와 가까이에서 놀기를 기대한다. 이런 행동은 보통 27~30개월 정도에 나타난다.

SP 4 장난감이나 자료를 공유한다(예: 다른 사람이 놀게 허용, 요청 시 자료를 건네주기).

이 기술은 아동이 다른 아동에게 장난감을 제공하고, 요청 시 장난감을 공유하거나 다른 아동이 자신의 장난감이나 매우 선호하는 장난감을 가지고 놀도록 허용하는 것과 관련된다. 많은 아동에게 가장 큰 도전은 아동들이 높은 관심을 보이거나 집착을 보이는 장난감을 다른 아동들이 가지고 놀도록 허용하는 것이다. 아동들은 4세가 되면 공유하기가 보다 쉬워진다.

SP 5 폐쇄형 장난감을 가지고 5~10분 동안 협동하여 논다(또래와 지시를 주고받음).

한 아동이 다른 아동들과 지속적으로 옆자리에서 놀고 나면 다음 목표는 아동이 폐쇄형 장난감으로 협력하여 노는 것이다. 아동이 또래와 함께 퍼즐을 차례대로 끼우고 지시에 따라 완성하는 형태의 놀이는 5세 이상의 아동들 사이에서 발생한다.

SP 6 개방형 장난감을 가지고 5~10분 동안 협동하여 논다(또래와 지시를 주고받음).

이것은 개방형 활동에서 또래와 협동적으로 놀기를 기대한다는 점을 제외하면 SP 5와 유사하다. 이 기술에서도 여전히 아동이 가상놀이 장난감보다는 조작이 가능한 장난감을 가지고 협동적으로 놀기를 기대한다. 여기에는 두 명의 아동이 함께 블록이나 레고로 구조물을 만드는 활동이 포함될 수 있다. 이러한 유형의 놀이는 5세 이상의 아동에게 더 많이 나타난다.

SP 7 구조화된 게임의 일부로 순서를 주고받으며 게임이 끝날 때까지 계속 주의를 집중한다.

순서를 정하는 기술은 단순히 "내 차례야." "네 차례야."라고 말하는 것이 아니라 게임을 따라가는 것임을 기억해야 한다. 기억해야 한다. 적절하게 자기 차례가 되면 게임을 하고, 게임 물건이나 자료를 전달하고, 다른 사람의 차례가 다 끝날 때까지 기다린다. 처음에는 번갈아 가며 하는 놀이에 언어적 상호작용이 포함될 필요가 없다. 간단한 차례 지키기는 24개월부터 시작할 수 있다. 그러나 게임의 복잡성과 친구 수에 따라서 오랜 시간 동안 차례대로 놀아야 할 수도 있다. 아동이 5세가 되면 돌아가면서 노는 것이 일반적이다.

SP 8 활동이 끝날 때까지 그룹과 함께 야외 게임을 한다(예: 오리-오리-동물, 술래피하기 게임).

이러한 전통적인 놀이에는 일반적으로 최소 4~5명의 아동이 참여한다. 아동들은 주의를 집중하고 게임의 규칙을 따를 수 있어야 한다. SP 7에서와 같이 야외 게임은 아동이 적절한 시간 동안에 차례를 지키고, 상호작용하고, 자료를 전달하거나 공유하고, 다른 아동의 차례가 끝나기를 기다리는 것을 포함한다. 이것은 더 복잡한 유형의 차례 기다리기이며, 일반적으로 아동이 간단한 게임과 활동에서 차례를 기다릴 수 있을 때 SP 8을 목표로 삼아야 한다.

SP 9 또래가 요청하면 하던 것을 멈춘다.

아동들은 요청이 있을 때 그들의 행동을 멈추는 데 어려움이 있을 수 있다. 그 이유는 다양하다(예: 지시를 이해하지 못하거나 부정적인 관심으로 행동이 강화됨). 이 기술을 숙달한 아동은 또래가 요구하면 행동을 멈출 것이다.

SP 10 또래와 구조화된 놀이 또는 게임을 적절하게 끝낼 수 있다.

아동들이 단순히 자리를 뜨는 것으로 다른 사람과의 게임이나 상호작용을 끝내는 것은 드문 일은 아니다. 일반적으로 사회적 기술이 발달한 아동이라도 활동에서 나갈 때 반드시 알리는 것은 아니다. 게임이나 활동을 끝내는 것과 관련하여 적절한 것은 일반적으로 발달하는 아동이 환경에서 무엇을 하고 있는지 관찰하는 것을 바탕으로 해야 한다.

SP 11 상상 놀이 주제에서 역할(예: 식당 놀이, 병원 놀이, 소방관 놀이)을 맡아 최대 3~5개의 행동을 언어적 및 비언어적으로 지속한다.

아동이 다른 아동과 상상 놀이를 하려면 일반적으로 아동 혼자서 상상 놀이를 할 수 있어야 한다. 이 기술은 다른 아동의 행동이나 말을 따라 하고, 상호적 또는 칭찬하는 행동이나 말을 하는 등 놀이 주제에 집중하는 것을 말한다. 3~4세가 되면 아동들은 상상 놀이에서 역할을 맡기 시작한다. 보통 한 아동이 다른 아동에게 역할을 지정한 다음에 모두 함께 놀면서 각자의 '역할'을 연기한다.

SP 12 장난감이나 물건을 교환한다(예: 미술 수업 중 물감 색 교환 요구하기).

이것은 어떤 면에서는 더 발전된 형태의 장난감 공유이다. 그러나 이 기술을 사용하려면 아동은 다른 아동에게서 원하는 것과 자신이 가진 것을 교환하려고 협상을 해야 한다. 장난감 교환은 정교한 기술이며, 일반적으로 5세 이후에 나타난다.

SP 13 선호하는 활동에 또래를 초대한다.

이 기술을 사용하려면 아동이 좋아하는 또래 또는 좋아하는 또래가 아니더라도 다가가서 자신이 좋아하는 활동을 함께하자고 요청해야 한다. 일부 아동은 혼자 노는 것을 선호하거나, 다른 아동에게 다가가지 않거나, 말로 요구를 확실하게 시작하지 않을 수 있다는 점에서 어려움이 발생할 수 있다. 만 4세 무렵부터 아동의 성격과 특정 또래와 편안함을 느끼는 정도에 따라 다른 아동을 초대해서 함께 놀자고 요청하기 시작한다.

SP 14 또래에게 다가가 진행 중인 활동에 적절하게 참여한다.

이 기술은 SP 13과 유사하지만, 아동이 또래 활동에 참여해야 한다. 여기에는 교실이나 놀이터에서 또래와 함께 노는 것도 포함될 수 있다. 아동이 놀이에서 다른 아동들과 함께 놀이하는 방식은 일반적으로 발달 중인 아동이 무엇을 하는지 관찰한 결과를 바탕으로 결정해야 한다. SP 13과 마찬가지로 아동이 혼자 노는 것을 더 좋아하거나, 다른 아동과 같은 관심을 보이지 않거나, 다른 아동에게 다가가서 분명하게 요청하는 데 어려움이 있는 경우에 힘들 수 있다.

SP 15 또래가 선택한 활동에 같이하자는 초대를 수락한다.

어떤 아동들은 자신이 선택하지 않은 놀이 활동을 같이하는 것을 특히 더 어렵게 생각한다. 이 기술은 또래가 자신이 좋아하지 않는 활동을 하고 있더라도 아동이 또래의 초대를 수락하는 것을 말한다.

SP 16 게임에서 지거나 탈락하는 것을 받아들인다.

많은 아동은 게임에서 지거나 게임에서 탈락하는 것을 받아들이는 데 어려움을 겪는다. 이 기술은 아동이 항의하거나 울거나 부적절한 행동을 하지 않고 게임에서 지거나 탈락하는 것을 받아들일 수 있어야 한다.

SP 17 구조화되지 않은 시간 동안에 적절하게 참여한다(예: 먼저 활동을 끝내면 새로운 활동으로 이동, 나이에 맞는 놀이에 참여).

이 기술은 아동이 자유 놀이 시간 동안에 적절하게 몰입하여 한 활동에서 다른 활동으로 이동하고, 의도한 대로 놀이 활동에 참여해야 하며, 방황하거나 부적절한 행동을 하지 않는 것을 말한다.

SP 18 다른 사람의 놀이 아이디어의 변화를 따르고 개방형 놀이 동안에 변화를 유지한다(예: 놀이 방식 또는 이야기 줄거리의 변화).

상징적이거나 극적인 놀이가 포함된 자유 놀이 동안에 아동들은 자주 놀이 주제나 아이디어를 바꾼다(예: "이제 로켓인 척하자." "엄마가 가게에 갈 거야."). 이것은 일부 아동에게는 매우 어려운 기술일 수 있다. 아동은 다른 아동이 놀이를 할 때 그에 따라 놀이에 관련된 자신의 행동을 조정하여 놀이 주제를 바꿀 수 있어야 한다.

SP 19 한 사람이 술래가 되는 게임을 적절하게 한다.

'얼음땡'에서 얼음이 된 사람에게 다가가 치는 것처럼, 한 사람이 술래가 되는 놀이가 많다. 어떤 아동들은 술래 역할과 술래에게 잡히거나 잡히지 않으려는 역할을 구별하는 것이 힘든 반면, 어떤 아동들은 술래가 바뀌는 것에 어려움을 겪을 수 있다.

SP 20 게임의 규칙이 변경되었을 때 따르거나 또래의 새로운 아이디어를 받아들일 때 유연성을 보여 준다.

일부 아동의 경우에는 특정 방식으로 게임이나 활동을 배운 후에 다른 방식으로 게임을 하기가 어렵다. 그러나 일반적으로 발달 중인 아동은 놀면서 게임이나 활동을 자주 바꾸기 때문에 다른 아동이 제안한 새로운 규칙이나 참신한 아이디어에 따라 게임이나 활동을 바꾸어 놀 수 있는 것이 중요하다.

SP 21 또래와 함께 놀이 방식을 계획하고 그대로 따라간다(예: 블록으로 집을 짓기로 결정한 다음 짓기).

이 기술은 아동이 또래와 함께 놀이 계획을 세우고 활동을 끝낼 때까지 따라가는 것이 모두 필요하다. 예를 들어, 아동과 또래가 식당에 있는 것처럼 정한 다음에 역할을 맡아 식당을 배경 삼아 연기할 수 있다. 이 기술의 어려움은 또래와 말로 시작하거나 협상할 때, 상호 놀이 작용에 참여할 때 또는 활동이 끝날 때까지 주의를 지속하는 데 어려움을 겪는 등 여러 가지 방식으로 나타날 수 있다.

SP 22 친구인 아동을 구별하고, 그 이유를 간단하게 설명할 수 있다.

일부 아동은 단순히 아는 아동 또는 주변에 있는 아동의 이름을 말할 수 있으므로 특정 아동이 친구인 이유를 설명할 수 있도록 하는 것이 중요하다. 아동은 "그 애가 나랑 놀기 때문에"와 같이 간단하게 설명할 수 있다.

SP 23 다른 사람의 취향과 관심이 자신과 다를 수 있음을 적절하게 받아들인다.

이 기술은 또래가 자신과는 다른 취향이나 관심사를 보일 때 아동이 부적절한 말이나 행동을 보이는지 아닌지에 따라 가장 잘 판단할 수 있다. 예를 들어, 아동이 소방차를 좋아하는데 친구가 싫다고 말하면 부적절한 행동을 보이지 않고 이를 받아들이는 것이다.

SP 24 이겼을 때 지나치게 자랑하는 말이나 몸짓을 사용하지 않는다.

우리는 물론 아동들이 이겼을 때 흥분을 표현해 주길 바란다. 허용 가능한 방법은 환경에 따라 다르다. 그러나 아동이 지나치게 자랑하거나 다른 아동이 이기지 못한 것에 대해 부정적인 말을 하지 않는 것이 중요하다.

자기조절

SR 1 새로운 과제나 활동에 대한 유연성을 보여 준다.

어떤 아동들은 새로운 과제나 활동에 참여하는 데 어려움을 겪는데, 특히 이전에 정했던 일상을 변경해야 하는 경우에 더 그렇다. 유연성을 발휘하는 데 어려움이 있는 아동은 활동에 대한 참여를 거부하거나 부적절한 행동을 보일 수 있다. 새로운 과제 혹은 활동 상황에서 문제행동이 없다면 이는 아동의 유연한 대응을 잘 드러내 보인다고 할 수 있다.

SR 2 요청이 거부되었을 때 적절하게 반응한다.

"안 돼!"라는 말을 듣는 상황을 적절하게 처리하는 것은 모든 아동이 배워야 하는 기술이다. 아동들은 "안 돼!"라는 말을 들었을 때 항의하거나 다른 부적절한 행동을 보일 수 있다. 거부된 요청을 처리하는 적절한 방법에는 단순히 받아들이거나, 다른 것을 요구하거나, 대처 전략(예: 열까지 세기, 휴식 시간 요청하기)을 사용하는 것 등이 있다.

SR 3 말하기 전에 손을 들고 호명되기를 기다린다.

이 기술에 숙달하려면 아동이 그룹 활동 중에 소리 지르는 것을 참아야 하며, 적절한 행동으로는 차례를 기다리는 동안에 잘 앉아 있거나 손을 들고 교사가 자신을 부를 때까지 기다리는 것이다.

SR 4 성인이 유도한 진정 전략에 반응한다.

이 기술의 경우에 아동이 촉구를 받아 사용한 전략으로 진정되는 것이다. 진정 전략은 아동과 환경에 따라 달라야 한다. 그러나 이미 자신의 감정과 신체를 조절할 수 있는 일부 아동에게는 이 기술이 적합하지 않을 수 있다.

SR 5 화가 났거나 좌절했을 때를 인식하고 휴식 또는 진정에 필요한 물건이나 활동을 적절하게 요구한다.

이것은 SR 4의 확장이며, 아동이 진정 전략을 사용해야 할 때를 인식하고 독립적으로 시작해야 한다. 적용 가능한 진정 전략은 아동과 환경에 따라 달라야 한다. 다시 말하지만 이 기술은 이미 자신의 감정과 신체를 조절할 수 있는 일부 아동에게는 적합하지 않을 수 있다.

SR 6 전환할 때 교실에서의 기대 행동을 따르고 유연성을 보여 준다.

일부 아동은 활동 간 또는 환경 간에 전환하는 데 어려움을 겪는데, 특히 선호도가 높은 활동에서 덜 선호하는 활동으로 전환할 때 더욱 문제가 된다. 전환하는 동안에 도전적인 행동이 없다면 전환을 받아들이고 수행하는 능력이 아동에게 있다고 볼 수 있다.

SR 7 계획과 다른 상황이 발생했을 때 유연성을 발휘한다.

많은 아동이 일정이나 활동의 예기치 않은 변경에 매우 어려움을 보인다. 아동은 언어로 항의하거나, 기타 부적절한 행동을 하거나, 활동에 참여하는 것을 거부할 수 있다. 상황이 계획과 다를 때 이를 받아들이는 아동의 능력은 이러한 상황에서 도전적인 행동을 하는지 아닌지에 따라 가장 잘 판단할 수 있다.

SR 8 선호하는 활동이 중단될 때 유연성을 보여 준다.

많은 아동에게 예상했던 일정이나 활동을 중단하는 것은 매우 힘들 수 있다. 아동은 말로 항의하거나, 기타 부적절한 행동을 하거나, 선호하는 활동에서 나가거나, 끝내는 것을 거부할 수 있다. 선호하는 활동 중에 중단을 받아들이는 아동의 능력은 이러한 상황에서 문제행동을 하는지 아닌지에 따라 가장 잘 판단할 수 있다.

SR 9 도전적인 행동을 하지 않고 피드백 및 수정에 따른다.

어떤 아동은 오류를 지적하면 매우 화를 낸다(예: 울거나, 말로 항의하거나, 따르기를 거부함). 피드백, 수정 또는 재지시를 수용하는 아동의 능력은 이러한 상황에서 문제행동을 하는지 아닌지에 따라 가장 잘 판단할 수 있다.

SR 10 도전적인 행동을 하지 않고 자신이나 다른 사람의 실수에 대처한다.

일부 아동은 실수, 심지어 아주 사소한 실수나 실수로 인식되는 것(예: 선 밖에 색칠하기)에도 무척 화를 낸다(예: 울거나, 실수를 고치려고 반복적으로 시도하거나, 활동을 계속하기를 거부함).

SR 9와의 차이점은 아동이 수정하라고 피드백을 받는 것이 아니라 단순히 자신이 실수했다고 인식한다는 것이다. 실수를 처리하는 아동의 능력은 이러한 상황에서 문제행동을 하는지 아닌지에 따라 가장 잘 판단할 수 있다.

SR 11 자신과 다른 사람의 공간에 대한 인식을 보여 준다(예: 줄을 서서 걸을 때 다른 사람의 발을 밟지 않음, 이야기 나누기 시간 동안 다른 사람에게 밀착하지 않음, 다른 사람과 상호작용할 때 한 팔 정도의 거리를 유지함).

이 기술의 숙달은 특히 전환 중일 때나, 그룹 상황에서 다른 사람과 가까이 앉아서 대화할 때 적절한 거리를 유지하는지에 따라 알 수 있다.

SR 12 피드백에 따라 행동을 수정한다.

일부 아동은 성인이 피드백을 줄 때(예: 더 크게 말하거나 더 부드럽게 말하기, 바르게 앉기, 다른 사람과 거리를 두도록 했을 때) 자신의 행동을 고치는 데 어려움을 겪는다. 이는 문제가 아동이 도전적인 행동을 보이는 것이 아니라 아동이 자신의 행동을 수정하지 않는 데 있다는 점에서 SR 9와 다르다.

SR 13 적절한 단어와 어조를 사용하여 다른 사람의 요청을 거절한다.

목표는 일반적으로 아동이 다른 사람의 요청을 받아들이도록 하는 것이지만, 아동이 요청을 적절하게 거절하는 것(예: 요구를 무시하거나 그냥 돌아서는 것이 아니라 적절한 어조로 말하는 것)도 중요하다.

SR 14 도전적인 행동(예: 괴롭힘, 놀림, 공격성)을 하지 않고 자신을 옹호한다(예: "못 받았어." "안 보여." "비켜 줄래?" "그만해.").

아동이 또래와의 갈등, 단절 또는 부적절한 상호작용에 직면하는 상황에서 적절하게 대응하고 자신을 방어하는 방법을 배워야 한다. 일부 아동의 경우, 이런 상황에서 자신을 옹호하기 위해 아무것도 하지 않거나 도전적인 행동을 보일 수 있다. 목표는 아동이 단어와 적절한 어조를 사용하여 자신의 '권리'를 옹호하고 주장하는 것이다.

SR 15 새롭거나 어려운 활동을 하는 동안에 도움을 요청한다.

일부 아동은 새롭고 도전적인 활동을 시도하기를 꺼리거나 낯설어 하거나 어려운 상황에서 도움을 요청하기보다는 참여하지 않으려고 한다. 또 어떤 아동들은 도전적인 행동을 할 수 있다. 아동들이 도움이 필요한 상황을 인식하고 도움을 요청하는 법을 배우는 것이 중요하다.

SR 16 지시에 따라 최대 1분 동안에 도전적인 행동을 하지 않고 도움이나 요구한 물건을 기다린다.

아동들은 종종 자신이 요구한 것을 받을 때까지, 전환하는 동안, 또는 게임에서 차례가 될 때까지 기다려야 할 때가 많다. 많은 아동에게 '기다림'은 도전적인 행동으로 이어진다. 이 아동들에게는 기다리는 법을 배우는 연습이 필요하다.

SR 17 특정 주제나 질문에 집착하지 않는다.

일부 아동, 특히 자폐스펙트럼장애가 있는 아동은 똑같은 말이나 질문을 반복하거나 하나의 특정 주제에 더 광범위하게 집착한다. 목표는 아동들이 특정 주제에 대해 어떤 사람과 이야기했는지를 알고, 해당 주제에 관한 대화를 피하고 이야기할 주제를 확장하는 것이다.

SR 18 말할 때 대화에 적절한 목소리 크기와 어조를 사용한다.

어떤 아동은 매우 큰 목소리나 칭얼거리거나 부정적인 어조를 사용하는 반면, 다른 아동은 들리지 않을 정도로 너무 작게 말하기도 한다. 아동이 환경에 맞는 목소리 크기와 어조를 사용해야 하며, 그 환경에 있는 다른 사람들이 사용하는 것과 일관성이 있어야 한다.

사회적 · 정서적 기술

SE 1 다른 사람과 자신의 감정을 인식한다(예: 행복, 슬픔).

아동이 감정적 상황을 적절하게 대처할 수 있으려면 이런 감정을 알아야 한다. 아동이 감정을 인식할 수 있는지는 아동이 하는 말을 바탕으로 판단하거나, 특히 감정 상황에 직면했을 때 자신이 어떻게 느끼는지를(또는 다른 사람이 어떻게 느끼는지를) 말하도록 하여 확인할 수 있다.

SE 2 질문을 받으면 자신과 타인의 감정 상태(예: 행복, 슬픔)에 대해 간단히 설명한다.

아동들은 자신의 감정 상태를 알 수 있을 뿐만 아니라 자신이나 다른 사람이 이런 감정을 느끼는 이유를 파악할 수 있어야 한다. 아동들은 자신이 특정 감정을 느끼는 이유(예: "게임에서 져서 화가 났어요.")에 대해 설명하는 법을 먼저 배우지만, 다른 사람의 관점에서 다른 사람이 특정 감정을 느끼는 이유를 설명하는 데에는 더 어려움을 겪는다.

SE 3 다른 사람에 대한 공감을 나타낸다(예: 놀이터에서 넘어진 친구에게 "괜찮아?"라고 물어봄, 우는 친구를 안아 줌).

이 기술은 아동이 다른 사람이 강하게 감정을 표현하는 것을 알아차리고, 그 사람이 그러한 감정을 보이는 이유를 파악한 다음에 단어나 몸짓을 통해 적절하게 공감을 표현할 수 있어야 한다는 점에서 SE 1과 SE 2의 연장선상에 있다. 만 2세에서 3세 사이의 아동은 공감을 표현할 수 있지만 이를 언어적으로 표현할 수 없을 수 있다.

SE 4 도전적인 행동을 하지 않고 부정적인 감정을 표현한다.

많은 아동이 분노, 슬픔 또는 기타 강한 부정적인 감정을 적절하게 표현하지 못하거나 사소한 좌절에도 과장된 행동을 한다. 이러한 상황에서 아동들은 오랫동안 화를 내거나, 교사(또는 부모)의 지시를 따르지 않거나, 물건을 부수거나 망가뜨리려고 하거나, 심지어 다른 사람에게 공격적일 수 있다. 목표는 아동들이 이런 부정적인 감정을 인식하고 적절하게 표현하거나 진정 전략을 사용하는 것이다.

SE 5 다른 사람의 행동이나 소지품에 대해 적절한 정도의 관심을 표현한다.

어떤 아동들은 다른 사람의 긍정적인 행동을 볼 때 아무런 열의를 보이지 않거나 혹은 상황에 맞지 않게 열정이 너무 극단적일 때가 있다. 이 기술을 위해서는 먼저 다른 사람들이 무엇을 하고 있는지, 무엇을 공유하고, 무엇을 이야기하는지 주의를 기울이고 인식한 다음에 상황에 맞는 긍정적인 말이나 몸짓을 해야 한다.

SE 6 친구가 자신의 행동에 어떻게 반응할지 예상하고(예: '탑을 무너뜨리면 친구가 화를 많이 낼 것이다.' '친구를 도와주면 친구의 기분이 좋을 것이다.') 그에 따라 행동한다.

이 기술의 중요한 구성 요소는 아동이 다른 사람의 관점을 받아들이는 법을 배우고 자신의 행동이 그 사람에게 어떤 영향을 미칠 수 있는지 이해하는 것이다. 아동은 이 기술을 발휘하여 또래로부터 긍정적인 반응을 얻거나(예: 친구가 떨어뜨린 물건 줍기, 다른 사람을 위해 문 잡아 주기) 또는 부정적인 반응을 끌어낼 수 있는 행동(예: 새치기)을 하지 않는다.

사회적 언어

SL 1 만날 때 혹은 헤어질 때 나누는 인사에 반응한다.

이 기술은 다른 사람이 인사할 때 아동이 일관되게 반응하기만 하면 된다. 이것은 사회적 상호작용이 시작되었으니 참여해야 한다거나 사회적 상호작용이 끝났다는 자연스러운 신호 역할을 한다. 또한 아동이 자신의 몸과 시선을 상대방 쪽으로 향하게 하는 것도 요구된다. 일반적으로 12개월이 되면 만날 때와 헤어질 때 인사에 일관되게 반응해야 한다.

SL 2 대상(성인, 또래)을 지정하여 지시하면 따른다.

이 기술은 아동이 교사와 다른 아동의 이름을 알고 있어야 한다(예: 또래에게 무언가를 주라는 지시를 따름). 이 기술에 대한 기대는 아동이 다른 사람을 표현적으로 구분할 수 있다는 것이 아니다.

SL 3 만날 때 혹은 헤어질 때 나누는 인사를 먼저 한다.

많은 아동은 인사를 시작하고 다른 사람에게 인사하는 적절한 때(예: 학교에 도착했을 때, 복도에서 사람을 지나갈 때)에 대한 자연스러운 신호를 이해하는 것이 어렵다는 것을 알게 된다. 아동에게 상호작용을 지속하기를 바라는 것이 아니라 단순히 시작하고 끝내는 것을 기대하는 것이다. 사회적 상호작용을 불편하게 느끼는 일부 아동은 상호작용을 끝내는 방법으로 먼저 "안녕."이라고 말하는 것을 배울 수 있다.

SL 4 또래를 이름으로 부른다.

이것은 아동이 또래와 상호작용을 시작할 때 또래의 이름을 부르도록 하는 것이다. 아동이 상호작용을 시작하고 다른 사람의 관심을 끌 필요가 있을 때 이 기술은 중요하다. 어떤 아동들은 단순히 어른들과의 상호작용이 더 편해서 어른들을 더 잘 부르기도 한다.

SL 5 사회적 질문에 대답한다(예: 이름, 나이, 성, 반려동물의 이름).

아동이 다른 사람과 사회적 질문이나 대화를 시작하기 전에 먼저 자신에 대한 기본적인 사회적 정보를 말할 수 있다면 도움이 된다. 많은 초기의 사회적 질문은 대답이 항상 같다는 점에서 암기식(예: 이름)인 반면, 이후의 질문은 실제로 더 복잡하고 가변적이다. 예를 들어, "무엇을 가지고 노는 걸 좋아하니?"에 대한 대답은 아동의 관심사가 변화함에 따라 바뀔 것이다. 보통 일반적으로 발달 중인 아동은 3세가 되면 다양한 기본적인 사회적 질문에 답할 수 있다.

SL 6 사회적 질문을 한다(예: 이름, 나이, 성, 반려동물의 이름).

이것은 SL 5의 연장이며, 아동이 또래에게 사교적 질문을 하기 시작해야 한다. 이러한 질문은 구조화된 상황(예: 함께 나누는 시간) 중에 자주 발생하지만, 기대하는 바는 아동이 촉구 없이도 이런 상황에서 질문하는 것이다.

SL 7 다른 사람이 공유한 물건이나 정보에 대해 구체적인 질문(예: 물건 이름, 물건 위치, 누가 무엇을 가지고 있는지)을 한다.

많은 아동에게 있어 이 기초적인 대화 기술은 단순히 다른 사람에게 질문을 통해 정보를 수집하는 것(예: 사물의 위치, 다른 사람들이 공유한 사물에 대한 자세한 내용)만으로도 충분하다. 많은 유치원 교실에서 이 기술은 '보여 주고 말해 봐' 시간에 자주 볼 수 있다. 처음엔 눈에 보이는 사물에 대해 질문하는 것이 효과적일 수 있지만 다른 사람들이 공유한 구두 정보를 기반으로 간단한 질문도 할 수 있어야 한다.

SL 8 관심을 요구한다(예: "내가 만든 것 좀 봐요." "내가 얼마나 멀리 뛰는지 봐.").

이 기술은 공동주의 기술 JA 7, JA 8과 관련이 있다. 이 기술은 아동이 다른 사람에게 자신이나 자신이 하고 있는 일 또는 자신이 만들거나 한 일에 주의를 기울여 달라고 요구해야 한다. 아동들은 일반적으로 먼저 어른에게 이 기술을 보여 주지만, 친구들의 관심도 요청하기 시작해야 한다.

SL 9 듣는 사람의 주의를 적절하게 끈다(예: 이름 부르기, 어깨 두드리기).

많은 아동은 요청이나 의견을 말하기 전에 듣는 사람의 주의를 잘 끌지 못해 그냥 말하기 시작한다. 듣는 사람의 비언어적 신호를 통해 또는 아동이 의도적으로 듣는 사람의 주의를 끌어서 자신에게 관심을 기울이고 있는지를 인식하는 법을 배우는 것이 중요하다.

SL 10 다른 사람의 시작 행동에 반응한다.

아동이 다른 사람의 시작에 일관되게 반응하는 것이 중요하다. 또래들은 아동이 반응하지 않으면 아동과의 상호작용의 시작을 멈출 수 있다. 또한 다른 사람의 시작 행동이 아동이 반응할 수 있는 신호 역할을 하는 것이 중요하다. 아동은 먼저 비언어적 반응(예: 요청을 받으면 물건 건네기)을 보일 수 있다. 그러나 이 기술을 충분히 발휘하려면 아동은 언어적 반응(예: 다른 사람의 질문이나 의견에 대답하기)도 할 수 있어야 한다.

SL 11 진행 중인 활동에 대한 질문에 대답한다.

이것은 아동이 현재 일어나고 있는 일에 대한 성인과 또래의 질문에 대답할 수 있어야 한다. 진행 중인 활동에 대한 질문을 대답할 수 있으려면 정보를 기억할 필요는 없지만 진행되는 활동에 주의를 기울여야 한다. 아동은 자신의 행동이나 다른 사람의 행동 또는 다른 사람이 공유한 구두 정보에 대한 질문뿐만 아니라 현재 진행 중인 환경에서 유형의 사물에 대한 질문에 대답할 수 있어야 한다.

SL 12 본인, 가족, 주요 행사(예: 개학일, 명절, 가족 행사)에 대한 정보를 공유한다.

많은 부모는 자녀가 학교에서 한 일을 자녀와 공유할 수 있기를 바란다. 생활 사건에 대한 공유는 종종 유치원 교실에서 구조화된 공유 시간의 일부이기도 하다. 또래, 교사 또는 부모와 정보를 공유하려면 아동이 현재 환경의 단서에 의존하지 않고 과거에 일어난 일을 기억할 수 있어야 한다. 여기서 요건은 아동이 정보 공유를 시작하는 것이 아니라 질문에 대답하고 정보를 공유할 수 있어야 한다는 것이다. 일반적으로 아동들은 3~5세가 되면 자신에 대한 정보를 공유하기 시작한다.

SL 13 선호하는 주제에 대해 5개 이상의 질문에 대답한다.

아동이 대화를 주도할 필요 없이 주제에 대한 다양한 질문에 대답하기만 하면 된다. 이 기술은 상호 대화에 참여하고 덜 선호하거나 아동이 선택하지 않는 주제에 대해 이야기하는 것을 배우기 위한 첫 번째 단계이다. 아동은 적어도 5개 이상의 서로 다른 주제에 대한 질문에 대답할 수 있어야 한다.

SL 14 서로 의견을 주고받는다[예: 아동이 또래에게 "나도 그 영화가 좋아!" "난 ○○는 없고, ××는 있어."와 같이 말함].

일단 아동이 질문에 대답할 수 있게 되면, 또래의 의견(예: "나도 땅콩버터 좋아해.")에 반응하고 이어서 의견을 말하거나 질문(예: "그 영화도 좋아. 거기서 그 사람들이 서커스에 갔던 것이 마음에 드니?")을 해야 한다.

SL 15 가까운 과거 또는 미래의 사건에 대한 정보를 공유한다.

이 기술을 사용하려면 아동이 자신의 주변 환경에 있지 않은 것에 대해 말할 수 있어야 한다. 아동은 현재 환경에서 참조 단서를 찾을 수 없는 사람이나 활동에 대한 과거 경험이나 미래의 일을 또래에게 말할 수 있어야 한다. 여기서 필요한 것은 아동이 시작하는 것이 아니라 질문에 답하고 정보를 공유할 수 있어야 한다는 것이다(예: "미술 시간에 뭐 그렸어?" "방과 후에 뭐 할 거니?").

SL 16 대화를 유지하기 위해 3~4회 정도 질문에 대답하거나 질문하거나 의견을 말한다.

일단 아동이 주제에 관한 다양한 질문에 대답하고 상호 의견을 제시할 수 있게 되면, 이런 기술을 종합하여 주제와 관련된 다양한 의견이나 질문을 함으로써 대화를 이어갈 수 있도록 기대치를 높여야 한다.

SL 17 또래가 화제를 바꾸면 적절하게 반응한다.

일부 아동은 주제를 바꾸는 데 어려움을 겪고 상대방이 다른 주제로 옮겨 간 후에도 같은 주제로 계속 이야기한다. 일단 아동이 다양한 주제에 대해 이야기할 수 있게 되면, 다른 사람이 주제를 바꿀 때 이를 알아차리고 함께 주제를 전환할 수 있도록 하는 것이 중요하다.

SL 18 말할 때 몸과 시선이 상대방을 향한다.

어떤 아동들은 사회적 상호작용의 언어적 부분을 수행할 수 있지만 비언어적 요소에는 어려움을 보인다. 다른 사람과 대화하는 것은 자신의 몸과 얼굴을 상대방 쪽으로 향하게 하는 것을 포함한다. 아동이 전체 상호작용 동안에 계속해서 눈을 맞출 필요는 없으며, 몇 초마다 눈을 마주치기만 하면 된다.

SL 19 들을 때 몸과 시선이 상대방을 향한다.

말할 때 상대방을 바라보는 것뿐만 아니라, 들을 때에도 상대방을 바라봄으로써 자신이 듣고 있다는 것을 상대방에게 보여 주는 것이 중요하다. 이것은 그룹 안에서 듣기 및 1:1로 듣는 상황 모두에서 중요한 기술이다. 아동이 전체 상호작용 동안에 계속해서 눈을 맞출 필요는 없으며, 몇 초마다 눈을 마주치기만 하면 된다.

SL 20 공손한 표현을 사용한다(예: '~해 주세요' '고맙습니다' '미안합니다' '실례합니다' '괜찮아요').

이것은 또래보다 성인을 대할 때 더 중요한 기술이다. 이런 문구는 아동이 나이가 들면서 점점 더 중요해지는 사회적 예절의 구성 요소 중 일부이다. 아동은 어른의 지시 없이도 적절한 때에 이러한 문구를 사용하는 것이 기대된다.

SL 21 자신과 타인의 '다름'을 받아들인다(예: 부정적인 말을 하지 않음).

많은 아동이 자신이 생각하는 것과 말하는 것을 구분하기 어려워한다. 아동이 다른 사람을 받아들인다는 지표 중 하나는 자신과 외모, 관심사, 또는 능력에 관하여 다른 아동 앞에서 부정적인 말을 하지 않고 상호작용을 할 수 있는 것이다. 부정적인 말은 아동이 자신에게 익숙하지 않은 차이점에 대해 질문하는 것(예: 누군가가 휠체어를 타거나 피부색이 다른 이유를 묻는 것)과 구별되어야 한다.

SL 22 사회적 상호작용 중에 문제가 생겼을 때 이를 수정하거나 명확히 하려고 한다.

사회적 상호작용에 어려움이 있는 아동은 이런 상호작용이 계획대로 이루어지지 않을 경우(예: 상대방이 말한 내용을 이해하지 못하거나 어떻게 대답해야 할지 모르는 경우)에 특히 어려움을 느낄 수 있다. 이러한 상황에서 일부 아동은 부적절한 행동(예: 상대방의 말을 반복)을 하거나 아예 반응하지 않을 수 있다. 반면에 이 기술을 가진 아동이라면 자신이 말한 내용을 수정하거나 다시 말해 달라고 요청할 수 있다.

SL 23 나이에 맞는 주제로 대화한다(또래와 비슷한 관심을 주제로 이야기함).

어떤 아동들은 그들에게 큰 관심이 있는 몇 가지 주제에 관해서만 이야기하거나 또래들과 다른 관심사를 가지고 있어서 대화에 어려움을 겪는다. 자기 나이에 적절한 주제로 대화하는 능력은 다른 아동이 말하는 주제를 알고 있는지와 이러한 대화를 나눌 때 참여하는지에 따라 결정된다.

SL 24 상황에 맞는 언어를 사용하고 어울리는 주제를 꺼낸다.

일부 아동은 주제를 명확하게 말하지 않고 대화를 시작하거나 현재 상황과 관련 없는 말을 할 때가 있다. 아동이 이 기술을 보여 주는 다양한 방법이 있는데, 진행 중인 주제에 대해 의견을 말하거나 주제와 관련된 의견이나 질문으로 대화를 시작하는 것이 이에 해당한다.

교실·그룹 행동

CG 1 일정 및 교실 규칙(놀이터 규칙 포함)을 따른다.

아동이 그룹 환경에 독립적으로 참여하려면 그룹의 일정과 규칙을 따르는 것이 중요하다. 아동이 일정이나 교실의 규칙을 지킬 수 있는지는 교실이나 환경의 구체적인 기대치를 충족시키는 능력에 따라 결정된다.

CG 2 교실 일과나 활동의 일부로 언어적 지시를 따른다(예: 자료 가져오기, 점심 치우기).

유치원에 입학하는 아동에게 중요한 독립 기술은 점심, 간식 및 이야기 나누기 시간과 같은 일상적인 활동 및 전환 중에 그룹에게 지시된 일반 지침을 따를 수 있다는 것이다.

CG 3 자신, 타인, 그룹의 소지품을 인식한다.

아동들은 무엇이 '내 것' '네 것' '우리 것'인지를 이해하기 어려울 수 있다. 이것은 아동들이 자신의 소지품을 아끼고, 공유하고, 다른 사람의 물건을 사용하기 전에 물어보는 방법을 배우는 데 필요한 중요한 선행 기술이다. 이 기술은 아동이 자신의 물건을 챙기고, 치우고, 허락 없이 다른 사람의 물건을 가져가지 않고, 그룹의 소유물(예: 교실 안의 자료, 놀이터의 장난감)을 공유하는 것으로 발휘된다.

CG 4 지정된 장소에 장난감 및 자료를 보관한다.

각 교실에는 장난감이나 교구를 보관하는 장소에 대한 규칙과 기대치가 있다는 것을 배워야 한다. 이것은 아동이 물건을 어디에 두어야 하는지를 알고 정리할 때 적절할 장소에 자료를 갖다 놓음으로써 확인된다.

CG 5 직간접적으로 신호를 주면 교사를 보거나 다가와 반응한다.

다양한 지시나 신호(예: 이름을 부르거나, 멈춰서 바라보라는 신호로 불을 끄거나, 그룹에 지시를 내릴 때)에 반응하고 교사의 말에 귀를 기울이는 것과 다양한 상황에서 아동이 이 기술을 발휘하는 것은 중요하다.

CG 6 노래 또는 활동을 주도하는 또래를 모방한다(예: 가라사대 게임).

일부 아동은 그룹 활동이나 게임에 참여하는 것이 어려울 수 있고, 다른 아동은 참여는 하지만 적극적이지 않을 수 있다. 이 기술은 아동이 그룹 활동이나 게임에 참여할 뿐 아니라 리더의 행동을 지속적으로 모방하여 적극적으로 참여하도록 요구한다.

CG 7 간접적인 단서에 반응한다(예: 줄을 서야 할 때 "친구들은 어디 있어?"라고 말함).

교실에서 독립성의 성장은 환경을 읽는 능력(예: 과제에서 벗어나거나 지시가 명확하지 않을 때 동료가 무엇을 하는지 확인) 또는 과거의 경험에 의존하는 능력(예: 방향을 모를 때 친구들이 무엇을 하고 있는지 보거나 손을 들어 도움을 요청하는 것)에 달려있다. 그러나 많은 아동이 이러한 전략을 잘 사용하지 못한다. 아동에게 간접적인 단서를 가르치려면 또래의 행동을 지침으로 사용하는 법을 배우는 것이 도움이 된다. 이 기술은 간접적인 질문이나 단서(예: 또래 상호작용에 반응하거나 요청을 하기 위한 단서)가 있을 때 아동이 적절하게 반응하는 능력이 필요하다.

CG 8 놀이 기구를 적절히 사용한다.

일부 아동은 놀이 공간의 모든 영역을 사용하지 못하는 경우가 있다. 그들은 기능적이지 않은 놀이(예: 운동장 주변 걷기, 나뭇가지 던지기)를 하는 경향이 있다. 놀이 기구를 적절하게 사용하는 방법을 배우면 이는 사회적 상호작용의 맥락 역할을 하게 된다. 아동은 놀이 공간에서 다양한 기구에 다가가고, 적절하게 사용하고, 적극적으로 노는 것으로 이 기술을 보여 준다.

CG 9 자발적으로 또는 요청을 받았을 때 다른 사람을 돕는다.

일반적으로 아동은 구체적으로 요청을 받았을 때 다른 사람을 돕는 방법을 더 쉽게 배울 수 있다. 그러나 자연스럽게 발생하는 상황(예: 또래가 무엇인가를 떨어뜨리거나 뚜껑을 못 열 때)이 도움을 주는 적절한 때임을 배우는 것 또한 중요하다. 아동은 이러한 다양한 상황에서 도움을 주거나 또래에게 도움이 필요하다는 것을 어른에게 알릴 수도 있다.

CG 10 교사가 부를 때까지 그룹에서 자리를 지킨다(예: 줄을 서라고 부를 때까지 자리에 앉아 있음).

많은 아동이 그룹 활동 중에 소리를 지르거나 자리에서 뛰지 않고 기다리는 데 어려움을 겪는다. 이 기술은 아동이 교사의 지시와 다른 아동이 하는 행동에 주의를 기울이고 이 정보를 자신의 행동과 활동의 지침으로 삼는 것을 필요로 한다.

CG 11 장소나 물건(예: 의자, 겉옷)을 찾아 활동을 준비한다.

유치원에 입학하는 아동에게 중요한 독립 기술은 특별히 지시하지 않아도 활동에 필요한 자료를 준비할 수 있는 능력이다. 예를 들어, 식판과 도시락을 가져오라는 지시를 받지 않고도 점심 시간이라는 말을 들으면 아동은 이러한 물건들을 준비하기 시작한다.

CG 12 새로운 활동 중에 지시를 따른다.

일상적인 활동 중에 지시를 따를 수 있을 뿐만 아니라 익숙하지 않은 활동 중에 지시를 따르는 법을 배우는 것도 중요하다. 여기에는 일상적이지 않은 소그룹 및 대그룹 활동(예: 새로운 게임, 새로운 미술 활동) 중에 지시를 따르는 것도 포함된다.

CG 13 새로운 활동 중에 지시를 한다.

아동들은 사회적 활동 중에 지시를 따라야 할 뿐 아니라 때로는 활동하면서 지시를 해야 하는 경우도 있다. 여기에는 새롭거나 친숙하지 않은 게임이나 활동 중에 지시해 달라고 요청받는 것도 해당한다.

CG 14 줄을 서서 걸을 때 자기 자리를 지키고 그룹과 보조를 맞춘다.

아동들에게 이 기술이 부족한 것은 자신이 있어야 할 위치에 대한 신호에 주의를 기울이지 않거나 다른 사람의 공간을 인식하는 데 어려움이 있기 때문이다. 일반적인 유치원이나 어린이집의 일과 중에는 아동들이 줄을 서서 걸어야 하는 경우가 많이 있다. 이때 아동은 너무 뒤처지지 않고, 다른 아동과 부딪히지 않으며, 앞에 있는 아동과 적절한 거리를 유지해야 한다.

CG 15 노래, 책 또는 놀이 활동에서 나오는 단어나 동작을 반복한다.

유치원 활동에는 반복되는 말이나 동작이 많이 있는데, 이것만으로도 아동의 능력이 향상된다. 그러나 일부 아동은 적극적으로 참여하지 않는다. 아동이 진행 중인 활동에서 말이나 행동을 즉시 따라 하고 나중에 친숙한 활동을 할 때 반복할 수 있기를 기대한다.

CG 16 친구 중 일부는 다른 규칙이나 일정을 따르기도 한다는 것을 받아들인다.

대부분의 규칙과 기대치는 그룹이나 교실의 모든 아동에게 적용되어야 하지만 일부 아동은 개별적인 필요에 따라 다른 규칙이나 일정이 필요할 수 있다. 교직원은 가능한 한 이러한 차이를 최소화하기 위해 노력해야 한다. 그러나 모든 아동이 똑같지는 않으며, 일부 아동은 학습하는 방식이 다르기 때문에 과제를 조금 다르게 해야 할 수도 있다는 사실을 아동이 깨닫는 것도 중요하다. 왜 다른 아동은 다른 규칙이나 일정을 따르는지에 대해 묻는 것은 적절하지만, 우리의 기대는 아동이 어른의 설명을 받아들이고 자신에게 주어진 규칙과 기대를 따르는 것이다.

CG 17 다른 사람의 소유물을 사용하기 위해 허락을 구한다.

어떤 아동의 경우, 자신, 타인 또는 그룹에 속한 것이 무엇인지 알고 있지만 여전히 허락을 받지 않고 다른 사람의 물건을 가져가기도 한다. 이 기술의 활용은 아동이 먼저 묻지 않고 다른 사람의 소지품을 가져가거나 사용하지 않는 것이다.

CG 18 교사가 주도하는 소그룹 체험 학습에 최소 10분 이상 참여한다.

많은 아동이 그룹 활동 중에 집중을 유지하는 것이 어려우며, 일부는 주로 듣는 활동보다는 직접 해 보는 활동에 더 성공적이다. 아동이 방해되는 행동을 하지 않고 적극적으로 참여하는 것이 기대 사항이다.

CG 19 최소 10분 동안 조용히 그룹에 앉아 있는다.

대부분의 유치원 혹은 어린이집 교실에는 일반적으로 정해진 절차에 따라 달력, 날씨 및 인사말과 같은 활동을 포함하는 이야기 나누기 시간이 있다. 도전적인 행동을 하지 않고 착석을 유지할 뿐만 아니라 적극적으로 참여하는 것이 기대 행동이다.

CG 20 교사가 주도하는 소그룹 듣기 활동에 최소 10분 이상 참여한다.

이것은 CG 18의 연장이지만 아동이 주로 청각적인 활동에 지속적으로 주의를 기울여야 한다. 아동이 도전적인 행동을 하지 않고 참여할 수 있어야 하며, 활동을 이끄는 교사의 지시를 따르거나 질문에 대답할 수 있어야 한다.

CG 21 교사 또는 또래 주도 활동에서 다른 아동들과 함께 반응한다.

그룹 활동에서는 교사가 친숙한 이야기나 시를 읽어 주고 가끔 멈춰서 아동들이 답을 채울 수 있도록 하는 등 활동을 주도하는 경우가 많다. 아동이 다른 아동들과 함께 거기에 맞추어 반응할 수 있도록 한다.

CG 22 그룹에서 기본적인 2~3단계 지시를 따른다.

이것은 CG 2, CG 12의 확장이다. 일상적이거나 새로운 활동 중에 한 단계 지시를 따르는 것 외에도 아동들은 여러 단계의 지시를 따를 수 있도록 해야 한다. 아동들은 먼저 일상적인 활동 중에 다단계의 지시를 따른 다음에 새롭거나 익숙하지 않은 활동 중에 여러 단계의 지시를 따르는 것으로 넘어가야 한다.

CG 23 친구에게 물건을 전달한다(예: 자료 나눠 주기, 공유 물건을 돌아가며 보고 다음 사람에게 전달하기).

많은 활동에는 다양한 물건(예: 미술 수업에는 종이와 크레파스, 점심 시간에는 휴지)을 사용해야 하며, 때로는 이러한 물건들을 또래에게 건네주는 일을 한다. 아동은 또래가 자신을 보는지 확인하고 자료를 전달할 수 있어야 한다.

비언어적인 사회적 언어

NV 1 비언어적 상호작용에 반응한다(예: 하이파이브, 손 흔들기, 엄지 척, 주먹 부딪히기, 미소).

아동들은 비언어적인 상호작용에 적절하게 반응해야 한다. 반응은 비언어적인 시작 행동에 대한 보답(예: 상대방과 다시 하이파이브하기) 또는 그 사람에게 그만하기를 요청하는 것(예: 상대방이 아동을 안아 주는 데 아동이 이를 좋아하지 않는 경우)일 수 있다.

NV 2 적절하게 성인 또는 친구들과 비언어적 상호작용을 시작한다(예: 하이파이브, 손 흔들기, 엄지 척, 주먹 부딪히기, 미소).

아동은 비언어적인 상호작용에 반응할 뿐만 아니라 시작할 수 있어야 한다. 이 기술에 어려움이 있는 아동은 비언어적인 상호작용을 시작하지 않거나 적절하지 않은 상호작용을 시작하기도 한다(예: 하이파이브나 손 흔들기보다는 친구와 악수하기). 비언어적인 상호작용을 자연스럽게 시작할 수 있는 시간이나 구조화된 활동(예: 아침에 모여서 인사하는 시간) 중에 아동이 적절한 비언어적인 상호작용을 시작하고 부적절한 비언어적인 상호작용을 시작하지 않도록 한다.

NV 3 말이 없는 동작을 식별한다(예: 몸으로 말해요 게임).

아동이 다른 사람의 구두 정보에 반응하는 것 외에도 구두 정보가 없거나 제한적인 활동과 상황을 이해하는 것도 중요하다. 몸짓으로 단어를 알아맞히는 구조화된 게임과 같은 활동은 아동에게 이 기술을 연습할 기회를 제공한다. 이러한 활동을 통해 아동은 언어적 정보 없이도 다른 사람이 보여 주는 행동을 인식할 수 있을 것으로 기대한다.

NV 4 그 사람과 보낸 시간, 관계 및 친숙함에 따라 적절한 수준의 애정을 보여 준다(예: 껴안고, 친구와 하이파이브를 하고, 낯선 사람에게 먼저 말을 걸지 않는 것).

이 기술에 어려움이 있는 아동은 다른 사람에게 애정을 표시하지 않거나 부적절한 애정 표현(예: 또래를 껴안는 것)을 할 수 있다. 아동에게 자연스럽게 발생하는 시간이나 구조화된 활동(예: 아침에 모여서 인사하는 시간) 중에 적절한 애정 표현을 보여 주고 부적절한 애정 표현을 하지 않도록 한다.

NV 5 기본적인 제스처와 비언어적 단서를 따른다(예: 손동작에 따라 멈추거나 다가옴).

비언어적인 상호작용에 반응하는 데 어려움을 겪는 것 외에도 많은 아동이 몸짓과 비언어적 단서를 구별하고 따르는 데 어려움이 있다. 이 기술을 습득한 아동은 자연스럽게 발생하는 기회에서 혹은 게임과 같은 활동 중에 다른 사람의 몸짓이나 비언어적 단서에 적절하게 반응할 수 있다.

NV 6 다른 사람의 신체 언어, 행동 또는 시선에 따라 자신의 행동을 수정한다.

아동들이 다른 사람의 비언어적 행동에 따라 언제 활동을 시작해야 하는지, 참여해야 하는지 적절한 때(예: 이동, 도시락 열기, 새 활동 시작하기)를 판단하는 방법을 배우는 것은 중요하다. 의사소통을 위한 시선, 고개를 끄덕이거나 흔들기 또는 기타 유형의 신체 언어를 보며 아동은 자신의 행동을 수정할 수 있어야 한다.

제3장

IEP 목표 예시

　　다음에는 Socially Savvy 체크리스트의 각 항목에 대한 샘플 IEP 목표를 제시하였다. 이것은 예시일 뿐이다. 목표는 아동의 필요, 환경, 교육 방법, 데이터 수집 절차에 기반하여 개별화되어야 한다. 또한 각 회기의 마지막 부분에는 빈 공간이 있는데, 이것은 해당 목표에 추가적인 기술이 확인되면 적어 넣을 수 있다.

공동주의(JA)	
JA 1	물건이 제시될 때, 아동은 세 가지 물건에 대해 기회의 80%에서 그 방향을 쳐다본다(예: 보거나 그와 관련된 반응을 함).
JA 2	5분의 사회적 상호작용(예: 박수 치기, 기대를 가지고 타인을 바라보기)을 하는 동안, 아동은 세 가지 행동에 걸쳐 기초선보다 50% 이상 높은 빈도로 행동을 반복한다.
JA 3	5분의 상호작용(예: 공을 떨어뜨리고 다른 사람을 기대하며 바라보기)을 하는 동안, 아동은 세 가지 장난감에 대해 기초선보다 50% 이상 높은 빈도로 장난감으로 행동을 반복한다.
JA 4	5분의 자유 놀이나 간단한 게임과 같은 사회적 상호작용을 하는 동안, 아동은 세 번의 연속적인 기회에서 기초선보다 50% 이상 높은 빈도로 상호작용을 유지(예: 여러 번에 걸쳐 다른 사람의 얼굴을 적어도 1초 이상 직접적으로 바라보기)하기 위해 응시한다.
JA 5	아동은 세 명의 성인에 대해 기회의 80%에서 성인이 사물을 가리키는 지점이나 몸짓을 따라간다.
JA 6	아동은 세 명의 성인에 대해 기회의 80%에서 성인의 시선을 따라 물체를 추적한다.

JA 7	15분의 선택 시간이나 자유 놀이 동안, 아동은 2주 동안 적어도 일반적인 또래의 80%의 빈도로 성인이나 또래와 관심을 공유하기 위해 사물을 보여 준다.
JA 8	15분의 선택 시간이나 자유 놀이 동안, 아동은 2주 동안 적어도 일반적인 또래의 80%의 빈도로 성인이나 또래와 관심을 공유하기 위해 사물을 가리킨다.
JA 9	선택 시간, 자유 놀이 또는 책상에서의 활동 중에 아동은 자신의 행동(예: "색칠하고 있어요.") 또는 다른 사람의 행동(예: "예은이는 조립하고 있어요.")에 대해 2주 동안 적어도 일반적인 또래의 80%의 빈도로 언급한다.

사회적 놀이(SP)

SP 1	2분간의 사회적 상호작용 게임(예: 그네에서 어른이 밀어 주며 하는 까꿍 놀이)을 하는 동안, 아동은 몸, 손, 눈, 목소리를 사용하여 연속 3번의 기회에 걸쳐 기초선보다 50% 이상의 높은 빈도로 게임에 참여하고 있음을 보인다.
SP 2	아동이 또래와 1m 이내에서 폐쇄형 장난감(예: 모양 끼우기, 퍼즐)을 가지고 5~10분 동안, 세 번 이상의 촉구 없이 세 번 연속 놀이를 할 수 있다.
SP 3	아동이 또래와 1m 이내에서 개방형 장난감(예: 블록, 트럭, 레고)을 가지고 5~10분 동안, 일반적인 또래가 필요로 하는 촉구 이내에서 장난감 3개를 가지고 놀이할 수 있다.
SP 4	30분간 자유 놀이를 하는 동안, 아동은 또래가 자료를 가지고 놀 수 있도록 허용하며(예: 요청 시 자료를 주거나 자신이 사용 중인 자료를 또래가 가지고 놀 수 있도록 허용), 2주 동안 일반적인 또래가 필요로 하는 촉구의 수 내에서 놀이할 수 있다.
SP 5	퍼즐, 모양 끼우기 또는 기타 폐쇄형 장난감을 공동으로 완성할 때, 아동은 5번의 기회 중 4번은 교대로 간단한 지시를 주고받으며 활동을 완료한다.
SP 6	다른 또래 한 명과 개방형 활동(예: 블록 쌓기, 구슬 장난감 만들기)을 할 때, 아동은 5회 중 4회 동안 번갈아 가며 간단한 지시를 주고받으면서 최소 10개 이상의 부품으로 구성된 구조물을 완성한다.
SP 7	또래와 간단한 게임을 하는 동안, 아동은 3회에 걸쳐 4번 중 3번은 비언어적(기다리기, 순서 주고받기, 자료 전달하기)으로 주고받는다.
SP 8	아동은 최대 다섯 명의 또래 그룹과 활동이 끝날 때까지 야외 게임(예: 수건 돌리기, 우리 집에 왜 왔니)을 하며, 세 가지 활동에 걸쳐 일반적인 또래가 필요로 하는 촉구의 수 내에서 놀이를 할 수 있다.
SP 9	아동은 5번의 기회 중 4번 연속으로 또래의 요청이 있을 경우에 행동을 멈춘다.
SP 10	아동은 또래와의 구조화된 놀이 또는 게임을 5회 중 4회 연속으로 적절하게 마친다(예: "다른 놀이를 하자!"라고 말함).
SP 11	아동이 상상 놀이 주제(예: 식당 놀이, 병원 놀이, 소방관 놀이)에서 역할을 맡아 3~5개의 행동 (언어적 또는 비언어적)을 3회의 연속 놀이 회기 동안에 지속할 수 있다.

SP 12	구조화된 순서 주고받기 혹은 공유하기 활동 중에 아동은 성인의 지시에 따라 연속 3회에 걸쳐 기회의 80% 정도로 장난감을 교환한다.
SP 13	자유 놀이나 선택 시간이 시작될 때, 아동은 5회 중 4회 동안 연속하여 선호하는 활동을 하기 위해 또래를 초대한다.
SP 14	시각적인 활동 일정을 사용하여 아동은 또래에게 다가가 5회 중 4회에서 진행 중인 활동에 적절하게 참여(예: "나도 놀아도 돼?")할 수 있다.
SP 15	아동은 5번의 기회 중 4번 연속으로 또래가 선택한 활동에 참여하라는 초대를 수락한다.
SP 16	아동은 5번의 기회 중 4번 연속으로 게임에서 지거나 탈락하는 것을 받아들인다.
SP 17	아동은 15분간의 구조화되지 않은 놀이 시간 동안, 세 번 연속하여 3회 이하의 촉구로 자유 시간을 적절하게 사용한다(예: 첫 번째 활동을 완료한 후에 새로운 활동으로 이동, 연령에 적합한 놀이에 참여).
SP 18	아동은 다른 사람의 놀이 아이디어에 변화가 있을 때 이를 따르고, 개방형 놀이를 하는 동안에 그 변화(예: 놀이 계획이나 시나리오 변경)를 유지하며, 세 번의 놀이 회기 동안에 일반적인 또래가 필요로 하는 촉구의 수 내에서 놀이할 수 있다.
SP 19	아동은 3번의 연속된 회기에서 적어도 세 가지의 다른 게임에서 '술래'가 되는 것을 적절하게 수행한다.
SP 20	구조화된 게임이나 활동을 하는 동안, 아동은 5회 중 4회 연속으로 새로운 아이디어나 게임 규칙의 변경을 받아들인다.
SP 21	아동은 또래와 함께 놀이 계획을 세우고 이를 실행한다(예: 블록으로 집을 짓기로 결정한 후에 집을 짓기). 세 가지 놀이 계획에 걸쳐 일반적인 또래와 같은 수의 촉구 내에서 놀이할 수 있다.
SP 22	"누가 네 친구니?"라는 질문에 아동은 5번의 기회 중 4번 연속으로 친구인 아동을 식별하고 그 이유를 간단히 설명한다(예: "친구들과 점심을 같이 먹기 때문이에요." "친구들이 착하기 때문이에요." "내가 그 아이들 옆에 앉으니까요.").

SP 23	아동들이 좋아하는 것 또는 관심사에 대한 정보를 공유하는 구조화된 활동(예: 교사가 아동들에게 돌아가면서 좋아하는 게임이 무엇인지 말하게 함)을 하는 동안, 아동은 5번의 기회 중 4번 연속으로 부정적인 말이나 몸짓을 하지 않는다.
SP 24	게임에서 이겼을 때 아동은 5번의 기회 중 4번 연속으로 자랑하지 않고 예의 있게 행동한다.

SP

자기 조절(SR)

SR 1	새로운 과제나 활동이 주어졌을 때, 아동은 5번의 기회 중 4번 연속으로 도전적인 행동을 보이지 않음으로써 유연성을 발휘한다.
SR 2	요청이 거부되었을 때, 아동은 5번의 기회 중 4번 연속으로 도전적인 행동을 보이지 않고 적절하게 "아니요."라고 대답한다.
SR 3	15분 동안 소그룹 듣기 활동이 주어지면, 아동은 손을 들고 5번의 기회 중 4번 연속으로 말하기 위해 기다린다.
SR 4	어른이 진정 전략(예: 산책하기, 공 쥐어짜기)을 사용하도록 지시하면, 아동은 10번의 연속 기회 중 8번에서 진정 전략을 사용한다.
SR 5	아동이 화가 나거나 좌절감을 느낄 때를 인식하고, 10회 중 8회 연속으로 도전적인 행동을 보이는 대신에 휴식을 요청하거나 진정 효과가 있는 물건이나 활동을 이용할 수 있도록 요청한다.
SR 6	하루 동안 자연스럽게 발생하는 전환 중에 아동은 3일 연속 기회의 80%에서 도전적인 행동을 보이지 않고 전환을 받아들이고 수행한다.
SR 7	일정이나 일상에 예기치 않은 변화가 있을 때, 아동은 측정된 5번의 기회 중 4번의 기회에서 도전적인 행동을 보이지 않고 변화를 받아들인다.
SR 8	선호하는 활동이 중단될 경우, 아동은 측정된 5번의 기회 중 4번의 기회에서 도전적인 행동을 보이지 않고 중단을 받아들인다.
SR 9	교정적인 피드백이나 재지시를 했을 때, 아동은 측정된 5번의 기회 중 4번의 기회에서 도전적인 행동을 보이지 않고 피드백을 받아들인다.
SR 10	아동이 실수를 하거나 과제 수행에 어려움을 겪는 경우(예: 색칠이 선을 벗어나거나, 질문에 대한 답을 모르는 경우), 측정된 5번의 기회 중 4번의 기회에서 도전적인 행동(예: 종이를 찢거나, 소리를 지르거나, 활동 거부)을 보이지 않고 적절하게 도움을 요청하거나 어른의 재지시를 받아들인다.
SR 11	줄을 서서 걷거나 복잡한 환경 속에서 이동할 때, 아동은 자신의 공간뿐만 아니라 다른 사람의 공간(예: 다른 사람의 발을 밟지 않기, 적절한 거리 유지하기)에 대한 인식을 3일 연속, 전체 간격의 80%(2분의 시간을 10초 간격으로 나눈 값)로 보인다.

SR 12	성인이 특정 행동을 멈추거나 바꾸라는 지시를 내리면(예: 이야기 나누기 시간에 아빠다리로 앉기, 작은 목소리로 말하기) 아동은 측정된 5번의 기회 중 4번의 기회에서 5초 이내에 자신의 행동을 수정한다.
SR 13	다른 사람이 아동에게 요청할 때, 측정된 5번의 기회 중 4번의 기회에서 요청에 응하거나 적절한 단어와 목소리로 요청을 거절(예: "지금은 안 돼.")한다.
SR 14	소그룹 활동 중에 아동은 계획된 5번의 기회 중 4번의 기회에서 도전적인 행동을 보이지 않고 자신을 적절히 대변한다(예: "하나도 못 받았어요." "앞이 안 보여요." "비켜 주세요." "멈춰요.").
SR 15	새롭거나 도전적인 활동이 주어졌을 때, 아동은 측정된 5번의 기회 중 4번의 기회에서 과제를 벗어난 행동을 보이지 않고 도움을 요청한다.
SR 16	자연스럽게 발생하는 다양한 상황(예: 교사의 지시가 있을 때, 장난감 사용을 요청할 때)에서 아동은 3일 연속 기회의 80%에서 도전적인 행동을 보이지 않고 적절하게 기다린다.
SR 17	특정 주제나 질문이 금지되어 있다고 미리 알려 주면, 아동은 연속 5일 중 4일 동안에 해당 주제나 질문에 대한 말을 자제하라고 요청을 받을 경우에 하루에 2번 이하의 촉구에서 수행한다.
SR 18	하루 3시간의 수업 시간 동안에 아동은 말할 때 대화 수준의 목소리와 목소리 톤을 사용해야 하며, 연속 3일 동안 하루에 3번 이하의 촉구에서 수행한다.

사회적 · 감정적 기술(SE)

SE 1	하루 종일 자연스럽게 발생하는 상황에서 아동은 측정된 5번의 기회 중 4번의 기회에서 자신 또는 다른 사람이 나타내는 감정(예: 행복, 슬픔, 화남, 무서움)을 언어적으로 식별할 수 있다.
SE 2	아동은 3일 연속으로 기회의 80%에서 처음에는 그림으로, 다음에는 자연스러운 상황에서 제시되는 감정(예: 행복, 슬픔, 화남, 무서움)을 언어적으로 식별하고, 해당 감정에 대한 간단한 설명(예: "아이스크림을 떨어뜨렸어요.")을 제공한다.
SE 3	다양한 목표 상황에서 아동은 측정된 5번의 기회 중 4번의 기회에서 공감적 반응(예: 놀이터에서 넘어진 또래에게 "괜찮아?"라고 말하기, 우는 또래를 안아 주기, 또래가 떨어뜨린 장난감을 주워 주기)을 보인다.
SE 4	학교 수업 중에 10일 중 8일 연속으로 도전적인 행동 없이 부정적인 감정을 적절하게 표현(예: "나 화났어!" 또는 "나 좀 쉬어도 돼?")한다.
SE 5	다른 사람이 중립적인 발언(예: 아침 식사로 무엇을 먹었는지 공유하기)을 하거나 흥분된 발언(예: 좋아하는 장난감을 선물하거나 완성된 미술 작품을 공유하기)을 할 때, 아동은 측정된 5번의 기회 중 4번의 기회에서 적절한 목소리 크기와 어조를 사용하여 관련된 언어적 반응을 한다.
SE 6	30분간의 자유 놀이 상황에서 아동은 또래를 화나게 할 수 있는 행동(예: 탑을 쓰러뜨리기)을 자제하고 또래를 행복하게 할 수 있는 행동(예: 장난감 공유하기)을 측정된 10번의 놀이 상황 중 8번에서 보인다.

사회적 언어(SL)

SL 1	성인이나 또래가 인사나 작별 인사를 할 때, 아동은 3일 연속 기회의 80%에서 적절한 인사로 반응한다.
SL 2	교사나 또래 중 한 명이 지시(예: "세은이에게 이걸 줘." 또는 "보라 선생님 책상으로 가.")를 내릴 때, 아동은 3일 연속 기회의 80%에서 그 지시를 따른다.
SL 3	교실이나 새로운 활동에 들어갈 때, 아동은 3일 연속 기회의 80%에서 해당 환경의 성인 또는 또래와 인사나 작별 인사를 시작한다.
SL 4	언어적 상호작용이 필요한 게임이나 활동에 참여해야 하는 경우, 아동은 연속 3번 동안 기회의 80%에서 또래의 이름을 부른다.
SL 5	스무 가지의 사회적 질문 중 하나가 주어졌을 때, 아동은 3일 연속 기회의 80%에서 또래나 성인의 각 사회적 질문에 적절하게 대답한다.
SL 6	계획된 활동이나 게임 중에 3일 연속 기회의 80%에서 열 가지 사회적 질문(예: 이름, 나이, 가족의 이름, 반려동물의 이름) 중 하나를 성인이나 또래에게 질문한다.
SL 7	새롭거나 불충분한 정보(예: 새로운 물건, 퍼즐의 빠진 조각)를 접했을 때, 아동은 세 가지 활동이나 상황에 걸쳐 5번의 기회 중 4번의 기회에서 정보(예: "그게 뭐야?" "어디에 있어?")를 묻는다.
SL 8	다양한 활동(예: 퍼즐, 미술 작품, 그림 일정)을 완료한 경우, 아동은 세 가지 활동 또는 상황에서 5회 중 4회 이상 완전한 언어 진술과 적절한 목소리 어조를 사용하여 완료된 활동에 대해 주의를 환기시킨다(예: "내가 해냈어요!" "내가 만든 것을 봐요.").
SL 9	주의를 요청할 때, 아동은 3일 연속으로 측정된 5번의 기회 중 4번의 기회에서 적절하게 청자의 주의를 끈다(예: 음성 언어의 사용, 청자의 어깨를 두드리기).
SL 10	아동은 3일 연속 기회의 80%에서 성인의 시작 행동(예: 그룹 내 또래를 위한 공간 만들기, '예' 혹은 '아니요'로 답하는 질문에 대답하기)에 대답한다.
SL 11	목표 활동(예: 미술 활동, 이야기 나누기 시간)을 하는 동안에 아동은 세 가지 활동에 걸쳐 측정된 5번의 기회 중 4번의 기회에서 진행 중인 활동에 대한 질문(예: "풀칠한 다음에는 무엇을 하나요?")에 대답한다.

SL 12	구조화된 활동 중에 아동은 연속 3일 동안 기회의 80%에서 학교, 휴일, 가족 또는 기타 주요 행사에 대한 정보를 공유한다.
SL 13	선호하는 주제에 대한 질문을 받으면(예: "강아지 이름이 뭐니?" "누가 뭉치에게 밥을 주니?" "뭉치는 어디에서 자니?" "뭉치를 어디에서 산책시키니?"), 아동은 세 가지 주제에 걸쳐 5번의 연속 기회 중 4번에서 다섯 가지 이상의 질문에 음성 언어로 대답한다.
SL 14	아동이 3명의 또래에게 기회의 80%에서 상호적인 말(예: 아동이 또래에게 다음과 같이 대답한다. "나도 그 영화 좋아해!" "난 ○○는 없어. 하지만 ××는 있어.")을 한다.
SL 15	점심 또는 간식 시간에 방금 일어난 일(예: "엄마가 오늘 나를 학교에 데려왔어.")이나 곧 일어날 일(예: "도영이가 나중에 음악 수업에 올 거야.")에 대해 연속적으로 5회의 회기 중 4회 이상에서 2번 이상 말한다.
SL 16	아동은 세 가지 주제에 걸쳐 5번의 기회 중 4번의 기회에서 질문에 답하거나, 질문하거나, 의견을 제시하고 서너 번의 교환을 하며 대화를 유지한다.
SL 17	소그룹 대화형 활동 중에 아동은 세 가지 다른 환경에서 5번의 기회 중 4번에서 새로운 주제와 관련된 의견을 말하거나 질문을 하는 등 또래가 주제를 바꿀 때 적절하게 반응한다.
SL 18	성인이나 또래와 대화할 때, 아동은 세 가지 다른 환경에서 5번의 기회 중 4번의 연속적인 기회에서 청자를 향하여 고개를 돌린다.
SL 19	2~3단계의 지시가 주어졌을 때, 아동은 3명의 다른 성인에 걸쳐 5번의 기회 중 4번의 기회에서 지시의 처음과 마지막에 한 번 이상 화자를 향해 고개를 돌리고 눈을 맞춘다.
SL 20	목표 상황(예: 장난감을 줄 때, 주위의 또래에게 장난감을 건네주려고 할 때)에서 아동은 측정된 5번의 기회 중 4번에서 다섯 가지의 공손한 문구(예: "부탁해." "고마워." "미안해." "실례할게." "괜찮아.") 중 하나를 사용한다.
SL 21	아동은 10일 연속으로 학교 수업 내내 부정적인 말(예: "못생겼어." "저 선생님은 뚱뚱해.")을 하지 않으며, 자신과 '다른' 사람을 받아들인다.
SL 22	아동이 지시를 완료하지 못하면, 측정된 5번의 기회 중 4번의 기회에서 설명을 요청한다("어디에 넣어야 해요?" "다음에 뭐 해요?").

SL 23	구조화되지 않은 소그룹 활동 중에 아동은 측정된 5번의 기회 중 4번의 기회에서 연령에 적합한 주제(즉, 또래의 관심 주제)에 대해 3~4회의 사회적인 대화를 교환한다.
SL 24	구조화되지 않은 소그룹 활동 중에, 새로운 주제를 시작할 때 아동은 측정된 5번의 기회 중 4번의 기회에서 도입 또는 전환 문구를 사용하여 주제를 소개한다(예: "그런데 그거 알아?" "그것이 생각나네." "재미있는 이야기를 들어 볼래?").

교실 · 그룹 행동(CG)

CG 1	아동은 10일 중 8일 연속으로 성인이 지시를 내리면 세 번 안에 정해진 교실 규칙(예: 이야기 나누기 시간에 아빠다리로 앉기, 손은 자기 앞에 두기)을 따른다.
CG 2	목표인 교실 활동(예: 이야기 나누기 시간, 미술, 간식 시간) 중에 교사의 지시에 따라 5회 중 4회 연속으로 물건이나 용품을 가져온다.
CG 3	개인이나 그룹 소유의 물품이나 자료를 공유하는 구조화된 활동 중에 아동은 측정된 5번의 기회 중 4번의 기회에서 자신, 다른 사람, 교실의 소유물을 식별할 수 있다.
CG 4	수업하는 동안, 아동은 연속 5일 중 4일 동안 장난감이나 물품을 지정된 장소에 보관하라는 어른의 지시를 3회 이내에서 수행한다.
CG 5	교사가 이름을 부를 때 아동은 연속 3일 동안 기회의 80%에서 교사를 보거나 교사에게 다가온다.
CG 6	또래가 주도하는 노래나 활동 중에 아동은 5일 중 4일 동안 연속 5회 이상 또래 리더의 행동을 모방한다.
CG 7	성인이 간접적인 단서(예: 무언가를 끝내거나 만들기 위해 "무엇이 필요하니?")를 제공했을 때, 아동은 측정된 5번의 기회 중 4번의 기회에서 단서에 반응한다.
CG 8	놀이터에서 30분 동안, 아동은 3일 연속으로 어른에게 3회 이내로 도움을 요청하며 놀이터 기구를 적절하게 사용한다.
CG 9	또래가 분명히 도움이 필요한 상황(예: 자료를 떨어뜨렸거나, 주스를 흘렸거나, 포장을 열지 못하는 경우)에서 아동은 계획된 5번의 기회 중 4번의 기회에서 연속으로 도움을 제공한다.
CG 10	아동은 측정된 5번의 기회 중 4번의 기회에서 그룹으로 줄을 서라는 부름을 기다린다(예: 줄을 서라는 부름을 받을 때까지 자리에 머물러 있음).
CG 11	목표 활동(예: 간식 시간, 미술 시간, 하루 일과 종료)을 하는 동안, 아동은 측정된 5번의 기회 중 4번의 기회에서 필요한 자료를 가져와서 지정된 구역으로 이동한다.

CG 12	새로운 활동(예: 새로운 게임 또는 노래)을 하는 동안, 아동은 성인이 알려 준 지시를 따르다가 또래의 지시를 따르는 단계로 발전하여 3번의 연속적인 활동에서 측정된 5번의 기회 중 4번의 기회에서 지시를 따른다.
CG 13	새로운 활동(예: 새로운 게임 또는 노래)을 하는 동안, 아동은 3번의 연속적인 활동에서 측정된 5번의 기회 중 4번의 기회에서 다른 사람에게 지시를 내린다.
CG 14	전환하는 동안에 줄을 서서 걸을 때, 아동은 측정된 5번의 기회 중 4번 이상 성인의 지시 없이 또래와 보조를 맞추어 걷는다.
CG 15	노래 부르기, 책 읽기, 놀이 활동을 하면서 행동이 반복되는 그룹 활동을 하는 동안, 아동은 5회 연속 활동 중 4회 이상에서 최소 5개의 행동을 반복한다.
CG 16	아동이 10일 연속으로 전체 수업일 동안에 도전적인 행동을 보이지 않으며, 일부 또래가 다른 규칙이나 일정을 따를 수 있음을 받아들인다.
CG 17	목표 활동(예: 각 아동이 서로 다른 자료를 가지고 있는 미술 활동, '보여 주고 말해 봐' 시간)을 하는 동안, 아동은 세 가지 다른 활동에 걸쳐 측정된 5번의 기회 중 4번의 기회에서 다른 사람의 소유물을 사용하도록 허락을 구한다.
CG 18	아동은 교사가 주도하는 소그룹 활동에서 3번의 연속적인 기회에서 3번 이하의 촉구로 최소 10분 이상 참여한다.
CG 19	아동은 이야기 나누기 시간에 3번의 연속적인 기회에서 2번 이하의 촉구로 최대 10분 동안 조용히 앉아 있는다.
CG 20	아동은 교사가 주도하는 소그룹 청자 활동에서 3번의 연속적인 기회에서 2번 이하의 촉구로 최소 10분 동안 참여한다.
CG 21	목표 활동(예: 노래하기, 달력, 게임하기)을 하는 동안, 아동은 연속 3번의 기회에서 3번 이하의 촉구로 교사나 친구가 주도하는 활동에 다른 친구와 같이 반응한다.
CG 22	그룹 활동 중 아동은 측정된 5번의 기회 중 4번의 기회 동안에 기본적인 2단계 및 3단계 언어 지시(예: "알림장 가져와서 선생님 옆에 앉고 알림장 페이지를 펼쳐라.")를 따른다.

CG

CG 23	목표 활동(예: 미술 활동, '보여 주고 말해 봐' 시간, 간식 준비)을 하는 동안에 아동은 측정된 5번의 기회 중 4번의 기회 동안에 독립적으로 친구에게 물건을 전달한다.

비언어적인 사회적 언어(NV)

NV 1	또래의 비언어적인 시작 행동(예: 하이파이브하기, 손 흔들기)에 대한 반응으로, 아동은 측정된 5번의 기회 중 4번의 기회에서 적절하게 행동한다.
NV 2	목표 활동이나 전환 중(예: 게임 종료, 활동 시작, 또래가 이겼을 때), 아동은 측정된 5번의 기회 중 4번의 기회에서 적절한 성인이나 또래와 비언어적인 상호작용(예: 하이파이브하기, 손 흔들기)을 시작한다.
NV 3	단어 추측 게임과 같은 게임을 하는 동안, 아동은 측정된 5번의 기회 중 4번의 기회에서 말이 없어도 일반적인 행동, 동물, 감정을 식별할 수 있다.
NV 4	하루 종일 측정한 결과, 아동은 10일 연속으로 학교 환경 내에서 성인이나 또래와 적절한 수준의 애정 표현을 보여 준다.
NV 5	조직화된 게임(예: 장애물 코스, 무궁화 꽃이 피었습니다)을 하는 동안에 측정된 5번의 기회 중 4번의 기회에서 아동이 기본 몸짓(예: 멈추기, 팔 벌리기, '아니요'의 의미로 손가락 흔들어 주기)을 따른다.
NV 6	방해가 되거나 과제를 벗어난 행동을 보여서 교사의 비언어적 피드백(예: 고개 흔들기, 손가락으로 입술 가리키기, 눈 응시하기, 가리키기)을 받았을 때, 아동은 측정된 5번의 기회 중 4번의 기회에서 자신의 행동을 수정한다.

교수 전략

아동들은 여러 가지 이유로 사회적 기술의 결핍이나 손상을 보일 수 있다. 동기 결여, 실제적 기술의 결핍, 잘못된 동기 부여(예: 장난감에 대한 지나친 관심) 등이 여기에 포함될 수 있다. 다행히도 사회적 기술을 가르칠 수 있는 여러 효과적인 방법이 있다. 어떤 접근 방식을 사용할지는 대체로 '왜' 아동이 사회적 기술 결핍을 보이는지에 따라 다르다. 사회적 기술을 가르치는 전략 선택에서 아동이 지닌 독특한 학습 스타일을 알아내는 것 또한 중요하다. 이를 알아보는 데 다음의 질문들이 도움이 될 수 있다.

- 아동은 그룹에서 시작할 수 있는가, 혹은 1:1 교수로 시작해야 하는가?
- 어떠한 그룹 크기가 아동에게 가장 효과적인가?
- Socially Savvy 체크리스트에서 어떤 영역과 기술이 다루어져야 하는가?
- 아동이 사회적 기술 중재 참여에 방해가 되는 행동을 보여 주는가?
- 아동이 겪는 사회적 어려움은 동기와 관련이 있는가 혹은 다른 아동에 대한 무관심과 관련이 있는가?
- 아동이 다른 아동들을 관찰하고 모방하며 배울 수 있는가?

이 장은 사회적 기술을 가르치는 다음과 같은 방법들을 기술할 것이다. 직접 교수, 모델링, 규칙 기반 교수, 활동 기반 교수, 시판되는 커리큘럼, 우연 교수, 강화, 사회적 상황 이야기, 시각적 지원, 자기 점검법, 또래 활용 중재가 그것이다. 더불어 각 전략에서 가장 많은 유익을 얻을 수 있는 아동의 유형을 개략적으로 설명하고 그룹을 형성하는 것에 대해 조언할 것이다.

직접 교수

이 방법은 매우 제한된 사회성 기술을 가진 아동과 그룹의 형태에 참여하는 데 어려움이 있거나 학습에 어려움이 있는 아동에게 유용하다.

세부적인 학습 계획을 따르는 체계적인 교수는 복잡한 사회적 기술을 더 작은 단위로 쪼개고 촉구와 강화 절차를 사용하게 된다. 이런 교수 유형은 일반적으로 교사와 아동의 비율이 1:1 혹은 1:2이어야 한다. 어떤 아동들은 구조화된 그룹 상황에서 일부 사회성 기술에 참여하거나 배울 수 있으나 다른 기술은 직접 교수가 필요할 수 있다.

예를 들어, 간식 시간에 대화 기술을 연습하는 것보다 먼저 어른과 1:1로 기본적인 대화 기술을 배우는 것이 필요할 수 있다. 이것은 대답이 정해진 사회적 질문(예: "너 이름이 뭐야?" "어디에 살아?" "몇 살이야?")에 다양하게 반응하도록 가르치는 것으로 시작할 수 있다. 학습 계획은 처음에는 정반응에 대한 언어적 모델을 제공하는 시간 지연 촉구 절차를 사용할 수 있고, 이후에는 촉구 없이 정확하게 반응할 때까지 2~4초 정도 촉구를 지연할 수 있다. 아동이 대답이 정해진 사회적 질문에 일관되게 반응할 수 있게 되면, 더 선택이 자유로운 사회적 질문(예: "네가 좋아하는 색깔은 뭐야?" "어떤 음식을 좋아해?" "놀이터에서 뭐 하고 싶어?")을 가르칠 수 있다. 다음으로 아동은 목표한 사회적 질문에 대답하는 것을 배우고, 후속 질문을 건네는 것을 배울 수 있다. 예를 들면 다음과 같다.

교사: "너의 엄마 이름은 뭐야?"
아동: "다현이요. 선생님의 엄마 이름은 뭐예요?"

이 시점에서 아동에게 동일한 교육 접근 방식으로 다른 사람들의 말에 대답하는 법을 가르칠 수 있다. 예를 들면 다음과 같다.

교사: "나는 사과를 가지고 있어."
아동: "나는 포도를 가지고 있어요. 포도 좋아하세요?"

아동이 개별적인 대화 기술을 습득하고 나면 다음 단계는 간식 시간이나 점심 시간 같은 활동 시간에 개별적인 대화 기술을 교실과 그룹으로 일반화하는 것이다.

'부록 1'에 다양한 학습 계획의 예시가 포함되어 있다. 각각의 학습 계획은 해당 기술을 가르치는 데 필요한 목표 기술과 이에 상응하는 과제, 이 기술을 가르치는 데 필요한 자료, 학습 전략에 대한 일반적인 설명, 사용될 촉구 절차의 구체적인 유형(촉구를 서서히 제거하는 방법 포함), 적절한 구체적인 목표가 명시되어 있다. 이 학습 계획은 단지 예일 뿐이며, 각각의 아동에게 맞게 개별화할 필요가 있다. 각각의 기술을 가르치는 데 결정해야 하는 요소는 어떻게 반응에 적절한 강화를 하느냐 하는 것이다. 교육의 모든 측면과 마찬가지로, 강화의 유형, 강화의 양과 빈도는 각 아동에 맞게 개별화되어야 한다.

모델링

이 방법은 모방 기술이 뛰어나고 1~2분 동안에 모델 시나리오에 집중할 수 있는 능력이 있는 아이들에게 효과적이다. 비디오 모델링의 경우에 아동이 비디오에 관심이 있어야 한다.

모델링은 계획적이고 체계적인 방식으로 다양한 사회성 기술을 가르치는 데 사용될 수 있다. 창의적인 모델링은 동기가 없는 아동의 흥미를 유발하고, 특히 집중적이고 직접적인 교육이 더 이상 필요하지 않은 아동의 경우에는 아동이 수행하기 어려운 영역에 대한 흥미를 유지할 수 있다. 모델은 성인, 다른 아동들 혹은 인형을 사용할 수 있다. 가능하면 목표로 하는 사회성 기술의 모델링은 해당 기술이 사용되는 상황 전에 시행되어야 한다. 때로는 추가적으로 목표로 하는 기술 모델링을 여러 번 제공하고, 아동에게 고안된 상황에서 역할극이나 기술 연습을 시키는 것이 필수일 때가 있다.

어느 비 오던 날, 우리의 사회적 기술 그룹에 속한 교사가 재미있는 실내 활동을 찾다가 놀라운 예를 우연히 발견했다. 재능 있고 창의적인 두 명의 교사(케이티와 케이티)가 TV 쇼 〈더 케이티 앤 케이티 쇼〉를 만들었다. 두꺼운 종이에서 커다란 직사각형을 잘라 내어 만든 'TV 화면'을 이용했다. 교사들은 가짜 리모컨을 가지고 학생들에게 TV를 켜는 척하게 시켰다. TV가 '켜지면' 교사들이 사회적 시나리오대로 연기를 한다(예: 교사 중 한 명이 다른 이들과 뭔가를 공유하지 않음). 교사들은 학생들에게 리모컨으로 쇼를 멈추게 시키고, 이 문제 해결에 가능한 해결책을 내놓을 것을 제안한다. 서너 개의 해결책이 나타나면 아이들은 '되감기'를 누르고, 교사들은 해당 장면을 다시 연기한 후 해결책 중 하나를 가지고 연기를 이어 나간다(그리고 더 나은 결과를 보여 준다). 시간이 지나면 아이들은 이 TV 소품에 흥미를 잃고 교사들의 연기에 흥미를 더 갖게 된다. 아이들이 이 형식에 너무 익숙해지면 교사들은 학생들을 '쇼'에 참여시킨다. 이는 이 수업의 하이라이트가 되며, 많은 경우에 아이들이 집에 갔을 때 부모님에게 처음으로 이야기하는 소재가 된다. '쇼'는 아이들이 겪고 있는 현재 진행 중인 사회적 상황, 예를 들면 화장실에 가도 되는지 묻는 것을 기억하거나, 부적절한 행동을 따라 하지 않거나, 스스로의 행동에 책임을 지고, 타인과 일정한 거리를 지키고, 다른 사람들이 나와 생각이 다를 때 유연하게 대처하는 등 여러 상황에서의 다양한 사회적 어려움을 다뤘다. 이 쇼를 그룹의 개개인에게 직접 적용할 수 있도록 연습할 수 있다.

비디오 모델링 또한 다양한 기술을 가르칠 수 있는 효과적인 방법이다. 이 접근법은 모방 기술이 뛰어나고 비디오 보기를 즐기는 아이들에게 효과가 좋다. 첫 단계는 비디오를 직접 만들거나 시중에서 판매되는 비디오를 사는 것이다. 현대의 기술 덕분에 아이들이 놀거나, 적절한 사회적 상호작용을 하거나, 성인들이 특정한 사회적 기술을 모델링하는 비디오를 만드는 일이 쉬워졌다. 비디오를 만드는 일은 시간과 자원이 많이 필요하지만, 다행히도 대화 기술부터 놀이에 이르기까지 수많은 앱과 비디오가 있다. 그러나 상업적으로 만들어진 비디오는 자신이나 친숙한 이들을 화면에서 보는 것을 좋아하는 아이들의 욕구를 만족시킬 수 없다. 직접 만든 비디오는 모델화된 사회적 기술을 개인적으로 연관시키고 잠재적으로 한층 더 강화될 수 있도록 해 준다. 또한 일반적인 상업 비디오보다 친숙한 환경이며, 정확한 사회적 기술에 맞도록 가르칠 수 있다. 비디오의 또 하나의 장점은 일단 비디오가 만들어지거나 구매되면 더는 많은 교사가 필요치 않다는 점이다. 이 연구에 나온 전형적인 비디오 모델링 절차는 사회적 상황에 들어서기 전에 비디오를 2번 보게 하도록 하고 있다.

규칙 기반 교수

이 방법은 대부분의 아동에게 효과적이다. 거의 모든 아동은 명확히 규정된 규칙과 기준을 통해 효과를 본다. 특히 좀 더 완고하고 '흑과 백'으로 생각하는 아이들은 규칙 기반 교수에 특히 더 잘 반응한다.

시작할 때 그룹에 몇 가지 특정 규칙(예: 손 들기, 자리에 앉아 있기)을 정하면 도움이 되는 경우가 많다. 가능하면 아이들에게 규칙을 만드는 것을 도와달라고 요청한다. 이렇게 하면 해당 규칙을 지키는 데 개인적으로 쏟는 관심이 늘어난다. 규칙을 시각적으로 보여 주는 것이 유용한 도구가 된다. 예를 들어, 그룹 활동을 시작할 때 제대로 앉아 있는 그룹의 아이들의 사진을 코팅하여 보여 준다. 그리고 아이들이 규칙을 성공적으로 잘 지키면 아이들에게 그 모습이 무엇과 같은지를 자주 언급한다. 가지고 있는 사진이나 클립아트를 사용할 수도 있고, 부모에게 허락을 받았다면 반듯하게 잘 앉아 있는 아이들의 사진을 찍어도 좋다. 아이들은 최근 모습이 담긴 자신의 사진을 보는 것을 좋아하므로 매달 새로 사진을 찍을 수도 있다. 또한 (이 또한 부모의 허락을 받고) 태블릿 PC나 스마트폰으로 사진을 찍어도 되는데, 이 방법이 출력이나 코팅하는 것보다 더 빠르기 때문이다.

규칙 기반 교수는 아동이 특정한 사회적 기술을 배우는 데 도움이 된다. 예를 들어, 특정 주제에 관한 대화를 어떻게 끝내는지 가르치기 위해서 아동에게 규칙(예: 뭔가에 관해 얘기하기 지루해지면 다른 것에 관해 얘기하자고 요청한다)을 가르칠 수 있다. 또 다른 예는 아동에게 도움이 필요할 때 사용할 수 있는 특정한 규칙이다. 아동에게 도움이 필요한 상황이 무엇인지 알 수 있도록 도와주는 것부터 시작할 수 있다(예: 장난감 작동이 안 되거나 답을 모른다). 다음으로 누구에게 도움을 요청할지(예: 교사, 부모, 친구)에 대한 '규칙'을 소개한다. 마지막으로 어떻게 도움을 요청하는지(예: "도윤아, 타워 만드는 것 좀 도와줄래?")에 대한 구체적인 규칙을 제공한다.

그룹의 규칙 또는 개인의 사회적 기술을 위한 규칙을 만들 경우에 ① 각각의 규칙에 대한 시각 자료를 가지고, ② 정기적으로 규칙을 복습하며, ③ 아동에게 규칙을 행하도록 연습시키고, ④ 아동이 해당 규칙을 성공적으로 잘 따르면 강화한다.

활동 기반 교수

이 방법은 모든 아이에게 효과가 있으나 소규모 그룹에 참여할 수 있고 1:1 교사가 필요하지 않은 선행 기술을 가진 아이들에게 특히 효과적이다.

이 매뉴얼에서는 사회적 기술을 가르치는 데 게임이나 활동을 통한 소그룹 교육이 주로 사용되지만, 다른 많은 전략도 사용된다. 모델링, 역할놀이, 사회적 상황이야기가 활동 기반 연습에 일부분으로 혹은 추가로 사용된다. 우리는 활동 기반 접근 방식이 사회적 기술이 더 제한적인 아이들에게도 효과적이라는 사실을 알게 되었다. 한 가지 방법은 사회적 도움이 필요한 아동 1~2명으로 그룹을 만들고, 여기에 더 일반적으로 발달하는 사회적 기술을 가진 아동 2~3명을 포함한다. 또 다른 방법은 더 큰 사회적 도움이 필요한 아동 2~3명하고만 하는 것이다. 이 경우에 교사는 필요에 따라 회기를 수정할 수 있다. 예를 들어, 활동 시간이나 총 그룹 시간을 줄여서 아이가 너무 지치거나 버겁지 않게 하는 것이다.

사회적 기술을 가르치는 맥락으로 활동이나 게임을 활용하는 것에는 수많은 장점이 있다. 우선 게임이나 상호작용 활동은 한층 자연스러운 사회적 상황을 제공하며 다수의 아이가 참여할 수 있다. 두 번째로, 활동 기반 연습은 역할놀이나 사회적 상황 이야기를 포함하여 많은 다른 효과적인 기술을 포함할 수 있다. 활동 기반 교수가 특별히 더 효율적인 이유는 다양한 사회적 필요와 목표 기술을 다룰 수 있기 때문이다. 게임과 상호작용 활동은 같은 게임이나 활동에서 서로 다른 아이들이 서로 다른 기술을 목표로 삼을 수 있도록 한다. 예를 들어, 'I SPY 게임'에서 한 아이에게 SR 3(말하기 전에 손을 들고 호명되기를 기다린다)과 JA 8(관심을 공유하기 위해 사물을 가리키고 눈맞춤을 한다)을 목표로 할 수 있다. 해당 그룹 안의 아이의 수는 2~3명에서부터 최대 5~6명까지 달라질 수 있다. 그룹의 크기를 설정할 때 성공적으로 연습하기 위해 성인이 얼마나 필요한지를 생각해야 한다.

많은 활동과 프로젝트는 몇 주에서 한 달까지 이어지는 테마를 기반으로 한다. 우리가 가장 좋아하는 프로젝트는 아이들에게 '우정 책(friendship books)'을 만들도록 하는 것이다. 이 프로젝트는 8~12회기, 혹은 더 오랫동안 진행될 수 있는데, 사회적 놀이(social play)와 사회적·정서적 기술 범주(social/emotional categories)에 있는 기술을 포함하여 많은 기술을 목표로 할 수 있다. 이 활동을 위해 아이들은 스스로에 관한 책을 만든다. 각각의 페이지는 해당 아이에 관한 내용을 담고 있다. 예를 들어, 제일 좋아하는 색, 형제자매의 수, 제일 좋아하는 음식이나 반려동물 등이다. 우정 책을 만들어서 공유함으로써 아이들은 자신이 다른 아이들과 무엇이 다르고 무엇이 비슷한지를 알게 된다. 우정 책은 다른 활동을 하는 동안에 참고자료로서 아주 훌륭한 도구가 된다. 예를 들어, 연우가 보여 주고 말하기 상자를 가져오면 우정 책에 나와 있는 것을 토대로 연우에 대해 아는 것을 가지고 상자 안에 무엇이 들었는지 다른 아이들에게 추측하도록 한다. 아이들은 연우가 여동생의 사진이나 노란색 사물(노란색이 연우가 제일 좋아하는 색이므로), '콩순이' 인형을 가져왔을 것이라고 추측할 수 있다.

시판되는 커리큘럼

시중에서 판매되는 다양한 커리큘럼을 통해 모든 아동이 사회성 기술 학습을 재미있게 배울 수 있다. 왜냐하면 대부분의 시판되는 커리큘럼은 규칙에 기반하고, 규칙 기반 접근법에 잘 반응하는 아이들은 보통 시판되는 커리큘럼에 잘 반응한다. 아이의 특정한 사회성 기술 요구사항에 따라 어떤 특정한 커리큘럼이 적합한지를 결정할 수 있다.

다양한 시판되는 커리큘럼은 그룹 혹은 개인의 사회성 기술 수업에 통합될 수 있다. 이 프로그램 중 많은 프로그램이 연령대가 높은 아이들을 위해 고안되었으나 미취학 아이용으로 수정될 수 있다. 대부분의 교실에는 사회성 기술의 발달이 필요한 다양한 아이가 있으므로 하나의 특정 커리큘럼에만 의존하기보다는 커리큘럼을 섞어서 활용하는 것이 중요하다.

우리의 사회성 기술 그룹에 사용해 온 커리큘럼 중 하나는 『서클: 친밀성과 관계(Circles: Intimacy and Relationships)』로서, 제임스 스탠필드(James Stanfield)에 의해 저술되었다. 이 커리큘럼은 SR 11(자신과 다른 사람의 공간에 대한 인식을 보여 준다), 비언어적인 사회적 언어인 NV 4(그 사람과 보낸 시간, 관계 및 친숙함에 따라 적절한 수준의 애정을 보여 준다) 같은 자기 통제 영역에 있는 기술을 다루는 데 유용할 수 있다. 서클 커리큘럼이 사회적 경계(예: 포옹이나 뽀뽀하기에 적절한 사람이 누구인지, 언제 개인적인 내용을 공유해도 되는지, 어떤 내용을 공유해도 되는지) 인식에 어려움을 겪는 아이들에게 크게 도움이 된다는 점을 발견했다. 원래는 K-12 교실을 위해 개발되었지만 우리는 이 커리큘럼이 미취학 아동들에게도 효과적이란 사실을 알게 되었다. 서클 커리큘럼 안에 있는 색깔 시스템은 우리 그룹에서 아주 성공적인 것으로 나타났다. 각각의 색깔이 아이들에게 구체적으로 드러나도록 만들었는데(예: 파란색=포옹 서클, 초록색=측면 포옹 서클, 노란색=하이파이브 서클, 주황색=손 흔들기 서클, 빨간색=낯선 사람 서클), 우리는 또한 부모님이 색깔 시스템을 이해하는지 확인하였고, 아이들이 아는 사람 중에서 각각의 서클에 상응하는 사람의 사진을 제공하도록 부모님들에게 부탁하였다. 각각의 아이에게는 자신만의 서클이 주어지고, 자신이 아는 사람을 알맞은 색과 일치시키는 연습을 하고, 각각의 사람과 어떤 행동을 하는 것이 적절한지에 대해 역할놀이를 한다.

또 하나의 규칙 기반 커리큘럼은 미셸 가르시아 위너(Michelle Garcia Winner)의 『너를 생각해, 나를 생각해(Thinking About You, Thinking About Me)』이다. 우리는 이 프로그램을 상위 학습자(higher learners)에게 사용한다. 우리 그룹에서 이 프로그램의 몇몇 눈맞춤 게임은 매우 성공적이었다. '너의 눈으로 생각해(Thinking with Your Eyes)' 콘셉트에서 착안하여 우리가 종종 사용하는 게임은 아이들에게 돌아가면서 알파벳이나 숫자를 말하도록 요청하는 것이다. 우리는 아이들에게 우리가 사용할 글자나 숫자를 준다(예: "오늘 우리는 'T'를 사용할 거예요." 아니면 "오늘 우리는 숫자 '25'를 사용할 거예요."). 그룹이 반원으로 앉으면 그룹의 리더는 첫 글자나 숫자를 말하며 게임을 시작한다. 그룹의 리더는 그룹에서 한 아이의 눈을 바라본다. 아이는 그룹의 리더에게 다시 눈맞춤을 하면서 그다음 글자나 숫자를 말해야 한다. 해당 아이가 다음 숫자나 글자를 말하면 그룹의 리더는 다른 아이를 쳐다봄으로써 이 아이가 다음 차례가 된다. 언제가 자신의 차례인지를 알려면 반드시 그룹의 리더를 쳐다봐야 한다. JA 4(사회적 상호작용을 유지하기 위해 응시한다)와 NV 5(기본적인 몸짓과 비언어적 단서를 따른다) 같은 기술을 익힘과 더불어 이 게임은 또한 SR 7(계획과 다른 상황이 발생했을 때 유연성을 발휘한다) 같은 기술을 익힐 아주 좋은 기회를 제공한다. 많은 아이는 언제 게임을 멈춰야 하는지 저마다 다른 생각을 가지고 있으므로 게임을 끝내는 시점을 다양하게 하는 것(날마다 서로 다른 글자와 숫자를 사용하여)이 아이들의 유연성을 기르는 데 도움이 된다. 이 게임에는 별도의 자료가 필요하지 않으므로 '쉬는 시간'(프로그램 사이에 비는 시간 혹은 예기치 못한 지연 시에 기다리는 동안)에 좋은 프로그램이다.

'너를 생각해, 나를 생각해' 커리큘럼의 또 다른 요소인 그룹 계획(group plan)은 미취학 아동에게 더 어려울 수 있지만, SP 6(개방형 장난감을 가지고 5~10분 동안 협동하여 논다) 같은 사회적 놀이 분야, SR 9(도전적인 행동을 하지 않고 피드백 및 수정에 따른다) 같은 자기조절 분야, CG 20(교사가 주도하는 소그룹 듣기 활동에 최소 10분 이상 참여한다) 같은 교실·그룹 행동 분야의 기술을 다룰 때 고려할 만하다. 그룹 계획의 기저에 있는 생각은 그룹이 함께 무언가를 계획(바닥 퍼즐을 함께 완성)하고 있다는 것이다. 만일 아이가 혼자서 활동하고 있다면(예: 독서) 이 아이는 그룹 계획을 따르지 않고 있는 것이다. 학습이 이루어지기 위해 아이의 '신체'가 '그룹 안에' 있어야 한다는 생각 자체가 어떤 아이들에게는 이해하기 어려울 수 있다. 즉, 만일 아이의 신체가 그룹 안에 있지 않다면 그 아이는 배울 준비가 되어 있지 않은 것이다. 우리는 아이들에게 표시된 지점에서 춤을 추도록 요청함으로써 '그룹 안에' 있으려면 주어진 장소에 머물러야 한다는 점을 시각화하여 이 개념을 성공적으로 가르쳤다. 온몸 듣기(whole body listening)는 단지 귀로만 듣는 게 아니라 눈과 몸을 가만히 둔 상태로 듣는 것이다. 아이가 자신의 온몸으로 듣고 있을 때 해야 할 행동(예: 아이가 손을 무릎에 놓고, 입을 다물고, 정면을 보는 것)을 나타내기 위해 사진을 사용하여 이를 언급한다. 규칙보다는 '기대하는 행동과 기대하지 않는 행동'에 대해 논의

한다. 예를 들어, 다른 사람을 때리는 것은 '기대하지 않는' 것이다. 때때로 그룹의 아이들에게 '기대하는 행동과 그렇지 않은 행동'들이 무엇인지 설명하도록 요청한다. 아이들에게 '기대하지 않는 행동'을 생각하게 할 수도 있지만, 그룹에 따라서 '우리 그룹의 규칙' 혹은 '기대 사항'이라는 이름으로 명시할 수도 있다.

공식적인 교육과정은 아니지만 많은 시판된 도서들이 사회적 기술 교육에 통합될 수 있다.

디아네 머렐(Diane Murrell)의 『토빈 시리즈(Tobin Learns to Make Friends)』는 사회적인 어려움을 가진 기차에 관한 책 시리즈이다. 이 『토빈 시리즈』는 SP 4(장난감이나 자료를 공유한다) 같은 사회적 놀이 분야의 기술을 다룰 때 유용하다. 각각의 짧은 이야기에서 토빈은 공유하거나 말을 사용하여 어려움을 해결한다. 우리가 이 시리즈를 사용할 때 몇몇의 기차 트랙과 두 개의 기차로 이야기를 연출해 보았다. 우리는 아이들에게 토빈인 척하고 기차 트랙에 있는 스토리(예: 토빈은 공유에 어려움을 겪는다)를 연출함으로써 어떻게 문제를 잘 다룰 수 있는지 아이들에게 보여 주었다. 미취학 아이들은 기차를 좋아하지만 모든 아이가 이 시리즈를 흥미로워한 것은 아니었다.

톰 래스(Tom Rath)와 메리 렉메이어(Mary Reckmeyer)가 쓴 『너의 양동이는 얼마나 찼니?(How Full Is Your Bucket?)』는 긍정적인 심리의 원리를 사용한 2004년의 책이고, SP 15(또래가 선택한 활동에 같이하자는 초대를 수락한다) 같은 사회적 놀이 분야, SE 3(다른 사람에 대한 공감을 나타낸다) 같은 사회적·정서적 기술 분야, SL 8(관심을 요구한다) 같은 사회적 언어 분야를 가르치는 데 사용된다. 각각의 사람이 은유적 의미의 '양동이'를 가지고 있다는 전제를 가지고 있다. 우리가 다른 이들에게 친절하면 우리는 그들의 양동이를 채워 줄 뿐만 아니라 우리의 양동이도 채울 수 있다. 우리가 친절하지 않으면 누군가의 양동이가 줄어들 뿐 아니라 우리 자신의 양동이도 고갈시킨다. 이 은유는 특히 이 연령대 그룹에 매력적이다. 책의 삽화는 생동감 있고 재미있다. 각각의 아이에게 양동이를 주고 아이가 공유하기, 기다리기, 좋은 친구 되기 등의 목표 기술을 보여 주면 그 안에 만질 수 있는 작은 물건(예: 보송보송한 공)을 넣어 이 개념을 더욱 구체화할 수 있다. 아이가 다른 사람과 자신의 양동이를 어떻게 채울 수 있는지를 매우 명확하게 확인할 수 있다. 많은 활동이 이 책과 어울릴 수 있는데, 교사들이 만든 많은 관련 활동을 인터넷에서 무료로 볼 수 있다.

SR 5(화가 났거나 좌절했을 때를 인식하고 휴식 또는 진정에 필요한 물건이나 활동을 적절하게 요구한다) 같은 자기 조절 분야에서 우리는 또한 Kari Dunn Buron과 Mitzi Curtis의 『놀라운 5점 척도(Incredible 5-Point Scale)』와 Kari Dunn Buron의 『내 걱정이 너무 커질 때

(When My Worries Get Too Big)』를 함께 사용했다. 둘 다 미취학 아이들에게 사용하려면 수정이 필요하다. 이 5점 척도는 숫자와 각 숫자에 대한 해결책으로 이루어져 있다. 보통 등급을 나타내기 위해서 소리를 묘사하는 단어를 사용한다(예: 5점은 태풍이며, 1점은 속삭임). 왜냐하면 아이들은 소리로 긴급성과 강도를 쉽게 연관시킬 수 있기 때문이다. 아이들은 해당 소리에 맞는 자신만의 그림을 떠올리고 우리는 그것을 연습한다. 그리고 5점에서 무엇을 할 수 있는지를 이야기한다. 이후에 우리는 단계를 좀 더 추상적인 것, 예를 들면 '5점'에서의 문제 대 '1점'에서의 문제와 같은 것으로 옮겨 갈 수 있다.

우연 교수

교실에서 사회성 기술을 우발적으로 가르치는 것은 아이가 좀 더 통제된 환경에서 직접적인 교수를 필요로 하지 않거나 활동 기반의 사회성 기술 그룹에서 잘 배울 수 있다면 좋은 선택이다. 교실 안에서 사회성 기술을 우발적으로 다루기 위해서는 아이가 교실에서 특정 시간에 전문적인 도움을 받거나 모든 교사가 목표한 사회성 기술을 체계적으로 훈련받아야 한다.

우연 교수는 하루 중 유기적으로 발생하는 학습의 기회를 활용한다. 이는 주로 직접 혹은 활동 기반 교육을 하는 사이에 발생한다. 예를 들어, 만일 두 아이가 공유에 어려움을 겪고 있으면 한 아이에게는 장난감을 달라고 요청하는 방법을, 다른 아이에게는 공유하는 방법을 모델링할 수 있다. 하지만 학습이 가능한 상황이 발생한다고 해도 목표한 사회성 기술을 연습할 기회를 더 만들 필요가 있다. 만약 SR 8(선호하는 활동이 중단될 때 유연성을 보여 준다)을 목표로 하는 경우, 자유 놀이 시간에 아이를 주기적으로 방해해서 아이가 유연성을 연습할 기회를 더 많이 갖도록 할 수 있다. 미술과 만들기 프로젝트는 JA 7(관심을 공유하기 위해 다른 사람에게 사물을 보여 주며 눈맞춤을 한다), SP 4(장난감이나 자료를 공유한다), SR 10(도전적인 행동을 하지 않고 자신이나 다른 사람의 실수에 대처한다), SR 11(자신과 다른 사람의 공간에 대한 인식을 보여 준다)을 포함하여 다양한 사회성 기술을 우발적으로 다루기에 좋은 활동이다. 우리는 자주 그룹 미술과 만들기 수업을 하여 아이들이 서로 필요한 자료를 달라고 요구할 수 있도록 한다. 그룹 초반에는 한 아이가 풀을 담당하고, 다른 아이가 마커를 담당하는 등의 방식으로 환경을 설정할 수 있다.

강화

이 방법은 적절한 사회적 행동에 참여하려는 동기가 강하지 않은 아동에게 효과적이다.

일부 아동은 행동의 결과가 강화되지 않기 때문에 목표한 사회성 기술을 일관되게 나타내지 않는다. 예를 들면, 아이는 SP 9(또래가 요청하면 하던 것을 멈춘다)와 같은 기술을 보이지 않을 수도 있는데, 이는 목표 행동을 멈추는 것이 아이에게 보상이 없기 때문이다. 이런 상황에서 계획된 강화는 아동이 적절하게 반응할 기회를 상당히 높인다. 강화는 아동에 따라 개별적으로 결정되어야 하며, 언어적 칭찬, 선호하는 장난감이나 활동, 나중에 선호하는 장난감이나 활동으로 교환할 수 있는 토큰 등이 포함될 수 있다.

강화는 자신의 행동을 통제(예: 소리 지르지 않기, 자리에 가만히 앉아 있기)하는 데 어려움을 겪는 아동들에게 특히 도움이 된다. 우리는 목표 그룹 기술을 강화하기 위해 토큰을 사용하는 것이 특정 그룹 환경에서 매우 유용하며 실행하기 어렵지 않다는 것을 발견했다. 예를 들어, 그룹의 리더는 각 아동에 대한 토큰판을 가지고 있다가 아이가 목표 기술(예: 소리치지 않고 손을 들기)을 적절하게 보이면 주기적으로 강화하는 것이다. 아이의 토큰판이 다 차면 아동은 작은 보상(예: 스티커, 사탕)을 받는다. 일부 아동은 더 개별화된 강화 계획이 필요하다. 예를 들어, 우리 그룹의 일원인 서아는 틀린 대답을 하는 것에 대해 매우 불안하여 속삭이듯 대답하거나 대답을 거부했다.

우리는 다양한 시각적 지원과 사회적 상황 이야기를 시도했지만 문제를 해결한 것은 단순한 토큰 시스템이었다. 대답에 상관없이 서아는 적절한 대답을 하려고 할 때마다 교사는 "정말 좋은 시도였어, 서아야!"라고 말하며 토큰을 준다. 토큰판을 다 채우고 서아는 사탕을 받았다. 처음에 서아는 보상을 받기 위해 토큰 3개를 모아야 했지만, 나중에는 토큰 5개를 모아야 보상을 받았다. 사회성 그룹에 들어간 지 1년이 지났을 때 서아는 모든 종류의 활동과 주제에 대해 몹시 수다를 떠는 아이가 되어 있었다.

사회적 상황 이야기

이 방법은 언어 혹은 시각적 순서를 따를 수 있을 뿐 아니라 강화를 지연할 수 있는 아동들에게 효과적이다.

사회적 상황 이야기는 특정 상황에서 일어난 일과 아동에게 무엇을 기대할 수 있는지를 1인칭으로 묘사하는 짧은 이야기이다. 사회적 상황 이야기는 보통 매우 단순하며, 아동이 쉽게 따라갈 수 있도록 그림을 포함하고, 특정한 사회적 상황이나 아동에게 어려운 상황에 맞게 개별적으로 고안될 수 있다. 예를 들어, 만약에 아이가 아침에 등교하는 데 어려움을 겪는다면 사회적 상황 이야기는 이렇게 구성할 수 있다.

> **내가 학교에 도착하면 선생님께 "안녕하세요!" 하고 인사하고, 엄마에게도 "안녕!"**
> **하고 작별 인사를 해.**
> **집에서 가지고 노는 장난감을 가방에 넣어.**
> **나는 내 가방을 사물함에 걸어.**
>
> ---
>
> **나는 교실에 가서 놀이할 자리를 골라.**
> **내가 집에서 가지고 노는 장난감은 종일 가방에 있어. 그건 거기에서 잘 있을 거야.**
> **학교가 끝나면 그 장난감을 가지고 놀 수 있어.**
> **내가 그 장난감을 내 가방에 넣어 두면 모두가 날 자랑스러워 해.**
> **나도 내가 자랑스러워.**

　보통 우리는 미리 아이와 함께 사회적 상황 이야기를 읽어 본다. 어쩌면 하루에 몇 번이 될 수도 있다. 해당 상황이 시작되기 전에 그 이야기를 다시 한번 살펴보아야 한다. 어떤 아이들은 종일 읽어 볼 수 있도록 자신이 그 이야기를 가지고 다니는 것을 좋아한다. 예를 들어, 학교에 가는 사회적 상황 이야기의 경우에 부모가 아이와 함께 그 이야기를 읽어 보고, 아이가 학교에 갈 때 차 안에서 다시 한번 읽어 보고, 아이가 학교에 오면 교사가 아이와 함께 읽어 보고, 학교에 있는 동안에는 아이가 읽어 볼 수 있도록 한다.

　사회적 상황 이야기가 모든 문제를 해결해 주지는 않는다. 하지만 어떤 아이들에게는 크게 도움이 되고, 유사한 사회적 어려움을 가진 다수의 아이가 있을 때 그룹 전체에 사용될 수도 있다. 사회적 상황 이야기를 인위적이거나 자연스런 상황에서 계획된 강화나 연습과 같은 다른 전략과 병행하는 경우도 드물지 않다. 어른들은 사회적 상황 이야기에 설명되어 있는 내용을 따라가며 아동에게 기대되는 바가 무엇인지 모범을 보여 주는 것이 중요하다. 사회적 상황 이야기는 좀 더 열린 결과나 아이가 대응할 수 있는 다양한 방식을 가진 사회적 상황에 특히 도움이 된다. 예를 들면, 사회적 이야기는 SL 21(자신과 타인의 '다름'을 받아들인다), SR 5(화가 났거나 좌절했을 때를 인식하고 휴식 또는 진정에 필요한 물건이나 활동을 적절하게 요구한다) 같은 분야에 도움이 된다. 기본적인 요청이나 언급하기가 미숙한 아동은 사회적 상황 이야기를 이해하는 데 어려움을 겪을 수 있다. 이런 아이들에게 먼저-다음에(first-then) 판부터 시작하는 게 좋을 수도 있다. 예를 들어, '먼저' 운동장을 떠나는 그림과 '다음에' 컴퓨터를 사용하는 그림은 목표 기술과 강화를 전달해 준다. 강화에 접근하는 것을 기다릴 수 있는 아동들에게 사회적 상황 이야기는 어떤 일을 해야 하고 어떤 강화가 가능한지를(예: "안전하게 운동장을 떠나면 교실에서 컴퓨터를 이용할 시간을 더 얻을 수 있어.") 미리 보여 준다.

시각적 지원

모든 아동이 시각적 지원을 사용하면 도움이 되지만, 특히 언어 사용이나 처리에 장애가 있는 아동은 더욱 효과적이다.

일반적으로 그림, 사진, 보드마커 등을 사용하는 시각적 지원은 사회성 기술을 가르치는 데 매우 중요한 부분이다. 기초적인 읽기 기술이 있는 아동들에게는 문자가 시각적 지원의 역할을 한다. 시각적 지원은 아동들에게 사회성 기술의 발달을 가르치고 지원하는 데 다양한 방식으로 사용될 수 있다. 그룹, 게임, 특정한 사회성 기술, 사회적 상황의 규칙을 상기시키는 데 그림이 사용될 수 있다. 앞서 언급했듯이, 시각적 지원은 사회적 상황 이야기의 핵심적인 부분이며 사회적 상황에서 기대하는 바를 최대한 간단하고 명료하게 아동들에게 전달한다. 시각적 일정은 그룹 회기를 구조화하는 데 사용될 수 있으며, 좀 더 복잡한 활동(예: 미술 프로젝트 단계)을 세분화하거나 활동을 완료하는 방법에 대한 지침을 제공한다. 많은 아동이 전환이나 예기치 못한 변화에 어려움을 겪는데, 체계적으로 시각적 일정을 사용하면 이러한 변화에 대처하는 데 도움이 될 수 있다. 비가 올 때 할 수 있는 대체 활동이나 예상 순서에서 벗어난 활동이 발생할 때 할 수 있는 것 등 예기치 않게 발생할 수 있는 상황에 대비한 시각 자료를 준비해 두면 도움이 된다. 아동에게는 하루 종일 다양한 선택권이 주어지며, 시각적 지원은 장난감에 대한 선택이나 대처 방법, 진정 전략의 사용에 대한 다양한 결정을 내리는 데 도움이 되는 훌륭한 자료가 될 수 있다. 시각적 지원은 또한 아동이 느끼는 감정의 이름을 빠르게 지칭하는 데 도움이 될 수 있다. 많은 아동에게 시각적 지원이나 단서는 언어적 또는 청각적 단서보다 더 쉽게 따라갈 수 있다. 사회성 기술 결함이 있는 많은 아동은 언어적 정보를 처리하는 데 어려움을 겪으나, 시각적 단서는 언어적 단서가 사라진 후에도 남아 있기 때문에 매우 유용하다. 또한 시각적 단서나 지원은 언어적 촉구의 필요성을 줄여 주어 아동의 독립성을 높일 수 있다.

자기 점검법

이 방법은 교정적 피드백과 강화에 잘 반응하고 자신의 행동을 스스로 보고할 수 있는 아이들에게 효과가 있다.

아동들의 자기 조절 능력과 독립적으로 상호작용하는 능력을 향상시키기 위해 사회성 그룹에 자기 점검법을 도입하는 경우가 많다. 많은 연구에 따르면 자기 점검법이 친사회적 행동을 증가시키고 도전적 행동을 감소시킨다는 사실이 입증되었다. 자기 점검법은 아동들에게 외적인 촉구와 강화의 필요를 감소시키면서 자기를 조절할 수 있는 방법을 제공한다. 자기 점검법만으로도 행동에 변화를 이끄는 것으로 나타났지만, 자기 강화를 구축하는 것 또한 일반적으로 필요하다. 자기 점검법 시스템을 만드는 단계는 ① 목표 행동을 확인하기, ② 단순한 자기 점검법 시스템을 선택하기, ③ 아동에게 무엇을 어떻게 강화할지 파악하기, ④ 아동에게 시스템 사용 방법을 가르치기, ⑤ 성인의 도움을 단계적으로 줄이기이다. 어린 아동의 경우, 명확히 확인할 수 있는 목표 활동(예: 장난감 공유)을 설정하는 것이 중요하며, 성인의 도움으로 아동이 인지할 수 있는 행동을 대상으로 삼는 것도 중요하다. 이와 유사하게 사용되는 실제 시스템은 매우 단순해야 하며, 목표 행동의 시각 자료를 포함해야 한다. 이 자료가 준비되면 아동이 시스템을 사용할 기회를 만들어 주고, 결국에는 필요한 도움의 양을 서서히 줄인다.

우리 그룹 중 하나에서 우리는 자유 놀이 시간에 또래들과 놀이를 시작하거나 반응하는 것을 추적하기 위해 자기 점검법을 사용하도록 아동들을 가르쳤다. 계획된 자유 놀이 시간 전에 우리는 아동들에게 목표 행동인 '친구들과 이야기하기'를 상기시켰다. 자유 놀이 시간 마지막에 우리는 아동들에게 다음 (시각적으로 제시된) 세 가지 질문에 대해 '예' 또는 '아니요'라고 답하도록 했다.

세 질문은 ① 친구들 가까이에서 놀았는가, ② 친구에게 말을 걸었는가, ③ 친구에게 대답했는가이다. 아동들에게는 클립보드와 기록 양식을 제공했고, 그들은 이 과정을 즐기는 것으로 보였다.

또래 활용 중재

또래 활용 중재는 모든 아동에게 적당하지만, 제한된 사회성 기술 혹은 어른에게만 집중하거나 상호작용하는 아동들에게 특히 도움이 될 수 있다.

연구에 따르면 일반적으로 발달하는 아동이 사회성 기술이 제한된 또래에게 사회적 상호작용 기술을 가르치고 촉진하는 데 도움을 주는 다양한 전략이 효과적일 수 있다고 한다. 이러한 접근법에는 또래가 사회적 결함이 있는 아동의 사회적 행동에 대해 모델링하고, 촉구하고, 강화하는 것이 포함된다. 통합 학급 환경에서 교사는 또래를 매개로 한 교육과 개입을 통해 아동의 사회성 기술을 성장시킬 수 있는 좋은 기회를 갖게 된다. 예를 들어, 이 전략은 아이들이 질문이나 인사에 적절하게 반응하는 방법과 다른 사람의 관점을 보는 방법을 배우도록 돕는 데 특히 효과적이다. 이러한 기술은 사회적 놀이, 자기 조절, 사회적·정서적 기술, 사회적 언어 등 Socially Savvy 체크리스트에 설명된 여러 역량과 관련이 있다. 또한 일반적으로 발달하는 아동이 있는 환경에서 시간을 보내지 않는 아동의 경우에 역포용 모델을 통해 또래 활용 전략을 사용했다. 한두 가지 기술(예: 차례 지키기, 사회적 질문에 답하기)을 목표로 삼고 아동이 일반적으로 발달하는 또래와 함께 이러한 기술을 연습할 수 있는 구체적이고 짧은 기회를 마련할 수 있다.

어떤 상황에서도 일반적으로 발달하는 아동에게 중재 절차를 따르도록 가르치는 것이 중요하다. 예를 들어, 질문과 지시를 명확하게 전달하고, 정확한 모델을 제시하고, 상대방 아동이 반응할 시간을 주고, 강화를 제공할 수 있어야 한다. 경우에 따라 가장 중요한 부분 중 하나는 또래 아동이 대상 아동에게 강화를 제공하도록 하여 다른 아동이 대상 아동에게 더 많은 동기를 부여하도록 하는 것이다. 어른에게 끌리는 경향이 있거나 또래와의 상호작용이 강화되지 않는 아동의 경우, 선호하는 활동이나 물건에 접근할 수 있는 또래를 짝지어 주는 것이 도움이 될 수 있다. 또한 일반적으로 발달하는 또래가 재미있게 놀고 있는지 확인하는 것도 중요한데, 이는 종종 또래에게도 어떤 유형의 강화를 제공하는 것을 의미한다.

대부분의 사회성 그룹은 4~7명의 아동으로 구성되며, 약 2시간 동안 진행된다. 이상적으로는 아이들이 학기 내내 일주일에 4일씩 참여하는 것이 좋다. 일주일에 4일 그룹에 참여하는 아동이 이틀만 참여하는 아동보다 훨씬 더 빠르게 발전한다는 사실을 발견했기 때문이다.

아동을 사회성 그룹에 배치할 때는 먼저 각 아동에 대해 Socially Savvy 체크리스트를 작성한다. 그런 다음에 공통적으로 필요한 영역을 찾아 그룹 활동과 중재가 아동이 공통적으로 가지고 있는 목표 기술을 다룰 수 있도록 한다. 이렇게 하면 교육과 데이터 수집이 훨씬 쉬워진다. 모든 아동이 동일한 기술을 연습할 필요는 없지만, 공통된 목표를 위해 작업하면 그룹 관리가 간단해진다. 그러나 일반적으로 특정 아동 한두 명에게 더 우선순위가 높은 일부 기술을 가르치는 것에 집중해야 할 때도 있다. 이러한 경우, 기술을 배워야 하는 아동이 다른 아동의 모델링을 보면 도움이 되는 경우가 많다.

다음으로 각 그룹에서 사용할 데이터 시트를 개발한다. 가능하면 모든 아동이 포함된 하나의 데이터 시트를 사용한다. 그런 다음에 그룹 회기의 일반적인 구조를 계획한다. 각 회기마다 활동이 동일할 필요는 없지만, 그룹 활동에 표준적인 구조가 있으면 도움이 된다. 그룹에 포함할 활동을 선택할 때는 그러한 기술을 활동 내에서 목표로 삼을 수 있는지, 그리고 아이들이 재미있고 흥미를 가질 수 있는지를 확인해야 한다. 게임과 활동을 즐기는 아이들은 자신이 하고 있는 활동이 심각한 사회적 기술 작업이라는 사실조차 인식하지 못한다. 그룹에 속한 아이들의 공통된 필요를 목표로 삼는 것이 필요하지만, 활동 기반 접근 방식을 사용할 때의 좋은 점 중 하나는 같은 활동 내에서 아이들마다 다른 기술을 다룰 수 있다는 것이다. 예를 들어, '보여 주고 말해 봐'의 일환으로 어떤 아동은 JA 7(관심을 공유하기 위해 다른 사람에게 물건을 보여 주며 눈맞춤을 한다)을, 다른 아동은 SR 3(말하기 전에 손을 들고 호명되기를 기다린다) 또는 SL 7(다른 사람이 공유한 물건이나 정보에 대해 구체적인 질문을 한다)을 연습할 수 있다.

잘 구조화된 사회성 그룹이 가장 성공적인 그룹이 되는 경향이 있다. 우리는 다양한 일정과 형식을 시도해 보았으며, 2시간짜리 사회성 그룹에 적합한 일정의 표본을 만들었다.

15분	협동 놀이(cooperative play)

아동들에게 바닥 퍼즐 맞추기나 블록 놀이와 같이 폐쇄형 혹은 개방형 활동에 참여하게 한다. 바닥 퍼즐을 맞추거나 시선을 따라 블록 구조물을 해체하는 'I SPY 게임'을 통해 프로젝트를 마무리한다.

잠재적 목표 기술: SP 5(폐쇄형 장난감을 가지고 5~10분 동안 협동하여 논다), SP18(다른 사람의 놀이 아이디어의 그 변화를 따르고 개방형 놀이 동안에 변화를 유지한다), SL 8 (관심을 요구한다), CG 4(지정된 장소에 장난감 및 자료를 보관한다)

10분	이야기 나누기 시간: 〈안녕〉 노래 · 활동

서로에게 공을 굴리거나 물건을 전달하는 등 다양한 방법으로 인사하는 연습을 한다.

잠재적 목표 기술: JA 4(사회적 상호작용을 유지하기 위해 응시한다), SL 3(만날 때 혹은 헤어질 때 나누는 인사를 먼저 한다), NV 1(비언어적 상호작용에 반응한다)

5분	이야기 나누기 시간: 일정 검토

그룹 활동의 시각적 일정을 준비하고 아동 중 한 명을 골라 이것을 살펴보도록 한다.

잠재적 목표 기술: JA 6(다른 사람의 시선을 따라 물체를 추적한다), SR 3(말하기 전에 손을 들고 호명되기를 기다린다), CG 10(교사가 부를 때까지 그룹에서 자리를 지킨다), CG 20 (교사가 주도하는 소그룹 듣기 활동에 최소 10분 이상 참여한다)

10분	대화 고리 만들기(활동 48)

주제 정하기: 그룹을 처음 시작할 때는 쉬운 주제를 선택하고 그룹이 진행됨에 따라 좀 더 복잡한 주제로 넘어간다. 아동들이 이것을 잘하게 되면 친구들이 놀이터에서 좋아하는 놀이 기구, 좋아하는 색깔, 좋아하는 게임 등을 주제로 삼을 수 있다.

잠재적 목표 기술: SP 23(다른 사람의 취향과 관심이 자신과 다를 수 있음을 적절하게 받아들인다), SR 17(특정 주제나 질문에 집착하지 않는다), SL 12(본인, 가족, 주요 행사에 대한 정보를 공유한다), SL 19(들을 때 몸과 시선이 상대방을 향한다)

2분	깜짝 활동

깜짝 활동 시간을 도입한다. 여기에는 일정을 변경하거나 아동이 가지고 온 계획에 없는 게임을 할 수 있다. 아동에게 너는 이것이 무엇인지 모를 거라고 말해 주고 "이건 깜짝

활동이야. 하지만 괜찮아!"라고 말한다.

잠재적 목표 기술: SR 7(계획과 다른 상황이 발생했을 때 유연성을 발휘한다), SR 15(새롭거나 어려운 활동을 하는 동안에 도움을 요청한다), CG 5(직간접적으로 신호를 주면 교사를 보거나 다가와 반응한다)

5분	화장실

화장실에 가는 것은 전환과 기다리는 기술을 익히는 기회를 제공한다. 줄의 리더에게는 어디에 서야 하는지(예: 3~6m마다)에 대한 기준을 주고, 해당 기준에서 친구들이 따라오고 있는지 확인하는 것이 리더의 임무라고 알려 준다. 해당 위치에 도착하자마자 줄의 리더는 멈춰야 하는 것을 알고 뒤를 돌아 "친구들아, 빨리 와!"라고 말한다. 언제나 화장실과 놀이터에 가는 길에 멈춰야 하는 위치가 정해져 있으므로 아동들은 결국 촉구 없이도 스스로 멈춰 서는 것이 가능해진다. 이 위치들은 복도 끝, 유치원 사무실 문, 목적지에 도착하기 바로 전이다. 줄의 리더는 뒤에 있는 아이들과 적절한 거리를 유지하는 습관을 갖게 된다.

잠재적인 목표 기술: CG 14(줄을 서서 걸을 때 자기 자리를 지키고 그룹과 보조를 맞춘다), SR 9(도전적인 행동을 하지 않고 피드백 및 수정에 따른다), SR 16(지시에 따라 최대 1분 동안에 도전적인 행동을 하지 않고 도움이나 요구한 물건을 기다린다)

10분	TV 쇼

아동들에게 TV의 채널을 돌리는 척을 하게 한다. 아동들에게 이것이 '이름 만들기' 쇼라고 말한다. 그룹의 리더들이 현재 교실에서 일어나는 문제를 연기한다. 예를 들어, 한 교사가 블록 타워를 만들고, 다른 교사가 부주의하게 이것을 무너뜨린다. 두 교사 모두 사회성 기술이 결핍된 아동들이 이런 상황에서 서로에게 어떻게 반응하는지를 역할놀이로 보여 준다. 다음으로 아동들에게 쇼를 멈추기 위해 '리모컨'을 사용하는 척하게 한 후에 '캐릭터'들이 어떻게 다르게 행동할 수 있는지를 묻는다. 그룹이 아이디어 몇 개를 내놓으면 아이들에게 재생을 눌러 쇼를 뒤로 돌리고, 아이들의 아이디어에 따라 쇼를 '다시 쓰면' 무슨 일이 일어나는지 보도록 한다. 쇼를 반복하며 더 나은 사회적 상호작용을 보여 준다. 아이들이 이런 사회적 상황 해결을 더 잘하게 되면 그룹에 있는 아이에게 교사와 함께 쇼에 참여하게 한다.

잠재적 목표 기술: SE 3(다른 사람에 대한 공감을 나타낸다), SE 6(친구가 자신의 행동에 어떻게 반응할지 예상하고 그에 따라 행동한다), SL 7(다른 사람이 공유한 물건이나 정보에 대해 구체적인 질문을 한다)

10분	보여 주고 말해 봐(활동 39)

이것은 공동주의와 관점 전환 기술을 연습할 수 있는 좋은 기회이다. 아동에게 상자를 등

뒤로 숨기도록 하고, 그룹의 다른 아이들에게 묻는다. "서진이가 오늘 뭘 가져왔을까? 우리는 서진이에 대해 뭘 알까?" 그룹은 이미 서진이에 대해 우정 책이나 대화 고리(활동 48 참조)를 통해 많은 것을 알고 있다. 그 지식에 기반하여 아이들은 서진이가 가져온 것이 분홍색인지, 여동생 사진인지, 토끼 인형인지 물을 수 있다. 아이들이 서로에 대해 더 많이 알아감에 따라 추측하는 능력이 향상되고, 틀리는 것을 더 편안하게 받아들이게 된다. 아이들은 때로 집에서 게임을 가져와서 그룹에서 배우기도 한다. 이는 아동들이 자신의 관심사를 확장하는 데 도움이 된다. 이 연습을 하는 동안의 아동들은 다른 아동이 공유하는 물건에 대해 말하거나 질문하는 동안에 기다리거나 집중하는 것을 배울 수 있다.

잠재적 목표 기술: JA 8(관심을 공유하기 위해 사물을 가리키고 눈맞춤을 한다), SE 5(다른 사람의 행동이나 소지품에 대해 적절한 정도의 관심을 표현한다), SL 14(서로 의견을 주고 받는다), CG 23(친구에게 물건을 전달한다)

10분   신체 놀이 활동

이 시점에서 아동들은 오랫동안 앉아 있었으므로 이제는 몸을 움직일 시간이다. 우리는 종종 아이들에게 움직임 활동에 대해 투표(1인당 1표!)를 하도록 한다. '의자 뺏기 게임(Musical Chair)'은 아이들이 제일 좋아하는 활동 중 하나이다. '그대로 멈춰라(Freeze Dance)' 또한 인기가 많다. 아동들이 자신의 공간을 벗어나지 않도록 하기 위해 우리는 마스킹 테이프를 이용해서 바닥에 정사각형을 만든다. 각각의 아동은 자신만의 정사각형에서 춤을 춰야 한다. '가라사대 게임(Simon Says)' 또한 그룹 환경에서 아이들이 몸을 움직이는 좋은 방법이다.

잠재적 목표 기술: SP 7(구조화된 게임의 일부로 순서를 주고받으며 게임이 끝날 때까지 계속 주의를 집중한다), SP 16(게임에서 지거나 탈락하는 것을 받아들인다), SR 2(요청이 거부되었을 때 적절하게 반응한다), SR 11(자신과 다른 사람의 공간에 대한 인식을 보여 준다), CG 6(노래 또는 활동을 주도하는 또래를 모방한다)

10분   책 활동

현재의 주제(감정, 우정, 진정 전략을 인식하고 조절하는 것)와 관련된 책을 읽는다.

잠재적 목표 기술: SE 2(질문을 받으면 자신과 타인의 감정 상태에 대해 간단히 설명한다), SL 7(다른 사람이 공유한 물건이나 정보에 대해 구체적인 질문을 한다), SL 11(진행 중인 활동에 대한 질문에 대답한다), CG 21(교사 또는 또래 주도 활동에서 다른 아동들과 함께 반응한다)

15분   책상에서의 활동

이때 그룹의 현재 주제와 관련된 책상 활동을 시행한다. 문제 해결을 주제로 삼는 경우, 작은 문제로부터 큰 문제를 분류하여 이것들을 종이에 붙이는 프로젝트를 할 수 있다.

만약 그것이 우정이라면 우정 책을 만들 수 있다. 이 책상 활동은 집에서 가족과 함께 공유되어야 한다. 우리는 또한 고기능 아동들을 위해 농담 책과 관용구 책을 만든다.

잠재적 목표 기술: JA 9(자신이나 다른 사람이 하고 있는 행동에 대해 언급한다), SP 4(장난감이나 자료를 공유한다), SR 10(도전적인 행동을 하지 않고 자신이나 다른 사람의 실수에 대처한다), SL 8(관심을 요구한다), CG 12(새로운 활동 중에 지시에 따른다)

15분	놀이터 게임

우리는 종종 놀이터 게임을 일정에 포함하는데, 이는 몸을 움직이는 시간을 제공하고 해당 환경에서 기술을 연습하기 위해서이다. 가능한 게임은 술래잡기, 수건 돌리기, 무궁화 꽃이 피었습니다 등이 있다. 이 '어린이용' 게임이 쉬워 보이지만 아동들이 주의를 기울이고 규칙을 따르는 것이 어려울 수도 있다. 그리고 이 게임은 규칙에 따르고, 주의를 기울이며(예: 누가 '술래'인지 안다), 차례를 지키는 기술을 발달시키는 데 도움이 된다.

잠재적 목표 기술: SP 16(게임에 지거나 탈락하는 것을 받아들인다), SP 19(한 사람이 술래가 되는 게임을 적절하게 한다), CG 8(놀이 기구를 적절히 사용한다), NV 5(기본적인 몸짓과 비언어적 단서를 따른다)

혹은	실내 게임

야외에 나갈 수 없거나, 몸을 움직이는 활동을 할 공간이 없거나, 몸을 움직이는 활동 시간이 필요치 않다면 실내 게임은 재미있는 대안이 될 수 있다. 그 예로는 보드게임, '동물 맞히기 게임'(활동 5) 혹은 '무엇이 달라졌을까'(활동 2)와 같은 언어 게임이 있다.

잠재적 목표 기술: SP 7(구조화된 게임의 일부로 순서를 주고받으며 게임이 끝날 때까지 계속 주의를 집중한다), SR 15(새롭거나 어려운 활동을 하는 동안에 도움을 요청한다), SL 4(또래를 이름으로 부른다), SL 9(듣는 사람의 주의를 적절하게 끈다)

5분	작별 인사

작별 인사 시간에는 그룹에서 했던 활동들을 살펴볼 수 있다. 아동들은 자신이 제일 좋아하는 그룹을 말하거나 함께했던 활동을 요약할 수 있다. 다른 전환과 마찬가지로, 그룹을 떠나는 것은 많은 아동에게 어려운 일이 될 수 있다. '안녕'이라 말하고, 물건을 정리하고, 부모님을 기다리는 일은 습관적인 일이 되어야 한다.

잠재적 목표 기술: SE 5(다른 사람의 행동이나 소지품에 대해 적절한 정도의 관심을 표현한다), SL 3(만날 때 혹은 헤어질 때 나누는 인사를 먼저 한다), SL 15(가까운 과거 또는 미래의 사건에 대한 정보를 공유한다), CG 10(교사가 부를 때까지 그룹에서 자리를 지킨다)

그룹은 사회성 기술을 목표로 하는 집중적이고 전략적인 방법을 제공하지만, 거의 모든 순간이 가르칠 수 있는 순간이 될 수 있다는 점을 기억하는 것이 중요하다. 아이가 '보여 주고 말해 봐' 상자를 가지러 갈 때, 자료가 필요 없는 간단한 눈맞춤 게임을 해 보라. 화장실이나 놀이터에 갈 때는 아동들이 다른 아이들과 관련해서 자신이 어디에 있는지 알 수 있도록 도와줄 방법을 찾아 보라. 데이터를 수집하지 않을 때에도 대기 시간이나 전환 시간을 사회성 학습 시간으로 바꿀 수 있다.

공동주의		
	항목	**일반적인 중재 아이디어**
JA 1	물건이 제시될 때 그 방향을 쳐다본다(예: 보거나 그와 관련된 반응을 함).	이 기술은 다양한 상호적인 활동을 통해 우연히 일어난다. 예를 들어, 최소한의 촉구를 사용하여 아동이 사물을 바라보도록 유도한다. 아동의 흥미를 끄는 것으로 알려진 매우 선호하는 아이템으로 시작하라. 많은 활동에서 이 기술을 다루는데, 그것은 교사나 다른 아동이 제시하는 다양한 물건이나 자료를 보는 것이 필요하기 때문이다. 활동: 8, 16, 21, 25, 33
JA 2	사회적 상호작용을 유지하기 위해 자신의 행동을 반복한다.	이 기술은 아동의 자연스러운 행동에 열정적으로 반응하거나 특정 행동의 발생을 촉구하고, 아동이 그 행동을 보일 때 열정적으로 반응함으로써 쉽게 해결할 수 있다. 예를 들어, 아동이 손뼉을 치도록 물리적으로 유도한 다음에 재빨리 열렬한 칭찬을 제공한다. 이것은 유형의 강화제 또는 먹는 강화제와 칭찬을 병행하는 것이 필요할 수 있다.
JA 3	사회적 상호작용을 유지하기 위해 장난감으로 동작을 반복한다.	JA 2와 마찬가지로, 이 기술은 아동의 자연스러운 놀이 행동에 열정적으로 반응하거나 특정한 놀이 행동의 발생을 촉구하고, 아동이 그러한 행동을 보일 때 열정적으로 반응함으로써 쉽게 해결할 수 있다. 다양한 인과관계 장난감(예: 마블 런, 팝업 장난감, 버튼이 있는 음악 장난감)을 사용하여 이 기술을 목표로 가르칠 수 있다. 처음에는 유형의 강화제 또는 먹는 강화제와 칭찬을 병행해야 할 수도 있다.
JA 4	사회적 상호작용을 유지하기 위해 응시한다(적어도 한 번은 상대방의 얼굴을 직접 본다).	이 기술을 연습하려면 아동이 즐기고 있는 활동을 중단하고 눈을 마주칠 때까지 기다린다. 아이가 눈을 맞추도록 몸짓을 사용하는 촉구 절차가 필요할 수도 있다. 활동을 지속하는 것이 강화제로 작용해야 한다. 따라서 아동이 좋아하는 활동 중에 시도하는 것이 중요하다. 그렇지 않으면 유형의 강화제 또는 먹는 강화제와 칭찬을 병행하는 것이 필요할 수 있다. 활동: 8, 11, 12, 14, 18, 21, 23 수업 계획: 사회적 상호작용을 유지하기 위해 시선 사용

JA 5	물건을 향한 포인팅이나 몸짓을 따라간다.	이 기술은 하루 동안에 우연한 기회에 주변 환경의 그림이나 사물을 가리키고 아동이 그 사물이나 그림을 바라보도록 함으로써 다룰 수 있다. 처음에는 좀 더 통제된 환경에서 연습하거나 추가적인 힌트(예: 아동의 눈을 물건으로 향하게 하는 몸짓)를 제공하는 것이 필요할 수 있다. 초기에는 선호도가 높은 아이템을 사용하는 것이 도움이 될 수 있다. 활동: 10, 31, 38~40 수업 계획: 몸짓이나 시선 따라가기
JA 6	다른 사람의 시선을 따라 물체를 추적한다.	아동이 어른의 눈을 보고 추적하는 다양한 활동을 설정할 수 있다. 먼저 아동이 어른의 시선을 따라 간식이나 좋아하는 장난감(예: 상자 아래에 숨겨져 있는 장난감)을 찾도록 하는 상황을 설정하는 것이 가장 좋다. 또한 가까운 곳에 있는 물건(예: 아동과 가까운 테이블)부터 시작하여 점차 거리를 늘리는 것도 도움이 될 수 있다. 활동: 8, 10, 38, 39 수업 계획: 몸짓이나 시선 따라가기
JA 7	관심을 공유하기 위해 다른 사람에게 사물을 보여 주며 눈맞춤을 한다.	아동이 본질적으로 공유를 즐거워하지 않을 수도 있으므로 다른 사람에게 물건을 가져다주도록 요구하는 상황을 만들고 자연스런 사회적 결과와 함께 먹는 것이나 유형의 강화제를 제공해야 할 수 있다. 이 기술은 소그룹 시간이나 구조화된 공유 활동(예: 아동들이 집에서 가져온 물건을 번갈아 가며 나누게 하는 것) 중에 목표로 삼을 수 있다. 이 기술을 처음에 가르치는 한 가지 방법은 아동에게 폐쇄형 장난감(예: 퍼즐, 파일 폴더 게임)을 완성하도록 가르친 다음, 완성한 활동을 다른 사람에게 가져와 공유하는 것이다(예: "이것 봐요! 퍼즐 다 했어요."). 활동: 30, 37, 39
JA 8	관심을 공유하기 위해 사물을 가리키고 눈맞춤을 한다.	JA 7과 마찬가지로, 일부 아동은 본질적으로 공유를 즐기지 않을 수 있다. 따라서 서로 주고받는 형식으로 아동들이 환경의 사물을 가리키고 이름을 말하는 상황을 만들어야 할 수도 있다. 예를 들어, 테이블에 다양한 물건을 올려놓고 눈을 마주치면서 번갈아 가며 물건을 가리키고 이름을 말하도록 한다. 또 다른 형식은 길을 따라 산책을 하면서 교대로 사물을 가리키고 이름을 말하는 것이다. 처음에는 먹는 것이나 유형의 강화제와 자연스러운 사회적 결과를 짝짓는 것이 필요할 수도 있다.

		활동: 31, 39, 40
		수업 계획: 책과 함께 공동주의에 참여하기
JA 9	자신이나 다른 사람이 하고 있는 행동에 대해 언급(예: "나는 ○○ 해요.")한다.	이 기술을 미리 정해진 활동(예: 블록이나 인형 놀이와 같은 특정한 자유 놀이 활동) 중에 목표로 삼는다면 아동이 더 쉽게 배울 수 있다. 이 기술을 목표로 할 때 시각적 지원을 사용하는 것이 도움이 될 수 있다(예: 다양한 동작이 포함된 시각 자료 및 특정한 활동과 관련된 주제판). 또한 처음에는 먹는 것이나 유형의 강화제를 자연스러운 사회적 결과와 짝을 이루는 것이 필요할 수도 있다. 활동: 4, 31, 41, 47

사회적 놀이	
항목	**일반적인 중재 아이디어**
SP 1 사회적 상호작용을 끌어내는 게임 (예: 까꿍 놀이, 간질이기 게임)에 참여한다.	어른과 사회적 놀이를 거의 하지 않는 아이의 경우, 간단한 상호작용 놀이부터 시작해야 할 수 있다. 여기에는 담요로 얼굴을 가렸다가 치우기, 아동의 팔을 간질이기, 아동의 팔을 흔들었다가 멈추기 등이 포함될 수 있다. 아동이 활동에 참여하거나 계속하고 싶다는 것을 나타내는 신호로는 기대에 찬 표정을 짓거나 어른의 손을 잡는 등의 행동을 보이는 것이다.
SP 2 폐쇄형 장난감(예: 퍼즐, 모양 분류)을 가지고 또래와 가까이에서 5~10분 정도 평행 놀이를 한다.	어린이가 여러 가지 폐쇄형 활동을 포함하는 다양한 활동으로 전환하도록 시간을 설정할 수 있다. 또 다른 방법은 아동에게 또래와 함께 그림 활동 일정을 따르도록 가르치면서 두 어린이가 함께 활동에서 활동으로 전환하도록 하는 것이다. 아이가 이러한 폐쇄형 장난감 활동을 독립적으로 할 수 있는 기술을 갖추는 것이 중요하다. 처음에는 이러한 장난감에 대한 개별적인 지도가 필요할 수 있다.
SP 3 개방형 장난감(예: 블록, 트럭, 레고)을 가지고 또래와 가까이에서 5~10분 정도 평행 놀이를 한다.	SP 2와 유사하게, 여러 개방형 활동이 포함된 다양한 활동으로 전환하도록 시간을 설정할 수 있다. 또 다른 방법은 두 아이가 함께 활동에서 활동으로 전환하도록 그림 활동 일정을 따르도록 가르치는 것이다. 아이가 이러한 개방형 활동을 독립적으로 할 수 있는 기술을 갖추는 것이 중요하다. 처음에는 이러한 개방형 활동을 개별적으로 지도해야 할 수도 있다.
SP 4 장난감이나 자료를 공유한다 (예: 다른 사람이 놀게 허용, 요청 시 자료를 건네주기).	이 기술은 유치원 일상 중 특히 자유 놀이 상황에서 여러 차례 목표로 설정될 수 있다. 소규모 그룹 형식에서 이 기술을 연습하는 간단한 방법은 선호하는 장난감에 대한 접근 권한을 제공하지만, 아동의 수보다 장난감이 적게 제공되어 일부 아동은 다른 아동들이 장난감을 사용하는 동안에 기다려야 한다. 처음에는 아동들이 공유하기 위해 기다리고, 차례를 요구하는 데 촉구를 필요로 할 것이다. 첫 연습에서는 어른과 함께 기다리고 공유하는 것을 연습하는 것이 더 쉬울 수 있다. 어떤 아동들에게는 장난감을 공유하는 시간을 계속해서 늘려나가는 것이 필요할 수 있다. 활동: 39, 41, 47 수업 계획: 공유하기

| SP 5 | 폐쇄형 장난감을 가지고 5~10분 동안 협동하여 논다 (또래와 지시를 주고받음). | 두 명의 아동이 폐쇄형 활동을 완료하기 위해 번갈아 가며 지시를 내리고, 지시에 따르도록 하는 협동 놀이 활동을 계획할 수 있다. 예를 들어, 두 명의 아동에게 퍼즐이나 '미스터 포테이토 헤드'를 주고 번갈아 가며 상대방에게 어떤 조각을 넣어야 하는지 알려 주도록 지시할 수 있다. 일부 협동 놀이 활동의 경우에 완성된 결과물을 시각적으로 보여 주는 것이 도움이 된다. 처음에는 아동들이 간단한 지시를 내리고 또래의 지시를 제때에 따르기 위해 도움이 필요할 수 있다. 시각적 스크립트나 주제판이 도움이 될 것이다(예: '미스터 포테이토 헤드'의 모든 신체 부위가 포함된 시각적 스크립트).

수업 계획: 협동 놀이 |
|---|---|---|
| SP 6 | 개방형 장난감을 가지고 5~10분 동안 협동하여 논다 (또래와 지시를 주고받음). | SP 5와 마찬가지로, 두 아동이 번갈아 가며 지시를 내리고 따라야 하는 협동 놀이 활동을 설정할 수 있지만, 좀 더 개방적인 활동과 조작물을 사용할 수 있다. 두 명의 아동에게 블록 세트를 주고 번갈아 가며 상대방에게 어떤 블록을 사용하고, 어디에 놓을지 알려 주도록 지시할 수 있다. 처음에는 간단한 지시를 내리고 또래의 지시를 제때에 따르기 위해 도움이 필요할 수 있다.

수업 계획: 협동 놀이 |
| SP 7 | 구조화된 게임의 일부로 순서를 주고받으며 게임이 끝날 때까지 계속 주의를 집중한다. | 간단한 보드게임은 이 기술을 연습하는 데 가장 쉬운 형식인 경우가 많다. 조각이 많지 않고 간단한 행동만 필요한 게임 (예: 얼음깨기 놀이)으로 시작하는 것이 가장 좋다. 게임의 일부 부속품을 놀이하는 아동 간에 전달하여 누구의 차례인지 알려야 할 때에도 종종 도움이 된다. 차례를 정하는 기술은 '내 차례' '네 차례'라고 말하는 것이 아니라 게임을 따라가며 적절한 시간에 차례를 알아차리고, 조각을 넘기고, 차례가 끝날 때까지 기다리는 것임을 기억하는 것이 중요하다. 한 아동이 다른 아동 한 명과 게임을 하게 되면 게임을 하는 어린이의 수를 천천히 늘릴 수 있다. 또한 아동이 보다 기본적인 차례를 기다리는 게임을 할 수 있게 되면 언어적 요소가 포함된 게임[예: 고 피쉬(Go Fish) 게임]을 가르칠 수 있다.

활동: 2~8, 10~12, 15~17, 28, 36, 47 |

SP 8	활동이 끝날 때까지 그룹과 함께 야외 게임을 한다(예: 오리-오리-동물, 술래 피하기 게임).	처음에는 아동들에게 목표로 하는 게임의 규칙을 가르치는 것이 중요하다. 비디오 모델링과 같은 시각적 지원이나 모델링을 사용하는 것이 도움이 될 수 있다. 아동이 성공적으로 게임을 즐기려면 두세 가지 규칙만 있는 간단한 게임으로 시작하여 점차 복잡한 게임으로 확장하는 것이 중요하다. 활동: 1, 9, 10, 18, 20, 27
SP 9	또래가 요청하면 하던 것을 멈춘다.	이 기술은 또래가 멈추라고 요청하면 반응하는 것으로, 개별적으로 목표를 설정해야 하는 기술이다. 대부분의 경우, 이 기술은 기회가 생길 때 우발적으로 다루어야 한다. 그러나 아동이 또래를 괴롭히는 특정 행동이 자주 나타난다면 이 활동은 더 자주 체계적으로 목표로 삼을 수 있다. 구체적인 시각적 규칙, 촉구 절차, 강화 체계를 사용하는 것이 도움이 될 수 있다. 활동: 18, 27, 29, 41
SP 10	또래와 구조화된 놀이 또는 게임을 적절하게 끝낼 수 있다.	다른 아이들이 활동을 마무리하는 방식을 참고하여 아동에게 활동을 마무리할 때 말하거나 할 수 있는 구체적인 목표(예: "다른 게임을 해 보자." "나는 지금 블록 하러 갈 거야.")를 정할 수 있다. 이런 활동은 활동 선택 시간이나 구조화된 그림 활동 일정에서 다룰 수 있다. 교사는 적절하게 활동을 마무리할 수 있도록 모델을 보이고, 다른 아동들도 적절하게 활동을 끝낼 수 있도록 해야 한다. 교사가 주도하는 수업에서는 활동을 끝내는 다양한 방법을 역할놀이로 해 보는 것이 도움이 될 수 있다.
SP 11	상상 놀이 주제에서 역할(예: 식당 놀이, 병원 놀이, 소방관 놀이)을 맡아 최대 3~5개의 행동을 언어적 및 비언어적으로 지속한다.	이 기술은 자유 놀이나 그림 활동 일정의 일부로 주제별 놀이 영역을 사용할 때 목표로 삼을 수 있다. 일부 아동에게는 시각적 지원(예: 주제판이나 목표 주제 내의 다양한 놀이 활동 스크립트)을 사용하여 기술을 연습하는 것이 도움이 될 수 있다. 또한 먼저 어른과 함께 이러한 유형의 상상 놀이에 참여하도록 가르치면 놀이가 더 쉽게 진행될 수 있다. 수업 계획: 상호적 상징 놀이
SP 12	장난감이나 물건을 교환한다(예: 미술 수업 중 물감 색 교환 요구하기).	이 기술은 특히 자유 놀이 상황에서 하루 종일 여러 번 우발적으로 목표를 설정할 수 있다. 소그룹 형식으로 이 기술을 연습하는 쉬운 방법 중 하나는 아이들이 선호하는 장난감 세트를 제공하는 것이다. 각 아동에게 장난감을 선택하게 한 후에 1~2분 정도 장난감을 가지고 놀 수 있는 시간을 준다. 그런 다음에 아동이 놀이를 멈추고 다른 아동과 장난감을 바꾸기 위해 협

		상 하도록 한다. 또 다른 방법은 각 아동이 자신의 장난감 세트를 가지고 다른 아동과 서로 번갈아 가며 교환하도록 하는 것이다. 처음에는 교사가 아동들에게 장난감을 바꿔 달라고 요청하고, 실제로 교환할 수 있도록 유도해 주어야 한다. 어른과 함께 이 기술을 먼저 연습하는 것이 더 쉬울 수 있다. 활동: 47
SP 13	선호하는 활동에 또래를 초대한다.	이 기술은 전환 일정을 행할 때 목표로 삼을 수 있다(예: 자유 놀이를 시작할 때 놀이 상대를 찾는 것은 자신의 책임임을 아동에게 가르치기). 또한 그림 활동 일정을 시행할 때에도 목표로 삼을 수 있다. 일정표의 단계 중 하나는 아동이 또래와 함께 특정 활동(예: 또래 및 블록 그림)에 참여하는 것이다. 아이에게 다른 아동에게 다가가서 놀이에 함께 참여하도록 요청해야 한다는 것을 가르칠 수 있다. 일부 아동의 경우에는 처음에 성인의 도움이 많이 필요할 수 있다. 활동: 41 수업 계획: 또래 친구를 놀이에 초대하고 진행 중인 활동에 참여하기
SP 14	또래에게 다가가 진행 중인 활동에 적절하게 참여한다.	이 기술은 자유 놀이 상황에서 우발적으로 연습할 수 있다. 아이가 또래들이 놀고 있는 활동에 들어가서 함께 놀아 달라고 요청하도록 가르친다. 이를 좀 더 체계화하기 위해 그림 일정에 따라 다른 아동이 놀고 있는 활동으로 가도록 할 수 있다. 활동에 참여하는 구체적인 방법은 다른 아이들이 활동에 어떻게 접근하고 참여하는지 관찰하는 것을 참고해야 한다. 수업 계획: 또래 친구를 놀이에 초대하고 진행 중인 활동에 참여하기
SP 15	또래가 선택한 활동에 같이하자는 초대를 수락한다.	이 기술은 우연히 또는 또래 친구들이 해당 아동을 놀이에 초대하도록 함으로써 목표로 삼을 수 있다. 환경을 구성하는 한 가지 방법은 두 명의 아동이 그림 활동 일정을 사용하여 번갈아 가며 활동을 선택하도록 하는 것이다. 또 다른 방법은 아이들이 번갈아 가며 리더가 되는 것이다. 리더가 된 아동은 지명을 받고 놀이 영역을 선택한 다음, 친구 중 한 명에게 함께 놀자고 요청한다. 활동: 41

SP 16	게임에서 지거나 탈락하는 것을 받아들인다.	이기고 지거나 탈락하는 모든 게임이 이 기술을 연습하는 상황이 될 수 있다. 대부분의 아동이 가장 좋아하는 게임이자 승패를 연습할 수 있는 매력적인 방법은 의자 뺏기 게임이다. 소수의 아동으로 구성된 그룹에서는 이 활동이 상당히 빠르게 진행되며, 모든 아동이 앉을 수 있는 기회가 주어진다. 아이들이 아웃이 되었을 때 말할 수 있는 다양한 문구(예: "아쉽다!" "아, 그렇구나.")를 정하고 적절한 시기에 이를 모델링하고 유도하는 것이 도움이 될 수 있다. 승리와 패배에 대한 사회적 상황 이야기는 일부 아동에게 도움이 될 수 있다. 활동: 9, 11, 18, 25, 27, 36, 41
SP 17	구조화되지 않은 시간 동안에 적절하게 참여한다(예: 먼저 활동을 끝내면 새로운 활동으로 이동, 나이에 맞는 놀이에 참여).	이 기술은 자유 놀이 중에 우발적으로 연습할 수 있다. 또한 많은 아동이 적어도 초기에는 시각적 시간표를 사용하여 시간을 체계화하는 데 도움을 받는다. 많은 유치원 교실에는 어린이가 활동을 시작하고 종료해야 하는 시스템이 있다(예: 놀고자 하는 활동 옆에 이름이나 그림을 놓는 것). 이는 또한 아이들이 스스로 선택하고 활동에 참여해야 한다는 것을 배우는 데 도움이 될 수 있다. 수업 계획: 여가 활동 일정
SP 18	다른 사람의 놀이 아이디어의 변화를 따르고 개방형 놀이 동안에 변화를 유지한다(예: 놀이 방식 또는 이야기 줄거리의 변화).	많은 아동에게 이것은 우발적으로 연습하기 어려운 기술일 수 있으므로 체계적인 활동을 만들어야 한다. 상징적이거나 극적인 놀이가 포함된 자유 놀이 시간에는 아동에게 놀이 방법을 안내하는 카드(예: 반려동물 용품점, 의사, 식당)를 선택하게 한다. 주기적으로 다른 놀이 계획(예: 도로 건설에서 성 건설로 전환)을 지정하거나, 진행 중인 놀이 계획에 변화를 도입하는 다른 카드(예: 인형이 아파서 병원에 가야 함)를 선택하도록 지시한다. 이 기술을 연습하는 또 다른 방법은 현재 사용 중인 블록에 새로운 자료를 도입하는 것이다(예: 블록에 공룡을 추가하거나 레고에 자동차를 추가하는 것). 아이는 이러한 자료를 진행 중인 놀이에 효과적으로 통합해야 한다. 어른과 함께 이 기술을 먼저 연습하는 것이 더 쉬울 수 있다. 활동: 28 수업 계획: 놀이 아이디어 전환하기

SP 19	한 사람이 술래가 되는 게임을 적절하게 한다.	모든 유형의 잡기 놀이는 이 기술을 연습하기에 적합한 환경이 될 수 있다. 비디오 모델링을 포함한 시각적 지원이나 모델링, 게임 시작 전에 사회적 상황 이야기를 미리 보는 것이 도움이 될 수 있다. 활동: 1, 9, 18, 20, 27
SP 20	게임의 규칙이 변경되었을 때 따르거나 또래의 새로운 아이디어를 받아들일 때 유연성을 보여 준다.	이 기술은 익숙한 게임을 하되 게임의 일부 규칙이나 양상을 변경하여 목표를 정할 수 있다. 예를 들어, 술래잡기 게임에서 '술래'가 되는 사람을 계속 바꾸거나 기지가 있는 위치를 바꾸는 식이다. 일부 아동은 활동의 변화에 대처하는 것에 대한 사회적 상황 이야기를 통해 도움을 받을 수 있다. 활동: 1, 4, 5, 8~10, 16~18, 22, 28, 35, 41, 47
SP 21	또래와 함께 놀이 방식을 계획하고 그대로 따라간다(예: 블록으로 집을 짓기로 결정한 다음 짓기).	이 기술은 자연스럽게 발생하는 자유 놀이 시간이나 구조화된 가상 놀이 활동 중에 목표로 삼을 수 있다. 목표 영역에 다양한 놀이 주제를 나타내는 시각 자료를 게시하는 것이 도움이 된다. 예를 들어, 블록 영역에서는 아이들이 만들 수 있는 물건(예: 성, 도시, 요새, 고속도로)을 시각적으로 보여 줄 수 있다. 이 영역에서 노는 아이들에게 공동으로 놀이 계획을 선택하고 함께 작업해야 한다는 점을 명확히 알려야 한다. 처음에는 어른들의 도움이 많이 필요할 것이다. 수업 계획: 협동 가상 놀이
SP 22	친구인 아동을 구별하고, 그 이유를 간단하게 설명할 수 있다.	이 기술은 소그룹 시간에 좋은 친구가 되는 방법(예: 장난감 나누기, 함께 놀기, 차례 지키기)과 우리가 친구가 되고 싶게 만드는 다른 아이들의 행동에 대해 이야기를 나눔으로써 가르칠 수 있다. 처음에는 한 아이가 옆에 앉은 아이를 친구로 인식할 수 있지만, 우정을 더 잘 이해하기 시작하면 자리에 없는 아이의 이름을 말하면서 '착하기' 때문에 또는 함께 놀기 때문에 친구라고 설명할 수 있다. 자연스러운 기회가 있는 경우에 아동이 '좋은 친구'가 되는 행동을 하고 있을 때 이를 말해 주는 것이 중요하다(예: "하진아, 넌 ~해 주면서 좋은 친구가 되고 있구나."). '좋은 친구'가 되는 것에 대한 사회적 상황 이야기를 들려주는 것도 도움이 될 수 있다. 활동: 42

SP 23	다른 사람의 취향과 관심이 자신과 다를 수 있음을 적절하게 받아들인다.	이 기술을 가장 잘 다루는 방법은 차이에 관한 이야기를 읽고 아이들의 다양한 취향과 관심사를 강조하는 간단한 미술 활동이나 여러 활동을 하는 것이다. 예를 들어, 아이들이 좋아하는 음식, 장난감 등을 그림으로 그리게 할 수 있다. 그런 다음에 이 작품을 사용하여 어떤 아이들이 같은 관심사를 공유하고, 어떤 아이들이 다른 것을 좋아하는지 이야기할 수 있다. 아이들에게 빨간색, 초록색, 노란색 사과를 먹게 한 다음에 각 아동이 가장 좋아하는 사과 종류를 그룹과 공유하게 한다. 차이에 대한 사회적 상황 이야기를 들려주는 것도 도움이 될 수 있다. 활동: 13, 24, 34, 45, 48, 49
SP 24	이겼을 때 지나치게 자랑하는 말이나 몸짓을 사용하지 않는다.	이 기술은 승패가 걸린 모든 활동의 목표가 될 수 있다. 게임을 시작하기 전에 사회적 상황 이야기를 만들어 아이들과 함께 읽는 것이 도움이 된다. '좋은 승자'가 되기 위한 역할극을 하고 게임에서 이기거나 졌을 경우에 할 수 있는 행동을 보여 주는 것도 도움이 될 수 있다. 의자 뺏기 게임은 패배에 대처하는 방법과 좋은 승자가 되는 연습을 할 수 있는 매력적인 방법이다. 활동: 1, 11, 25, 41, 45

자기 조절		
	항목	일반적인 중재 아이디어
SR 1	새로운 과제나 활동에 대한 유연성을 보여 준다.	이 기술은 우발적으로 다룰 수 있지만 새로운 과제나 활동을 도입하거나 익숙한 활동에 큰 변화를 주어 더 많이 연습할 수 있다. 새롭고 예상치 못한 상황에 대처하는 방법에 대한 사회적 상황 이야기를 들려주고, 아이가 이러한 상황에 직면했을 경우에 사회적 이야기를 참고하도록 도와주는 것이 도움이 된다. 마찬가지로 새로운 활동이나 과제를 견디는 방법을 역할놀이로 연습하는 것도 도움이 될 수 있다. 활동: 1, 16, 28
SR 2	요청이 거부되었을 때 적절하게 반응한다.	다른 대처 기술과 마찬가지로 "안 돼!"라는 말을 들었을 경우에 대처하는 다양한 방법을 가르치면 이 문제를 해결할 수 있다. 또한 사회적 상황 이야기와 역할놀이를 사용하는 것도 도움이 될 수 있다. 자연스럽게 발생하는 상황에서 참고할 수 있는 시각 자료(예: 좌절감을 느꼈을 때, 아동이 어떻게 반응할 수 있는지에 대한 시각 자료)도 유용하다.
SR 3	말하기 전에 손을 들고 호명되기를 기다린다.	이 문제를 해결하기 위해 '호명을 기다리기'를 그룹의 규칙으로 정하고 차례를 주고받는 다양한 활동 중에 아이들이 손을 들고 호명될 때까지 기다리도록 일관되게 요구한다. 아이가 이 규칙을 잘 지킬 때는 강화(예: 아동을 호명하거나 아동의 행동을 인정하고 강화하기)하고, 손을 들지 않고 기다리지 않을 때는 강화하지 않는 것(즉, 아동이 크게 소리친다면 관심 주지 않기)이 중요하다. 또한 반복적으로 기다리지 않는 아동에게 어떻게 대응할 것인지에 대한 계획이 필요하다. 때로는 특정 아동에 대해 개별화된 계획이 필요할 수 있다(예: '조용한 목소리' 시각 자료 제시, 아동을 그룹에서 잠시 쉬게 하기). 이 기술은 차례를 정하거나 호명을 기다려야 하는 그룹 활동 중에 다룰 수 있다. 활동: 2~5, 13, 26, 30, 31, 34, 37, 39, 46
SR 4	성인이 유도한 진정 전략에 반응한다.	진정 전략은 전체 그룹 또는 학급에 소개할 수 있으며, 그룹 수업 시간에 연습할 수 있다. 아동이 사용할 전략을 상기시킬 수 있는 시각적 지원도 제공해야 한다. 아동의 특정 요구에 따라 진정 전략을 개발해야 할 수도 있다. 또한 사회적 상황 이야기와 역할놀이를 사용하는 것도 도움이 될 수 있다.

SR 5	화가 났거나 좌절했을 때를 인식하고 휴식 또는 진정에 필요한 물건이나 활동을 적절하게 요구한다.	SR 4의 확장으로서 아동을 위한 개별화된 진정 전략을 개발하는 것이다. 첫 번째 단계는 아이가 언제 화가 났는지 알아차릴 수 있도록 가르치는 것이다. 아동에게 어려운 상황을 파악하는 사회적 상황 이야기를 사용하는 것이 도움이 될 수 있다. 사회적 상황 이야기에는 아이가 화가 났을 경우에 사용할 수 있는 대처 전략도 포함되어야 한다. 아동이 사용할 전략을 상기시킬 수 있는 시각적 지원도 제공해야 하며, 다양한 대처 전략을 역할놀이로 연습하는 것도 도움이 될 수 있다. 활동: 50
SR 6	전환할 때 교실에서의 기대 행동을 따르고 유연성을 보여 준다.	이 기술은 수업 시간 동안에 우발적으로 연습할 수 있다. 가능한 한 계획적이고 일관된 방식으로 전환하는 것이 중요하다. 시각적 일정을 사용하면 전환을 더 예측 가능하게 만드는 데 도움이 되는 경우가 많다. 일부 아동의 경우, 전환을 성공적으로 수행하기 위해 초기에 강화를 설정하는 것이 도움이 될 수 있다. 활동: 41
SR 7	계획과 다른 상황이 발생했을 때 유연성을 발휘한다.	우발적으로 또는 활동이나 일정을 의도적으로 변경하여 유연성을 연습할 수 있는 더 많은 기회를 제공한다. 많은 아동에게 이러한 상황을 연습시키면서 변화에 대처하는 방법에 대한 사회적 상황 이야기를 병행하는 것이 도움이 될 수 있다. 계획과 다른 상황이 발생했을 경우에 사용할 전략을 상기시켜 주는 시각적 지원도 제공해야 한다. 첫 번째 단계는 아동이 감당하기 어려운 변화나 중단을 파악하고, 그것이 얼마나 큰 문제인지를 파악한 다음에 유연하게 대처할 수 있는 전략을 사용하도록 가르치는 것이다. 유연성을 발휘할 수 있도록 아이에게 강화를 제공해야 한다. 활동: 1, 16, 21, 28, 29, 34, 41, 50
SR 8	선호하는 활동이 중단될 때 유연성을 보여 준다.	이 기술은 자연스럽게 중단이 발생한 경우에 우발적으로 다룰 수 있지만, 진행 중인 활동을 잠시 중단하거나 예상보다 일찍 활동을 종료해야 하는 인위적인 중단을 통해 다룰 수도 있다. 많은 아동에게 이러한 상황을 연습하는 것과 함께 중단에 대처하는 방법에 대한 사회적 상황 이야기를 들려주는 것이 도움이 될 수 있다. 첫 번째 단계는 아동들에게 어려운 변화나 중단이 어떤 것인지 확인하고, 그것이 얼마나 큰 문제인지를 파악한 다음, 유연하게 대처하는 데 도움이 되는 전략을 사용하도록 가르치는 것이다. 또한 유연성을 발휘할

		수 있도록 아이에게 강화를 제공해야 한다.
		활동: 41, 50
SR 9	도전적인 행동을 하지 않고 피드백 및 수정에 따른다.	이 기술은 아동이 오답을 할 수 있는 질문에 답하도록 하는 다양한 그룹 수업이나 추측을 하는 게임의 일부에서 다룰 수 있다. 또한 아동들이 수정 피드백을 받을 수 있는 미술 프로젝트나 책상 활동 중에도 이 기술을 다룰 수 있다. 도전적인 행동에 대한 주의보다는 적절한 행동에 대해 훨씬 더 긍정적인 피드백을 제공하는 것이 중요하다. 이것은 또한 많은 아동이 사회적 상황 이야기와 역할놀이 연습을 통해 배울 수 있는 기술이다. 활동: 2~5, 7, 26, 31, 49
SR 10	도전적인 행동을 하지 않고 자신이나 다른 사람의 실수에 대처한다.	이 기술은 SR 9에 설명된 것과 유사한 활동이나 상황 또는 아동이 실수할 수 있는 모든 활동(예: 미술 프로젝트, 질문에 답하기)에서 다룰 수 있다. 이는 또한 많은 아동이 사회적 상황 이야기와 역할극 연습을 통해 배울 수 있는 기술이다. 또한 아동이 실수할 경우에 사용할 수 있는 전략을 상기시키기 위해 시각적 지원을 제공해야 한다. 실수했을 경우에 적절하게 대응할 수 있도록 아동을 강화하되, 도전적인 행동을 전환시키는 과정에서 관심을 제공하지 않도록 주의해야 한다. 활동: 2~5, 7, 26, 31
SR 11	자신과 다른 사람의 공간에 대한 인식을 보여 준다(예: 줄을 서서 걸을 때 다른 사람의 발을 밟지 않음, 이야기 나누기 시간 동안 다른 사람에게 밀착하지 않음, 다른 사람과 상호작용할 때 한 팔 정도의 거리를 유지함).	이 기술은 분주한 환경에서 수행되는 운동(예: 장애물 코스)을 할 경우에 일렬로 걷거나 다른 사람과 부딪히지 않도록 하는 것을 통해 연습할 수 있다. 이러한 수업을 진행하는 동안에 아동들에게 주기적으로 정지하도록 상기시키고, 다른 사람의 공간을 존중하는 모습을 보이는 아동에게 강화할 수 있다. 이 기술은 또한 우발적인 상황에서 아이들이 다른 사람의 공간을 존중하거나 존중하지 않을 경우에 피드백을 받을 수 있도록 연습해야 한다. 활동: 1, 8, 9, 20, 29, 32
SR 12	피드백에 따라 행동을 수정한다.	이 기술은 우발적인 상황에서 아동에게 피드백을 제공하고, 행동을 수정하는 방법을 모델링하고, 행동을 수정할 수 있을 경우에 강화함으로써 가르칠 수 있다. 아동이 지속적으로 어려움을 겪는 상황(예: 그룹 활동에서 올바르게 앉기)의 경우, 사회적 상황 이야기나 역할극을 사용하는 것이 도움이 될 수

		있다. 일부 상황에서는 구체적인 행동 지침을 만들어야 할 수도 있다. 교사는 아동의 행동을 고치기 위해 지나친 단서를 주는 습관을 들이지 말고 아동이 피드백에 적절하게 반응할 경우에 긍정적인 강화를 제공하는 것을 잊지 않는 것이 중요하다. 활동: 48~50
SR 13	적절한 단어와 어조를 사용하여 다른 사람의 요청을 거절한다.	자유 놀이 시간에 또래가 아동에게 무언가를 요청하는 상황을 만들면 이 기술을 연습할 수 있다. 처음에는 아동이 요청을 수락하거나 거절하기 위해 적절한 단어와 어조를 모델링하는 등 많은 도움이 필요할 수 있다. 요청을 적절하게 거절하는 다양한 방법을 역할극으로 연습하는 것이 도움이 될 수 있다. 아동이 다른 사람의 요청을 적절하게 거절하는 방법을 배워야 하지만, 아동이 항상 요청을 거절하지 않도록 아동의 반응을 면밀히 모니터링하는 것이 중요하다. 아동이 다른 사람의 요청을 받아들이고 확장하는 방법을 배우는 것이 더욱 중요하다.
SR 14	도전적인 행동(예: 괴롭힘, 놀림, 공격성)을 하지 않고 자신을 옹호한다(예: "못 받았어." "안 보여." "비켜 줄래?" "그만해.")	이 기술은 우발적으로 다룰 수 있지만, 아이들이 충분히 연습할 수 있도록 상황을 만들어야 한다. 예를 들어, 성인이 아동의 공간에 침입하거나 시야를 가리는 등의 상황을 만들 수 있다. 괴롭힘, 놀림 또는 공격과 관련된 상황에 대응하는 방법을 아동에게 가르치려면 역할놀이가 필요할 수 있으며, 사회적 기술 결함이 있는 많은 아동은 자신이 괴롭힘을 당하거나 놀림을 당하고 있는 것을 인식하는 데 어려움을 겪는다. 아동이 스스로를 옹호해야 하는 상황과 적절한 방법을 명확하게 묘사하는 사회적 상황 이야기나 시각적 지원은 많은 아동에게 매우 유용하다. 수업 계획: 자신을 옹호하기
SR 15	새롭거나 어려운 활동을 하는 동안에 도움을 요청한다.	이 기술은 상황에 따라 우발적으로 다룰 수 있다. 아이에게 도움이 필요한 과제가 주어지거나 일상이 어떤 식으로든 바뀌는 상황을 만들 수도 있다. 정보를 암기해야 하거나 추측을 요하는 게임과 같이 좀 더 복잡한 게임과 활동도 또래에게 도움을 요청하는 연습을 할 수 있는 기회이다. 예를 들어, 아이들은 더 많은 정보나 단서를 요청할 수 있다. 활동: 2, 4, 5, 9, 17, 31

SR 16	지시에 따라 최대 1분 동안에 도전적인 행동을 하지 않고 도움이나 요구한 물건을 기다린다.	많은 아동의 경우, 기다리는 시간을 적게 시작하여 점진적으로 늘리면서 이 기술을 체계적으로 목표로 삼아 가르쳐야 한다. 또한 이 기술이 여러 상황에 걸쳐 일반화되도록 하는 것도 중요하다. 아이들이 어려움을 겪는 구체적인 상황과 이러한 상황에서 아이가 현재 얼마나 오래 기다릴 수 있는지를 파악하는 것이 좋다. 그런 다음에 이러한 상황을 고안하여 아이가 기다려야 하는 시간을 통제할 수 있도록 할 수 있다. 예를 들어, 아이가 좋아하는 장난감을 달라고 요청하는 경우에 이를 인정하되 기다려야 한다는 사실을 알려 준다. 처음에는 5초 또는 10초만 기다리게 하되, 아이가 도전적인 행동을 보이지 않고 기다릴 수 있다는 것을 보여 줄 때까지 기다리는 시간을 체계적으로 늘려 나간다. 활동: 44 수업 계획: 기다리기
SR 17	특정 주제나 질문에 집착하지 않는다.	일부 아동에게는 언제 특정 주제가 적절한 것인지(예: 하루 중 특정 시간) 또는 어느 정도의 빈도가 적절한 것인지(예: 하루에 특정 횟수)에 대한 명확한 지침이 필요하다. 이 영역에 대한 개입은 매우 개별화되어야 하며, 인내 행동의 기능에 대한 철저한 평가를 기반으로 해야 한다. 시각적 지원은 특정 주제에 대해 이야기해도 되는지 안 되는지를 아이에게 상기시키는 데 매우 유용할 수 있다. 아동이 스스로 이야기할 수 있기를 기대하기 전에 먼저 성인이 선호하는 주제나 질문을 제시하면 그에 응답하는 것이 중요하다. 또한 아동이 더 다양한 주제에 대해 이야기하도록 가르치는 데 집중해야 할 수도 있다. 활동: 15, 30, 37, 39, 41, 48, 49
SR 18	말할 때 대화에 적절한 목소리 크기와 어조를 사용한다.	일부 아동은 조용한 목소리와 큰 목소리 또는 다양한 어조로 말하는 연습을 통해 목소리 크기와 어조를 구분하는 방법을 배워야 한다. 적절한 목소리 크기와 어조와 관련된 구체적인 언어(예: "속삭이는 목소리로 말해." "1단계의 목소리로 말해.")를 가르친 다음, 어조가 문제되는 상황에서 보다 자연스럽게 사용해야 한다. 또한 다양한 활동(예: 같은 노래를 다른 음량 또는 다른 음높이로 부르기)을 통해 다양한 목소리 크기를 사용하는 연습을 할 수 있다. 활동: 8, 48~50

	사회적 · 정서적 기술	
	항목	**일반적인 중재 아이디어**
SE 1	다른 사람과 자신의 감정을 인식한다(예: 행복, 슬픔).	이 기술은 다른 사람이 나타내는 감정에 이름을 붙이고, 아이들에게도 이러한 감정에 이름을 붙이도록 가르치면서 상황이 발생할 경우에 우발적으로 연습해야 한다. 감정을 묘사한 그림도 이 기술을 가르치는 데 사용할 수 있다. 역할극이나 게임을 통해 아이들은 다양한 감정이 어떻게 표현되는지 알게 되고, 다른 사람이 감정을 표현할 때 감정을 식별할 수 있다.
SE 2	질문을 받으면 자신과 타인의 감정 상태(예: 행복, 슬픔)에 대해 간단히 설명한다.	이 기술은 우발적으로 연습할 수 있는데, 다른 사람이 나타내는 감정에 이름을 붙이고, 사람들이 이러한 감정을 나타내는 이유를 설명하고, 아동들에게 감정의 원인을 식별하도록 가르치는 과정이 필요하다. 교사는 특정 감정을 나타내는 시나리오를 제시하고 그것을 말로 설명해 줄 수도 있다. 역할 놀이나 게임을 통해 아이들은 표현된 감정이 무엇인지와 그 이유를 모두 식별하는 연습을 할 수 있다(예: "혜리는 놀이터에 가고 싶었지만 밖에 비가 와서 슬퍼요."). 활동: 4, 5, 34, 43 수업 계획: 감정의 원인 파악하기

SE 3	다른 사람에 대한 공감을 나타 낸다(예: 놀이터에서 넘어진 친구 에게 "괜찮아?"라고 물어봄, 우는 친구를 안아 줌).	이 기술은 상황에 대한 언어적 설명과 시각적 지원을 통해 해결할 수 있다. 그런 다음에 아동은 감정, 원인, 적절한 대 응을 파악하는 연습을 한 다음에 해당 대응을 수행하는 연 습을 할 수 있다. 이 기술을 가르치는 또 다른 방법은 아이에 게 보호자가 되는 책임을 부여하는 것이다. 예를 들어, 집에 서 아이에게 반려동물을 돌보는 일(예: 사료나 물 주기)에 대 한 책임을 부여할 수 있다. 자녀에게 동생이 있는 경우, 부모 가 동생에게 밥을 먹이는 것을 도울 수 있다. 학교 환경에서 는 고학년 어린이가 저학년 어린이의 외출 준비, 도시락 열 기, 물건 찾기를 도와줄 수 있다. 아이들이 공감하는 모습을 보일 때 강화하는 것과 다른 사람들이 공감하는 반응을 보일 때 알려 주는 것이 중요하다(예: '양동이 채우기' 비유를 사용 하여 아이들이 공감하는 반응을 보일 때 양동이에 물건을 추 가하도록 함). 활동: 4, 34, 43, 48, 49
SE 4	도전적인 행동을 하지 않고 부 정적인 감정을 표현한다.	이 기술은 상황이 발생했을 경우에 우발적으로 다룰 수 있지 만 대부분의 아동은 인위적인 상황에서 추가 연습이 필요하 다. 첫 번째 단계는 아이가 화가 났을 때를 인식하도록 가르 치는 것이다. 부정적인 감정을 유발하는 것으로 알려진 상황 과 그에 따른 도전적인 행동에 대해 이야기하는 사회적 상황 이야기를 사용하는 것이 도움이 될 수 있다. 사회적 상황 이 야기에는 아이가 자신의 감정을 표현할 수 있는 대안적이고 적절한 방법도 포함되어야 한다. 아이가 사용할 수 있는 전 략을 상기시킬 수 있는 시각적 지원도 제공해야 한다. 부정 적인 감정을 표현하는 적절한 방법을 역할극으로 보여 주는 것도 도움이 될 수 있다. 일부 아동의 경우에는 보다 포괄적 인 평가를 완료하고 개별화된 중재 계획을 개발해야 할 수도 있다.
SE 5	다른 사람의 행동이나 소지품에 대해 적절한 정도의 관심을 표 현한다.	자연스럽게 발생하는 상황에서 아동이 또래의 긍정적인 행 동이나 행운에 적절하게 반응할 수 있도록 촉구와 모델링을 제공할 수 있다(예: 게임에서 승리한 친구에게 축하하기, 공 유해 준 친구에게 감사하기). 좀 더 체계적인 방법으로 소그 룹 활동 중에 아이들이 돌아가면서 자신의 작품을 보여 주거 나 장난감을 나눌 수 있다. 각 아동은 다른 아동의 작품이나 공유한 장난감에 대해 의견을 말할 기회를 가져야 한다(예: "개를 갈색으로 색칠한 것이 마음에 들어." "멋진 장난감이

야.”). 또한 공유한 아동은 칭찬을 받을 때마다 “고마워!”라고 말하도록 가르쳐야 한다. 이 기술은 아이가 다른 사람의 긍정적인 행동에 적절하게 반응하도록 하는 역할극 시나리오를 통해서도 연습할 수 있다. 또한 아동이 사용할 수 있는 다양한 표현에 대한 시각적 자료가 있으면 도움이 된다. 열정을 표현하기 위해 제공되는 단어뿐만 아니라 단어에 담긴 영향의 정도에 초점을 맞추는 것이 중요하다.

활동: 14, 39

SE 6	친구가 자신의 행동에 어떻게 반응할지 예상하고(예: ‘탑을 무너뜨리면 친구가 화를 많이 낼 것이다.’ ‘친구를 도와주면 친구의 기분이 좋을 것이다.’) 그에 따라 행동한다.	자연스럽게 발생하는 상황에서는 아동이 자신의 행동에 대한 반응을 예상하고 그에 따라 대응할 수 있도록 촉구와 모델링이 제공될 수 있다. 그러나 대부분의 아동에게는 이 기술을 어려워하는 상황을 파악하는 것이 필요하다. 그런 다음에 이러한 상황을 고안하여 아이들이 더 많은 연습을 할 수 있도록 한다. 예를 들어, 아동이 또래가 사용하는 물건을 허락 없이 가져간다면 먼저 물어보는 연습을 할 수 있도록 활동을 만들 수 있다. 아동이 어려워하는 상황을 역할극으로 만들어 추가 연습을 할 수도 있다. 시나리오(예: 또래가 크레파스 상자를 바닥에 떨어뜨림), 아동의 가능한 반응(예: 또래가 크레파스를 줍도록 도와주기, 또래에게서 멀어지기), 이러한 다양한 반응에 따라 또래가 어떻게 반응할 수 있는지(예: 아동이 도와주면 또래가 웃으며 기뻐할 것, 아동이 멀어지면 슬퍼하며 나중에 함께 놀고 싶지 않을 것)를 식별하는 시각적 자료를 사용하라. 이 시각적 자료는 역할놀이 상황뿐만 아니라 자연스럽게 발생하는 상황에서도 사용할 수 있다. 활동: 43

사회적 언어		
	항목	**일반적인 중재 아이디어**
SL 1	만날 때 혹은 헤어질 때 나누는 인사에 반응한다.	이 기술은 하루 종일 여러 번 우발적으로 다룰 수 있으며, 아동이 항상 다른 사람의 시작에 반응할 수 있도록 해야 한다. 일부 아동에게는 체계적인 촉구 단계나 강화의 제공이 필요할 수 있다. 이 기술은 아이들이 서로 인사해야 하는 이야기 나누기 시간의 노래와 활동 중에 보다 체계적인 방식으로 연습할 수 있다. 활동: 8, 21, 41 수업 계획: 인사에 반응하기
SL 2	대상(성인, 또래)을 지정하여 지시하면 따른다.	이 기술은 하루에 걸쳐 우발적으로 다룰 수도 있지만(예: 특정 또래에게 자료를 전달하거나 전달하도록 지시하기), 특정 아동과의 상호작용을 위해 아동이 지시를 따라야 하는 활동을 만들 수도 있다(예: "예지에게 공을 넘겨 주세요."라는 교사의 지시에 따라 원 안에 앉아 아동이 서로 공을 굴려서 넘겨 주도록 하기). 활동: 8, 47 수업 계획: 친숙한 사람에 대한 수용적 식별
SL 3	만날 때 혹은 헤어질 때 나누는 인사를 먼저 한다.	이 기술은 하루 종일 아동이 활동이나 환경에 들어오고 나갈 때 다룰 수 있다. 자유 놀이 시간 동안에 아동이 여러 가지 기회를 갖도록 하기 위해 실내의 다양한 활동으로 전환하는 활동 일정을 따르게 할 수 있다. 아이가 활동에 들어가거나 나갈 때마다 만났을 때의 인사나 작별 인사를 시작하도록 요구할 수 있다. 더 많은 연습을 위해 그룹 시간에는 그룹의 리더가 다른 아동들과 인사를 시작하도록 할 수도 있다. 활동에 참여하거나 퇴장할 때 만남이나 이별에 대한 인사를 시작하도록 상기시키는 시각적 자료와 공식적인 강화 시스템(예: 친구에게 인사하면 토큰을 획득)도 일부 아동에게 도움이 된다. 아동들이 이 기술을 독립적으로 익히기 위해서는 활동에 참여하거나 퇴장할 때 아동이 먼저 인사를 시작해야 한다는 것을 알려 주는 것이 중요하다. 활동: 8, 21, 41

SL 4	또래를 이름으로 부른다.	이 기술은 인사하기의 연장선상에서 상대방의 이름도 사용하도록 요구한다. 이 기술을 연습하는 것은 수수께끼 중에 다른 아동의 이름을 부르게 하거나 '얼음땡' 중에 또래의 이름을 불러서 '땡(해제)'을 요청하는 등 다양한 활동에 포함될 수도 있다. 처음에는 목표 활동 중에 어떻게 반응해야 하는지에 대한 언어적 또는 시각적 모델이 많은 아동에게 필요할 수 있다. 활동: 2~5, 7~9, 18, 19, 23, 26, 27, 31, 32, 36, 39, 45~47
SL 5	사회적 질문에 대답한다(예: 이름, 나이, 성, 반려동물의 이름).	이 기술은 처음에 어른과 함께 구조화된 교육 형식으로 가르치는 경우가 많다. 그러나 처음부터 활동 기반 환경에서 이 기술을 가르칠 수도 있다(예: 각 아동에게 공을 굴려 인사하는 활동을 하는 동안에 사회적 질문을 하는 것). 또는 아동이 성인과 1:1 상황에서 이 기술을 연습한 후에 가르칠 수도 있다. 처음에는 목표 활동 중에 어떻게 반응해야 하는지에 대한 언어적 또는 시각적 모델을 제공하는 것이 많은 아동에게 필요할 수 있다. 활동: 8, 13, 23, 30, 37, 39, 45, 48, 49 수업 계획: 사회적 질문
SL 6	사회적 질문을 한다(예: 이름, 나이, 성, 반려동물의 이름).	이 단계는 SL 5의 확장 단계로, 아동이 사회적 질문을 시작해야 한다. 이 기술을 연습하는 가장 쉬운 방법 중 하나는 아동이 다른 또래에게 번갈아 가며 질문하는 활동을 하는 것이다. 처음에는 목표 활동 중에 대답하는 방법에 대한 언어적 또는 시각적 모델을 제공하는 것은 많은 아동에게 필요할 수 있다. 예를 들어, 아이들이 돌아가면서 사회적 질문이 명시되어 있는 카드를 카드 더미에서 고르는 활동을 한다. 초기에는 카드에 질문할 내용을 더 자세하게 적고(예: "가장 좋아하는 음식이 뭐니?"), 아동이 활동에 익숙해지면 일반적인 주제(예: 음식)로 전환할 수 있다. 활동: 8, 13, 23, 30, 37, 39, 45, 48, 49 수업 계획: 상호적인 사회적 질문

SL 7	다른 사람이 공유한 물건이나 정보에 대해 구체적인 질문(예: 물건의 이름, 물건의 위치, 누가 무엇을 가지고 있는지)을 한다.	많은 활동을 통해 아이들은 물건이나 정보(예: 좋아하는 장난감, 미술 작품, 휴가나 방학 동안에 무엇을 했는지)를 공유할 기회를 가지며, 다른 아동이 그 공유된 내용에 대해 돌아가며 질문을 할 수 있다. 일부 아동의 경우, 먼저 구체적인 연습 상황을 설정한 후에 어른에게 정보를 요청하는 것을 연습할 수 있다. 다양한 질문의 그림 목록과 같은 시각적 자료가 큰 도움이 될 수 있다. 활동: 2, 4, 5, 13, 15, 26, 30, 31, 37, 39, 41, 46, 48, 49
SL 8	관심을 요구한다(예: "내가 만든 것 좀 봐요." "내가 얼마나 멀리 뛰는지 봐.").	처음에는 구체적이고 폐쇄적인 특정 과제(예: 퍼즐 완성하기)를 완료한 후에 관심을 요청하도록 가르치는 것이 이 기술을 가장 잘 시작할 수 있는 방법이다. 활동의 완료는 아이가 관심을 요청하는 신호가 된다. 점차적으로 더 간헐적이거나 자연스러운 상황으로 교육을 전환해야 한다. 관심을 요청하는 촉구는 그림 활동 일정이나 토큰 시스템에 내장해야 할 수 있다(예: 아이가 주의를 5번 요청하고 토큰 5개를 받으면 좋아하는 장난감이나 활동을 획득할 수 있음). 시각적 지원은 아이가 관심을 요청하기 위해 말할 수 있는 다양한 예시를 제공하는 데 도움이 될 수 있다. 수업 계획: 관심 요청하기
SL 9	듣는 사람의 주의를 적절하게 끈다(예: 이름 부르기, 어깨 두드리기).	이 기술은 시행 절차에 요청을 하기 위한 행동 지침을 넣어 다룰 수 있다(즉, 요청을 하기 전에 아동이 청자를 톡톡 치거나 청자의 이름을 부르라고 요구). 이 기술은 상호작용을 시작하기 위해 또래의 주의를 끌어야 하는 다양한 활동을 통해서도 가르칠 수 있다(예: 단어 수수께끼나 스무고개를 하는 동안에 상대방에게 맞히라고 요청하기). 사회적 관심이 자연스러운 결과가 될 수 있는 많은 기술과 마찬가지로 처음에는 추가 강화를 제공해야 할 수 있다. 활동: 2~5, 9, 13, 23, 26, 31, 32, 37, 39, 45, 47, 48
SL 10	다른 사람의 시작 행동에 반응한다.	처음에는 아이가 비언어적 반응(예: 자료 전달하기, 또래에게 물건 받기)에 집중하도록 하는 것이 가장 쉬운 방법이며, 그다음에 언어적 반응(예: 질문에 답하기 또는 의견에 답하기)을 시도한다. 하루 동안 또래의 시작 행동에 반응하도록 할 수 있는 간단하고 많은 상호작용이 있다(예: 미술 활동 중에 자료 전달하기, 사회적 질문에 대답하기). 활동: 5, 7~9, 18, 23, 24, 26, 29~32, 35, 37, 39, 41, 45, 46, 48, 49

SL 11	진행 중인 활동에 대한 질문에 대답한다.	이 기술은 일상적인 활동 중에 활동을 잠시 멈추고 주변에서 무슨 일이 일어나고 있는지 아이에게 구체적으로 질문을 함으로써 다룰 수 있다. 예를 들어, 보드게임을 하는 중에 어른이 잠시 멈추고 아이에게 "네 게임 조각은 무슨 색이야?" 또는 "지금 누가 앞서가고 있어?"와 같은 질문을 할 수 있다. 일부 아동은 구체적인 촉구와 강화 절차를 통해 이 기술을 체계적으로 가르쳐야 한다. 활동: 24, 30, 37, 39 수업 계획: 현재, 과거, 미래에 대한 질문에 답하기
SL 12	본인, 가족, 주요 행사(예: 개학일, 명절, 가족 행사)에 대한 정보를 공유한다.	일반적으로 보다 구체적인 질문(예: "쉬는 시간에 누구와 놀았니?")으로 시작한 다음에 보다 일반적인 질문(예: "주말에 무엇을 했니?")으로 나아가는 것이 좋다. 아동 자신, 가족 및 가족 행사와 관련된 질문 목록 또는 다양한 주제를 파악하는 것도 도움이 된다. 그런 다음에 필요에 따라 구체적인 촉구와 강화 절차를 사용하여 이러한 질문이나 주제를 체계적으로 가르칠 수 있다. 부모가 보내 준 활동 사진, 휴일, 특별 행사 또는 일반적인 가족 정보(예: 형제자매, 반려동물)와 관련된 주제 게시판 등 시각적 자료를 활용하는 것도 도움이 될 수 있다. 활동: 13, 15, 19, 30, 37, 45, 48, 49 수업 계획: 자신, 가족, 주요 행사에 관한 질문에 답하기
SL 13	선호하는 주제에 대해 5개 이상의 질문에 대답한다.	대부분의 아동이 선호하는 주제를 다양하게 파악하고, 각 주제와 관련된 질문 목록을 작성하는 것이 도움이 된다. 시각적 자료는 선호하는 주제에 대한 언어 소통을 촉진하는 데 도움이 될 수 있다. 주제 게시판이나 선호하는 주제의 사진만으로도 의미 있는 대화를 유도할 수 있다. 활동: 26, 30, 37, 39, 45, 48
SL 14	서로 의견을 주고받는다(예: 아동이 또래에게 "나도 그 영화가 좋아!" "난 ○○는 없고, ××는 있어."와 같이 말함).	이 기술을 가르칠 때는 일반적으로 아동이 질문에 답하는 것부터 의견에 답하는 것까지 진행한다. 또한 아동이 의견에 반응할 수 있게 되면 다음에는 후속 질문(예: "나도 그 영화 좋아해. 서커스에 가는 부분이 마음에 들었니?")에 반응하도록 하는 것이 다음 절차이다. 대부분의 아동은 구체적인 촉구와 강화 절차를 통해 이 기술을 체계적으로 배워야 한다. 활동: 13, 15, 30, 37, 39, 41, 45, 48, 49

SL 15	가까운 과거 또는 미래의 사건에 대한 정보를 공유한다.	선제 기술로 아동은 주변 환경에서 일어난 사건에 대해 이야기하고 기본적인 '의문사' 질문에 답할 수 있어야 한다. 일반적으로 구체적인 질문(예: "쉬는 시간에 누구랑 놀았니?")으로 시작한 다음에 보다 일반적이고 개방적인 질문(예: "주말에 무엇을 했니?")으로 넘어가는 것이 좋다. 또한 체계적으로 시간을 늘리는 이상적인 방법은 방금 일어난 활동에 대해 질문하는 것으로 시작한 다음에 사건 또는 활동이 끝난 후에 아동에게 질문하는 것이다. 아동이 과거 사건에 대한 정보 공유에 익숙해지면 앞으로 일어날 사건에 대한 질문을 할 수 있다. 곧 일어날 사건부터 시작한 다음에 질문을 하는 시점과 사건이 일어날 시점 사이의 시간을 체계적으로 늘리는 것이 좋다. 부모가 보내 준 활동 사진, 활동 유형 또는 활동의 측면을 시각적으로 표현한 자료, 주제 게시판 등 시각적 지원을 사용하는 것도 도움이 될 수 있다. 활동: 23, 30, 37, 48 수업 계획: 현재, 과거, 미래에 대한 질문에 답하기
SL 16	대화를 유지하기 위해 3~4회 정도 질문에 대답하거나 질문하거나 의견을 말한다.	대화를 지속하기 위해서는 기본적인 '의문사' 질문에 답하고, 상호적으로 의견을 말하고, 주제에 대한 다양한 질문에 답할 수 있는 등 여러 가지 선제 기술을 습득해야 한다. 대부분의 아동에게 특정한 촉구와 강화 절차, 시각적 자료(예: 주제판, 스크립트)를 사용하여 이 기술을 체계적으로 가르쳐야 한다. 매우 구조화된 게임과 같은 형식으로 대화를 주고받는 것부터 시작하는 것이 매우 도움이 될 수 있다. 예를 들어, 아이들이 주제 카드를 골라 해당 주제에 대해 일정 횟수 동안에 이야기하도록 할 수 있다. 활동: 13, 15, 41, 48, 49 수업 계획: 자신, 가족, 주요 사건에 대한 질문에 답하기
SL 17	또래가 화제를 바꾸면 적절하게 반응한다.	일부 아동은 주제가 바뀌었을 때 이를 인지하지 못할 수 있으므로 먼저 교정적 피드백과 강화를 제공하는 어른과 함께 이 기술을 연습하게 하는 것이 좋다. 특히 아동이 한두 가지의 특정 주제에 대해서만 이야기하고 싶어 하는 경우, 사회적 상황 이야기를 읽게 하는 것도 도움이 될 수 있다. 활동: 13, 15, 48, 49

SL 18	말할 때 몸과 시선이 상대방을 향한다.	이 기술은 시작에 반응하거나 주의를 요청하는 등 다른 기술과 동시에 사용하는 경우가 많다. 이 기술은 언어적 요소와 함께 가르치거나 언어적 요소가 숙달된 후에 목표로 삼을 수 있다. 일부 아동에게는 사회적 상황 이야기가 도움이 될 수 있다. 또한 아동에게 약간의 교정적 피드백이 필요할 수 있지만, 아동이 말할 때 듣는 사람을 향하는 것에 대해 강화하는 것도 필요하다. 활동: 2~5, 8, 13, 15, 23, 26, 30, 31, 34, 37, 41, 45, 47~49
SL 19	들을 때 몸과 시선이 상대방을 향한다.	처음에는 아동이 어른의 말을 듣고 있을 때 이 기술을 연습하는 것이 더 쉬울 것이다. 왜냐하면 어른은 대화 중에 잠시 멈추고 아이가 들을 때까지 기다릴 수 있기 때문이다. 아이들의 관심이 높은 주제에 대해 이야기하는 것으로 시작하는 것이 가장 좋다. 또한 아이들에게 교정적 피드백이 필요할 수도 있지만, 말하는 사람을 향하는 것에 대해 강화하는 것도 필요하다. 사회적 상황 이야기나 시각적 규칙을 통해 '잘 듣기'에 대한 지침을 설명하는 것이 도움이 될 수 있다. 일반적으로 성인은 아이에게 말할 때 항상 아이의 몸과 눈이 자신을 향하고 있는지 확인해야 한다. 활동: 2, 4, 5, 8, 11, 13, 15, 23, 26, 30, 31, 34, 37, 41, 45, 47~49
SL 20	공손한 표현을 사용한다(예: '~해 주세요' '고맙습니다' '미안합니다' '실례합니다' '괜찮아요').	아이들에게 공손한 표현을 사용하도록 가르치는 것은 일반적으로 자연스럽게 발생하는 상황에서 모델링을 통해 이루어진다. 그러나 많은 아동에게 각 문구를 언제 사용해야 하는지를 정확하게 가르쳐야 한다(예: 누군가가 무언가를 주거나 칭찬을 할 때 "감사합니다."라고 말하기). 따라서 특정한 공손한 문구를 목표로 삼고 아이가 그 문구를 사용해야 할 기회를 조성해야 할 수도 있다.
SL 21	자신과 타인의 '다름'을 받아들인다(예: 부정적인 말을 하지 않음).	다름을 받아들이는 것은 아이들이 서로의 같은 점과 다른 점을 찾아내는 소그룹 활동을 통해 가장 쉽게 다룰 수 있는 주제이다. 차이에 대해 이야기하는 시판 도서[예: 토드 파(Todd Parr)의 『가족 책(The Family Book)』 또는 『다르더라도 괜찮아(It's Okay to Be Different)』]가 도움이 되는 경우가 많다. 자녀가 나와 다른 사람을 환영할 수 있는 방법(예: 함께 놀아 달라고 부탁하기, 칭찬하기)에 대해 이야기하고 역할극을 해 보는 것도 도움이 될 수 있다. 이 기술이 실제 상황에 일반화되는지 여부를 판단하기 위해 성인은 면밀히 모니터링하고, 자

연스럽게 발생하는 기회가 있을 때 교정적 피드백이나 강화를 제공해야 한다. 차이 자체를 '나쁘다'고 암시하지 않으면서 차이를 인정하는 건설적인 피드백을 제공해야 하므로 교정적 피드백을 제공하는 것이 까다로울 수 있다. 예를 들어, 어른이 (아동이 휠체어를 탄 아이에게 부정적인 언급을 했을 때) "그런 말 하지 마!"와 같은 말을 하면 아이에게 휠체어를 탄 아이가 '나쁘다'는 인상을 남길 수 있다.

SL 22	사회적 상호작용 중에 문제가 생겼을 때 이를 수정하거나 명확히 하려고 한다.	일부 아동의 경우, 사회적 상호작용의 문제 상황을 파악하고 이를 해결하는 구체적인 방법을 가르칠 필요가 있다(예: 상대방의 말을 이해하지 못했거나 듣지 못했을 때 "다시 말해 줄래요?", 상대방이 사적인 공간을 침범했을 때 "싫어요. 그만하세요."라고 말함). 이를 연습할 수 있는 기회는 서로 지시를 내리고 따르는 다양한 활동(예: 보물찾기, 스무고개, I SPY 게임)을 통해 만들 수 있다. 활동: 2, 5, 15, 30, 34, 37, 39, 45, 48 수업 계획: 자신을 위해 주장하기
SL 23	나이에 맞는 주제로 대화한다 (또래와 비슷한 관심을 주제로 이야기함).	많은 아동의 경우, 또래의 아이들이 공통적으로 관심을 갖는 주제를 파악하고 대상 아이에게 이러한 주제에 대한 자세한 정보를 제공해야 한다. 먼저 주제 목록과 각 주제에 해당하는 사실을 파악하는 것부터 시작하라. 아동에게 주제와 관련된 다양한 질문에 답하도록 가르친 다음에 최대 네 번까지 해당 주제에 집중하도록 지도할 수 있다. 또한 많은 아동이 구체적인 촉구와 강화 절차, 시각적 자료(예: 주제판, 스크립트)를 사용하여 이 기술을 체계적으로 배워야 한다. 아이들이 주제 카드를 골라 일정 횟수 동안에 해당 주제에 대해 이야기하게 하는 등 매우 구조화된 게임과 같은 형식으로 대화를 주고받는 연습을 하는 것도 도움이 될 수 있다. 활동: 13, 23, 30, 48, 49
SL 24	상황에 맞는 언어를 사용하고 어울리는 주제를 꺼낸다.	아동이 한 가지 주제에 대해 최소한 몇 차례 대화를 나눌 수 있게 되면 주제를 적절하게 소개하고, 주제를 유지하며, 주제가 바뀔 때 다룰 수 있는 방법을 가르쳐야 한다. 이를 위해서는 토론과 역할극이 좋다. 많은 아동에게 대화 주제를 시작하거나 전환할 때 사용할 수 있는 구체적인 시작 문구(예: "~에 대해 말하고 싶어.")를 제공하는 것도 도움이 된다. 사회적 상황 이야기나 전환 문구가 정해진 시각적 자료는 이 기술을 가르치는 데 유용할 수 있다. 활동: 13, 30, 37, 39, 41, 45, 48, 49

교실 · 그룹 행동	
항목	일반적인 중재 아이디어
CG 1 일정 및 교실 규칙(놀이터 규칙 포함)을 따른다.	이 기술은 교실이나 그룹 환경에서 정기적으로 학급 규칙을 검토하고 아이들이 규칙을 따르도록 하는 방식으로 우발적으로 연습해야 한다. 규칙은 간단하고 구체적이어야 한다. 아이들이 규칙을 따르는 방법을 보여 주면서 연습을 하는 것이 도움이 될 수 있다. 일부 그룹 상황에서는 공식적인 강화 시스템을 구축해야 할 수도 있다(예: 규칙을 따를 때 주기적으로 토큰 제공). 아동이 규칙을 따르지 않을 경우에 교사가 어떻게 대응해야 하는지에 대한 명확한 절차를 마련해야 한다(예: 규칙을 따르는 아동을 강화하거나 토큰을 얻기 위해 아이들이 해야 할 일을 상기시키는 것).
CG 2 교실 일과나 활동의 일부로 언어적 지시를 따른다(예: 자료 가져오기, 점심 치우기).	이 기술은 점심 시간, 이야기 나누기 시간, 미술 프로젝트 등 일상적인 활동을 통해 다룰 수 있다. 많은 아동의 경우, 한두 가지 일상 활동 중에 발생하는 특정 지시를 목표로 삼아 시작하는 것이 도움이 된다. 또한 간단한 한 단계 지시(예: "가위를 가져와.")로 시작한 다음에 복잡하거나 여러 단계의 지시

		(예: "파란색 색종이와 연필을 가지고 원탁으로 가.")로 체계적으로 확장하는 것이 도움이 될 수 있다. 활동 자체가 본질적으로 강화가 아닌 일부 아동에게는 처음에 외적 강화가 필요하다는 점을 기억해야 한다. 수업 계획: 교실 지침 따르기
CG 3	자신, 타인, 그룹의 소지품을 인식한다.	이 기술은 누가 무엇을 '소유'하는지 말로 표현함으로써 해결할 수 있다(예: 아이의 사물함에 있는 물건은 아이의 것, 교사의 책상 위에 있는 물건은 교사의 것, 도서관 구역에 있는 책은 그룹의 것). 이 기술은 공유가 필요한 활동 중에도 다룰 수 있다. 예를 들어, 아이들은 공유할 물건을 가져올 수 있다. 아이들이 테이블에 함께 앉아 각자 자신의 물건을 통제할 수 있다. 아이들은 번갈아 가며 다른 친구의 장난감을 차례로 요청할 수도 있다. 교실에 있는 물품을 사용할 수도 있으며, 교사가 이를 통제할 수 있다. 활동: 46
CG 4	지정된 장소에 장난감 및 자료를 보관한다.	이 기술은 자료를 사용해야 하는 모든 활동(예: 자유 놀이 시간, 미술 프로젝트)에서 다룰 수 있다. 어른들은 아이들이 이 기술을 배울 수 있도록 지정된 장소에 용품과 장난감을 치우도록 명확하고 일관성 있게 요구하는 것이 중요하다. 교실이 정돈되어 있을수록 아이들이 이 기술을 더 쉽게 배울 수 있다. 처음에 일부 아동은 외부적인 강화 또는 먼저-나중 시각 단서(예: '먼저' 청소, '나중에' 간식)를 사용해야 할 수도 있다.
CG 5	직간접적으로 신호를 주면 교사를 보거나 다가와 반응한다.	이 기술은 아이가 다양한 활동을 하는 동안에 아이의 이름을 불러 주면서 하루 종일 여러 번 연습할 수 있다. 일부 아동은 성인과의 거리를 늘리거나 자극의 양을 줄임으로써 이름에 반응하도록 체계적으로 가르쳐야 한다. 일부 아동은 교사에게 대답하려는 동기가 없을 수 있으므로 대답을 늘리기 위해 계획된 강화를 사용해야 할 수도 있다. 그러나 어른이 아동의 이름을 과도하게 사용하거나 아동의 이름을 지나치게 부르지 않는 것이 중요하다. 수업 계획: 이름에 반응하기

CG 6	노래 또는 활동을 주도하는 또래를 모방한다(예: 가라사대 게임).	이 기술은 어른이 아닌 아동 중 한 명이 활동을 주도하는 그룹 시간에 다룰 수 있다. 일부 아동에게는 특정한 촉구와 강화 절차를 통해 이 기술을 체계적으로 가르쳐야 한다. 다른 아동들도 먼저 성인과 함께 배운 다음에 또래와 1:1 상황에서 배워야 그룹 상황으로 일반화할 수 있다. 활동: 11, 22 수업 계획: 또래의 대근육 운동 모방하기
CG 7	간접적인 단서에 반응한다(예: 줄을 서야 할 때 "친구들은 어디 있어?"라고 말함).	다양한 활동과 일과를 통해 아이들이 간접적인 단서에 반응하도록 가르칠 수 있는 기회를 마련한다. 대부분의 간접 단서는 아동이 다른 아동들이 하는 것을 관찰하여 모방하거나 환경의 특정한 측면에 주의를 기울이는 것이 필요하다. 따라서 전제 조건으로 아이들은 다른 아이들을 모방하고, 다양하고 구체적인 지시에 반응할 수 있어야 한다. 많은 아동에게 특정한 간접 단서를 목표로 삼아 아동이 이에 반응하도록 가르쳐야 한다(예: "친구는 어디 있어?" "무엇이 빠졌니?" "무엇을 끝내야 할까?"). 마찬가지로 특정한 활동이나 일과(예: 전환, 미술 프로젝트)를 대상으로 하는 것도 도움이 될 수 있다. 이 접근 방식이 효과적이려면 아동이 목표 활동을 완료하도록 동기를 부여하거나 추가적인 강화를 제공해야 한다. 처음에는 필요한 자료가 명시된 시각적 자료나 완성된 활동의 모형을 제공하는 것이 도움이 될 수 있다.
CG 8	놀이 기구를 적절히 사용한다.	일부 아동에게는 다양한 놀이 기구를 사용하는 방법에 대한 체계적인 지도가 필요하다. 이러한 아동의 경우, 다른 전문가가 참여하여 아동이 놀이 기구를 성공적으로 사용하는 데 영향을 미칠 수 있는 운동 또는 감각 문제에 대한 정보를 제공해야 한다. 놀이 기구 사용 방법은 알지만 반복적인 활동이나 혼자서 하는 활동에 시간을 보내는 경우도 있다. 이러한 아동들에게는 놀이터 내의 여러 구역을 이용할 수 있도록 시각적 시간표를 사용하는 것이 매우 유용할 수 있다. 예를 들어, 다양한 놀이 기구를 그림으로 표시한 일정을 제공하고 마지막 활동은 아이가 가장 선호하는 활동으로 구성할 수 있다.

CG 9	자발적으로 또는 요청을 받았을 때 다른 사람을 돕는다.	이 기술은 우연히 또는 다른 아동이 대상 아동에게 도움을 요청하는 상황을 설정하여 다룰 수 있다. 아이들이 함께 협력해야 하는 많은 협동 활동(예: 블록으로 구조물 만들기)은 자연스럽게 발생하거나 의도적으로 만들 수 있다. 아이들과 함께 친구가 도움이 필요할 수 있는 구체적인 상황(예: 누군가 넘어졌을 때, 누군가 뚜껑을 열지 못할 때, 누군가 울고 있을 때)을 파악하는 것이 도움이 된다. 그런 다음에 소그룹 수업에서 역할극을 통해 이러한 상황을 다룰 수 있다. 일부 아동은 처음에는 강화 시스템을 사용하는 것이 도움이 될 수 있다. 활동: 2, 4, 5, 9, 17, 31, 40, 45, 46
CG 10	교사가 부를 때까지 그룹에서 자리를 지킨다(예: 줄을 서라고 부를 때까지 자리에 앉아 있음).	교사가 부를 때까지 그룹에서 제자리에 머무르는 것은 그룹 활동 내에서나 다른 그룹 활동으로 전환할 경우에 하루 종일 여러 번 연습할 수 있다. 이름, 특정한 속성(예: 성별, 옷 색깔) 또는 '준비된' 행동을 보이는지 여부에 따라 아동을 부르거나, 줄을 서거나, 선택하도록 할 수 있다. 아동이 교사의 부름을 기다릴 때 강화하는 것이 중요하며, 성인의 허락 없이 그룹에서 자리를 옮기거나 자리를 떠날 때 의도치 않게 아이를 강화하지 않도록 주의해야 한다. 예를 들어, 아동이 호명되기 전에 줄을 서는 경우에 그룹으로 돌아가서 준비가 된 이후에 호명되면 자리로 이동해야 한다는 것을 확실히 알려 주어야 한다. 아동이 참고할 수 있는 규칙을 시각적으로 보여 주는 것도 도움이 될 수 있다. 일부 아동의 경우에는 처음에 추가적인 외적 강화가 필요할 수도 있다. 활동: 10, 14, 18, 19, 27, 29, 32, 35
CG 11	장소나 물건(예: 의자, 겉옷)을 찾아 활동을 준비한다.	이 기술은 미술 프로젝트나 센터 활동 수업과 같이 하루 종일 자연스럽게 발생하는 다양한 활동을 통해 다룰 수 있다. 그러나 일부 아동의 경우에는 처음에 특정한 활동을 목표로 삼아 시각적 과제 분석을 사용하여 특정한 활동에 필요한 자료가 무엇인지 알 수 있도록 도와주어야 한다. 예를 들어, 간식 시간이 되었다는 말을 들었을 때 아이에게 도시락과 테이블 매트를 가져와 녹색 테이블에 앉는 시각적 과제 분석을 보여 줄 수 있다.

CG 12	새로운 활동 중에 지시를 따른다.	선행 조건으로 아동은 일상적인 활동이나 일반적인 활동의 일부인 다양한 일상적인 지시를 따르도록 가르쳐야 한다. 그런 다음에 새로운 활동을 도입하거나 새로운 방향으로 활동을 수정하여 이 기술을 일반화할 수 있다. 일부 아동의 경우에는 특정한 새로운 활동을 목표로 삼아 이러한 활동 내에서 새로운 방향을 체계적으로 도입하는 것이 도움이 될 수 있다. 일부 아동은 처음에는 체계적인 자극과 외적 강화가 필요할 수 있다.
CG 13	새로운 활동 중에 지시를 한다.	선행 조건으로 아동은 보다 친숙하거나 일상적인 활동 중에 지시를 내리는 방법을 배워야 한다. 그런 다음에 이 기술은 아이들이 새로운 활동에서 서로에게 지시를 내리거나 익숙한 활동을 수정하여 새로운 지시를 내리도록 할 수 있다. 매우 구체적인 지시가 필요한 특정 활동을 대상으로 하는 것이 도움이 될 수 있다. 일부 아동에게는 처음에 체계적인 촉구나 외적 강화가 필요할 수 있다.
CG 14	줄을 서서 걸을 때 자기 자리를 지키고 그룹과 보조를 맞춘다.	이 기술은 우발적인 상황에서 아이들이 줄을 서 있는 다른 아이들과 같은 속도로 걷고 일정한 거리를 유지하도록 함으로써 연습할 수 있다. 산책을 나가서 다른 아이들과 보조를 맞춰 걷는 아이들을 멈추게 하고 강화를 주는 것도 이 기술을 연습하는 데 도움이 될 수 있다. 활동: 29, 40
CG 15	노래, 책 또는 놀이 활동에서 나오는 단어나 동작을 반복한다.	노래나 활동에 적극적으로 참여하지 않는 아동의 경우, 필요한 단어나 행동 중 일부를 미리 가르치거나 적극적으로 참여할 수 있도록 강화를 제공해야 한다. 시각적 자료를 사용하는 것도 도움이 될 수 있다. 예를 들어, 『꼬마 원숭이가 다섯 마리가 침대에서 팔짝팔짝(Five Little Monkeys Jumping on the Bed)』의 경우에 원숭이 사진을 침대에 벨크로로 붙인 후에 그룹이 노래를 부를 때 떼어낼 수 있도록 준비해 둔다. 활동: 1, 6, 8, 11, 17, 22, 25, 32, 33

CG 16	친구 중 일부는 다른 규칙이나 일정을 따르기도 한다는 것을 받아들인다.	아이들마다 다른 규칙이 필요한 경우가 있다. 어떤 아이는 더 많은 휴식이 필요할 수 있고, 어떤 아이는 다른 유형의 강화가 필요할 수 있다. 교사들은 가능한 한 이러한 차이를 최소화하기 위해 노력해야 한다. 이를 차이점에 대한 수업에 통합하는 것이 도움이 될 수 있다. 차이에 관한 다양한 시중의 서적을 사용하여 이를 수정하거나, 차이를 이해하는 활동의 출발점으로 삼을 수 있다. 수업 중 연습에서는 모든 아동에게 동일한 과제를 주되, 일부 아동은 마커를 사용해야 하고, 일부 아동은 크레파스를 사용해야 하며, 다른 아동은 물감을 사용해야 하는 미술 프로젝트를 수행할 수 있다. 다른 아이들이 왜 다른 자료, 규칙 또는 일정을 사용하는지 묻는 아동에게 모든 교사가 일관되고 정해진 답변을 하는 것이 필요하다.
CG 17	다른 사람의 소유물을 사용하기 위해 허락을 구한다.	이 기술은 기회가 생길 때 우발적으로 다룰 수 있다. 혹은 아이들이 공유할 물건을 가져오는 활동을 만들어 다룰 수도 있다. 아이들이 테이블이나 한 공간에서 함께 장난감을 가지고 놀 수 있도록 특정 시간을 따로 정할 수 있다. 그런 다음에 아이들은 번갈아 가며 다른 아이들의 장난감을 사용할 수 있는지 허락을 구할 수 있다. 마찬가지로 미술 활동, 색깔 점토 활동 또는 다양한 재료를 사용하는 활동 중에 각 아동에게 특정한 물품을 담당하게 할 수 있으며, 다른 아동들은 해당 재료를 사용하기 전에 물어보아야 한다. 예를 들어, 미술 활동 중에 한 아동은 마커를, 다른 아동은 가위를, 세 번째 아동은 풀을 담당할 수 있다.
CG 18	교사가 주도하는 소그룹 체험 학습에 최소 10분 이상 참여한다.	이 기술은 다양한 실제 활동(예: 미술 프로젝트, 간단한 활동지) 중에 우발적으로 연습할 수 있다. 일부 아동의 경우, 교사가 지도하는 활동에 참여하는 시간을 체계적으로 늘리는 것이 필요하다. 성공적인 참여를 위해 아동이 적절하게 할 수 있는 시간만큼만 교사 주도 활동에 참여하게 한 다음에 천천히 시간을 늘리는 것이 좋다. 아이가 과제에서 벗어난 행동을 보였을 때 교사 주도 활동을 끝내지 말고, 긍정적인 행동(예: 나가기 요청, 과제를 성공적으로 완료)을 보일 때 활동을 끝내는 것이 중요하다. 교사가 주도하는 활동에 참여하는 것에 대한 체계적인 강화 계획을 사용하는 것도 많은 아동에게 도움이 될 수 있다. 활동: 33, 42~44

CG 19	최소 10분 동안 조용히 그룹에 앉아 있는다.	이 기술은 대부분의 유치원 교실에서 흔히 볼 수 있는 일일 이야기 나누기 시간에서 우발적으로 연습할 수 있다. 일부 아동의 경우에는 이야기 나누기 시간 참석을 체계적으로 늘리는 것이 필요할 수 있다. 성공적인 참여를 위해 아동이 적절하게 할 수 있는 시간 동안만 참여하게 한 다음에 천천히 시간을 늘리는 것이 좋다. 아이가 과제를 벗어난 행동을 보였을 때 이야기 나누기 시간을 끝내지 말고, 긍정적인 행동(예: 나가기 요청, 과제를 성공적으로 완료)을 보였을 때 이야기 나누기 시간을 끝내는 것이 중요하다. 조용히 앉아 있는 것에 대한 체계적인 강화 계획을 사용하는 것도 많은 아동에게 도움이 될 수 있다.
CG 20	교사가 주도하는 소그룹 듣기 활동에 최소 10분 이상 참여한다.	이 기술은 소그룹 듣기 활동 중에 우발적으로 연습할 수 있다. 일부 아동은 듣기 활동에 참여하는 시간을 체계적으로 늘려야 할 수도 있다. 성공적인 참여를 위해 아동이 적절하게 할 수 있는 시간만큼만 참여하도록 한 다음에 천천히 시간을 늘리는 것이 좋다. 아이가 과제를 벗어난 행동을 보였을 때 듣기 활동을 끝내지 말고, 긍정적인 행동(예: 질문에 올바르게 답하기)을 보였을 때 활동을 끝내는 것이 중요하다. 교사가 주도하는 활동에 참여하는 것에 대한 체계적인 강화 계획을 사용하는 것도 많은 아동에게 도움이 될 수 있다. 활동: 13, 15, 24, 26, 30, 33, 34, 37, 39, 44
CG 21	교사 또는 또래 주도 활동에서 다른 아동들과 함께 반응한다.	이 기술은 아이들이 질문에 대한 답을 말하거나 '빈칸 채우기'를 하도록 지시하는 활동 중에 가르칠 수 있다. 예를 들어, 교사가 친숙한 이야기를 읽거나 시를 낭송한 후에 특정 부분에서 멈추고 아이가 다음 단어나 구를 채우도록 할 수 있다. 일부 아동에게는 먼저 교사와 1:1로 특정 질문, 지시 또는 멈춤에 반응하는 연습을 한 다음에 그룹 환경으로 일반화해야 할 수도 있다. 또래와 함께 반응하기 위한 체계적인 강화 계획을 사용하는 것도 일부 아동에게 도움이 될 수 있다. 활동: 4, 11, 16, 22, 25, 32~34, 46
CG 22	그룹에서 기본적인 2~3단계 지시를 따른다.	많은 활동에서 아이들은 여러 단계의 지시를 따라야 한다. 이 기술은 하루 종일 여러 번 목표로 삼을 수 있다. 일부 아동은 직접적인 지시 형식으로 시작한 다음에 자연스럽게 발생하는 상황으로 일반화해야 한다. 좀 더 자연스러운 상황에서도 1단계 지시부터 시작하여 2단계 지시, 3단계 지시를 목

		표로 하는 등 체계적으로 지시의 복잡성을 높여야 할 수도 있다. 일부 아동에게는 몇 가지 특정 활동과 각 활동 내에서 일련의 지시를 목표로 삼아야 할 수도 있다. 체계적인 촉구 및 외적 강화 절차도 일부 아동에게 도움이 될 수 있다. 활동: 11, 47 수업 계획: 교실 지침 따르기
CG 23	친구에게 물건을 전달한다(예: 자료 나눠 주기, 공유 물건을 돌아가며 보고 다음 사람에게 전달하기).	이 기술은 아동이 또래에게 자료를 나눠 주는 과제를 부여함으로써 다룰 수 있다(예: 미술 프로젝트 중에 종이와 크레파스를 나눠 주기, 간식 시간 중에 휴지 나눠 주기). 재료를 전달하는 것은 아동이 돌아가며 무언가를 옆의 아동에게 전달하는 그룹 활동 중에도 이루어질 수 있다. 자료를 전달할 때 다른 아동과 눈을 마주치고, 다른 아동의 이름을 사용하거나 적절한 방법으로 아동의 주의를 끌도록 하는 것이 중요하다. 체계적인 촉구 및 강화 절차도 일부 아동에게 도움이 될 수 있다. 일부 아동에게는 예상되는 것을 시각적으로 보여 주는 것도 도움이 될 수 있다(예: 크레파스를 가져와서 각 친구에게 원하는 색이 무엇인지 물어본 후에 요청하는 색을 주는 것). 활동: 8, 25, 39, 47

	항목	일반적인 중재 아이디어
	비언어적인 사회적 언어	
NV 1	비언어적 상호작용에 반응한다 (예: 하이파이브, 손 흔들기, 엄지 척, 주먹 부딪히기, 미소).	이 기술은 아이가 다른 사람의 비언어적 지시에 반응해야 하는 다양한 대화형 게임에서 다룰 수 있다. 아이가 항상 다른 사람의 사회적 시작 행동에 반응하도록 하는 것이 중요하다. 처음에는 일부 아동에게 체계적인 촉구나 외적 강화가 필요할 수 있다. 또한 일부 아동은 한 번에 한두 번만 비언어적 상호작용을 해야 할 수도 있다. 활동: 22, 35
NV 2	적절하게 성인 또는 친구들과 비언어적 상호작용을 시작한다 (예: 하이파이브, 손 흔들기, 엄지 척, 주먹 부딪히기, 미소).	NV 2와 마찬가지로 이 기술은 다양한 대화형 게임에서 다룰 수 있다. 예를 들어, 아이들이 번갈아 가며 특정한 비언어적 상호작용을 보여 주는 카드를 골라 또래에게 다가가 이 행동을 하도록 지시할 수 있다. 처음에 일부 아동에게는 체계적인 촉구나 외적 강화가 필요할 수 있다. 또한 일부 아동은 한 번에 한두 가지의 비언어적 상호작용만 목표로 삼아야 할 수도 있다. 활동: 22, 29, 35
NV 3	말이 없는 동작을 식별한다(예: 몸으로 말해요 게임).	이 기술은 아이들이 번갈아 가며 무언가를 연기하는 동안에 다른 아이들이 그 사람이 무엇을 하고 있는지 추측하는 게임과 같은 다양한 단어 추측 게임에서 다룰 수 있다. 아이들이 보다 기본적인 대상(예: 동물, 간단한 행동)을 식별하는 방법을 배우면 더 복잡하거나 추상적인 대상(예: 감정, 사회적 상호작용)을 도입할 수 있다. 시각적 지원을 사용하는 것은 행동을 하는 아이와 그 행동을 추측하려는 아이에게 유용할 수 있다. 활동: 4
NV 4	그 사람과 보낸 시간, 관계 및 친숙함에 따라 적절한 수준의 애정을 보여 준다(예: 껴안고, 친구와 하이파이브를 하고, 낯선 사람에게 먼저 말을 걸지 않는 것).	이 기술은 기회가 있을 때 우발적으로 다룰 수 있지만, 더 직접적인 교육이 필요한 아동들도 있다. 시중에서 판매되는 책과 자료는 다양한 관계에서 적절하게 애정을 표현하는 방법을 가르치는 데 도움이 될 수 있다. 이 기술은 다양한 대화형 게임에도 적용될 수 있다. 예를 들어, 아이들이 번갈아 가며 특정한 애정 표현을 보여 주는 카드를 골라 또래에게 다가가 이 상호작용에 참여하도록 요청할 수 있다. 또는 아동이 친구, 부모, 교사, 지역사회 직업군 등 다양한 사람이 되어 역할극을 하고 다른 아이가 가장 적절한 애정 표현을 찾아내도록 할 수 있다.

CG

NV

151

NV 5	기본적인 몸짓과 비언어적 단서를 따른다(예: 손동작에 따라 멈추거나 다가옴).	이 기술은 아이들이 서로 지시를 내리고 따르는 다양한 활동에 통합하거나 단어 추측 게임과 같은 게임에 통합할 수 있다. 단, 서로에게 말로 지시를 내리는 대신에 아이들은 말을 사용하지 않고 지시를 내려야만 한다. 또한 교사는 언어적 지시와 비언어적 지시를 섞어야 할 수도 있다. 어떤 아동들은 한 번에 한두 가지의 몸짓이나 비언어적 단서만 목표로 해야 할 수도 있다. 활동: 4, 10, 18, 27, 29, 32, 38, 47
NV 6	다른 사람의 신체 언어, 행동 또는 시선에 따라 자신의 행동을 수정한다.	이 기술의 선행 조건으로 아이들이 언어적 피드백을 받았을 때 자신의 행동을 수정할 수 있어야 한다. 이 기술은 교사가 언어적 지시 대신에 목표에 알맞은 몸짓이나 행동을 사용하도록 함으로써 교사가 주도하는 모든 활동에 도입될 수 있다. 활동을 주도하는 아동은 활동을 시작하기 전에 교사의 신호를 기다리도록 가르친다. 일부 아동에게는 한 번에 한두 가지 유형의 신체 언어만 사용해야 할 수도 있다. 또한 일부 아동은 체계적인 촉구나 외적 강화를 사용해야 할 수도 있다. 활동: 8, 18, 21, 29

제5장

사회성 기술을
가르치기 위한 활동

 어린아이들은 놀이를 통해 가장 효율적이고 효과적으로, 또 즐겁게 배운다. 이러한 특성은 사회성 기술과 관련해서 특히 그렇다. 유기적인 놀이를 통해 사회성 기술을 발달시키기 어려운 아이들은 체계적이고 전략적인 게임과 활동을 통해 진전을 이룬다. 우리의 경험에 따르면 아이들은 체계적이고 전략적인 게임을 매우 좋아하고, 그룹의 리더들도 이러한 게임을 가르치는 것을 즐긴다. 그리고 가장 중요한 것은 이 게임들이 효과적이라는 것이다.

 이 장에는 필요에 따라 그룹, 짝, 또는 개별 활동을 기반으로 다양한 사회성 기술을 가르칠 수 있는 50가지 활동이 있다. 이 활동들은 우리가 아이들과 함께 작업하면서 만들거나 수정한 익숙한 게임들과 다른 교사와 동료들이 새롭게 만든 게임으로 구성되어 있다. 게임들은 어렵지 않기 때문에 부모는 자녀와 함께 이 게임들을 사용해서 재미있고 익숙한 형식으로 집에서 사회성 기술을 연습할 수 있다.

 사회성 기술 그룹에 가장 적절한 활동을 선택하기 위해 먼저 아이마다 개별 Socially Savvy 체크리스트를 작성한다. 그룹 내에서 필요한 공통 영역이 자주 드러난다. 예를 들어, 그룹에서 절반의 아이들은 SL 16(대화를 유지하기 위해 3~4회 정도 질문에 대답하거나 질문하거나 의견을 말한다)를 연습할 필요가 있는 반면, 절반 정도는 SR 10(도전적인 행동을 하지 않고 자신이나 다른 사람의 실수에 대처한다)을 연습할 필요가 있을 수 있다.

 일단 공통의 목표 세트를 확인하면 해당 목표에 맞고 그룹에 적합한 게임을 선택한다. '너에 대한 모든 것'(활동 13)이나 '주제에 맞는 이야기하기 ①'(활동 48) 같은 게임은 대화 기술을 연습하는 재미있는 활동이 될 수 있고, '무엇이 달라졌을까'(활동 2)나 '대장을 찾아라'(활동 7)는 실수를 다루는 기술을 연습할 수 있다. 만약에 그룹 내 아이들이 매우 다른 도움이 필요하거나 한두 명의 아이가 다른 아이들에게는 없는 기술 결핍을 보인다면 여러 가지 사회성 기술을 다루는 게임이나 활동을 선택한다. 예를 들어, 모든 아이가 CG 10(교사가 부를 때까지 그룹에서 자리를 지킨다)을 연습할 필요가 있는데, 한 아이가 SP 9(또래가 요청하면 하던 것을 멈춘다)를 연습할 필요가 있다면 두 개의 기술을 모두 연습할 수 있는 '범주 게임'(활동 27)이나 '장애물 코스'(활동 29)와 같은 게임을 선택할 수 있겠다.

각 활동에 대한 설명에는 해당 활동의 목표가 되는 사회성 기술 목록과 놀이 방법, 활동의 난이도를 높이거나 낮출 수 있는 응용이 있다. 각 게임에 필요한 준비물 목록과 게임을 할 수 있는 시간과 장소에 대한 권장 사항도 제공한다. 대부분의 게임은 많은 준비물이 필요하지 않고, 거의 모든 장소에서 진행할 수 있다. 가끔 어떤 아이들에게는 특수한 고려 사항이 필요한 게임들도 있어서 선생님을 위한 팁도 제공한다. 우리의 게임 목록은 광범위하지만 완전한 것은 아니다. 다른 게임과 활동도 효과적일 수 있으며, 시간이 지나면서 여기에 제공된 게임을 수정하는 방법도 찾을 수 있을 것이다.

활동 1: 오리-오리-동물

사회성 기술

● 사회적 놀이

SP 8(활동이 끝날 때까지 그룹과 함께 야외 게임하기), SP 19(한 사람이 술래가 되는 게임을 적절하게 하기), SP 20(게임 규칙이 변화되었을 때 따르거나 또래의 새로운 아이디어를 받아들일 때 유연성 보여 주기), SP 24(이겼을 때 지나치게 자랑하는 말이나 몸짓 사용하지 않기)

● 자기 조절

SR 1(새로운 과제나 활동에 대한 유연성 보여 주기), SR 7(계획과 다른 상황이 발생했을 때 유연성을 발휘하기), SR 11(자신과 다른 사람의 공간에 대한 인식 보여 주기)

● 교실 · 그룹 행동

CG 15(노래, 책 또는 놀이 활동에서 나오는 단어나 동작 반복하기)

준비물

아이들이 선택할 수 있는 다양한 동물 그림 카드

활동 시간 및 장소

신체 놀이 시간, 놀이터, 체육관

방법

- 이 게임은 오리-오리-거위[1]와 같은 방법으로 진행된다.
- 선생님이 먼저 술래의 역할을 하면서 게임을 어떻게 하는지 시범을 보여 준다.
- 술래는 원래대로 친구의 머리를 가볍게 치며 "오리, 오리"를 반복하다가 '거위' 대신에 다른 동물의 이름을 말한다.
- 다른 동물로 선택된 아이는 달아나는 술래를 잡으려고 할 때, 그 동물처럼 행동해야

한다. 예를 들어, 만약 술래가 "오리-오리-토끼"라고 말하면, 토끼처럼 깡충거리며 뛰어야 한다.

- 술래가 자신이 앉았던 자리에 앉을 때까지 잡지 못하면 그 아이가 술래가 된다.
- 술래가 잡히면 한 번 더 술래를 한다.

> ## 응용

- 동물 범주를 이용해 게임을 한다(예: 날아다니는 동물, 동물원에서 볼 수 있는 동물, 바다 동물).

선생님을 위한 팁
가끔 동물을 생각해 내는 것을 어려워하는 아이들이 있을 수 있다. 이런 아이를 위해 '수수께끼 동물 상자'를 근처에 두고 자기 차례가 되기 전에 상자에서 동물을 고를 수 있게 한다.

---

1 역자 주: 이 놀이는 수건돌리기와 비슷한 방식이지만 수건 없이 진행된다. 술래가 원을 돌며 앉아 있는 아이들의 머리를 손으로 가볍게 치면서 '오리'라고 몇 차례 반복한다. 원하는 아이의 머리를 치면서 '거위'라고 말하면 그 아이는 일어나 술래를 잡으려고 한다. 술래가 한 바퀴를 돌아 빈자리에 앉으면, 거위로 지목된 아이가 술래가 되고, 술래가 잡히면 다시 한번 술래를 한다.

활동 2: 무엇이 달라졌을까

사회성 기술

● **사회적 놀이**

SP 7(구조화된 게임의 일부로 순서를 주고받으며 게임이 끝날 때까지 계속 주의를 집중하기)

● **자기 조절**

SR 3(말하기 전에 손을 들고 호명되기를 기다리기), SR 9(도전적인 행동을 하지 않고 피드백
및 수정에 따르기), SR 10(도전적인 행동을 하지 않고 자신이나 다른 사람의 실수에 대처하기),
SR 15(새롭거나 어려운 활동을 하는 동안에 도움 요청하기)

● **사회적 언어**

SL 4(또래를 이름으로 부르기), SL 7(다른 사람이 공유한 물건이나 정보에 대해 구체적인 질문
을 하기), SL 9(듣는 사람의 주의를 적절하게 끌기), SL 18(말할 때 몸과 시선이 상대방 향하기),
SL 19(들을 때 몸과 시선이 상대방 향하기), SL 22(사회적 상호작용 중에 문제가 생겼을 때 이를
수정하거나 명확히 하기)

● **교실 · 그룹 행동**

CG 9(자발적으로 또는 요청을 받았을 때 다른 사람 돕기)

준비물

없음

활동 시간 및 장소

이야기 나누기 시간, 전환 시간, 대기 시간

- 아이 한 명이 교실을 나가서 외모에 변화를 준다(예: 바지를 걷어 올리거나 티셔츠를 뒤집어 입기).
- 그러고 난 다음 교실 안으로 돌아와 교실 중앙에 선다.
- 아이들은 정답을 맞히기 위해 손을 들고 호명을 기다린다.
- 교실 중앙에 있는 아이가 정답을 말할 아이를 호명한다.
- 정답을 말한 아이가 교실을 나가 자신의 외모에 변화를 줄 기회를 얻는다.
- 선생님이 먼저 게임을 어떻게 하는지 시범을 보여 주어야 한다.

선생님을 위한 팁

아이가 교실을 나가기 전에 교실에 있는 아이들이 그 아이를 자세히 살펴보도록 한다. 그 아이가 무엇을 입고 있는지 언급한다. 교실을 나가는 아이가 언어 능력이 있다면 교실을 나가기 전에 자신의 옷차림을 설명하게 한다(예: "나는 원숭이가 그려진 긴소매 티셔츠랑 긴 바지, 발목 양말, 실내화를 발에 맞게 신고 있어. 손이나 머리에는 아무것도 없어.").

이 게임을 처음 할 때는 분명한 변화를 주어야 한다(예: 실내화 벗기). 아이들이 게임에 익숙해지면 더 미묘하게 변화를 줄 수 있다(예: 머리 스타일 일부를 바꾸기).

활동 3: 담요 속 원숭이

사회성 기술

● 사회적 놀이

SP 7(구조화된 게임의 일부로 순서를 주고받으며 게임이 끝날 때까지 계속 주의를 집중하기)

● 자기 조절

SR 3(말하기 전에 손을 들고 호명되기를 기다리기), SR 9(도전적인 행동을 하지 않고 피드백 및 수정에 따르기), SR 10(도전적인 행동을 하지 않고 자신이나 다른 사람의 실수에 대처하기)

● 사회적 언어

SL 4(또래를 이름으로 부르기), SL 18(말할 때 몸과 시선이 상대방 향하기)

준비물

담요나 얇은 천

활동 시간 및 장소

이야기 나누기 시간, 신체 놀이 시간, 비 오는 날

방법

- 아이들을 두 팀으로 나눈다.
- 한 팀은 교실 밖으로 나간다.
- 남은 팀은 담요 안에 숨을 아이를 정한다.
- 나갔던 팀에게 교실로 돌아와서 담요 안에 누가 있는지 맞혀 보라고 한다.
- 교실에 있던 팀원 중 한 명이 정답을 말할 아이를 지명하는 역할을 맡는다.
- 정답을 맞히고 싶은 아이는 호명되기 위해 손을 든다.
- 나갔던 팀의 팀원이 정답을 맞히면 서로 역할을 바꾼다.

이 게임을 할 때는 팀의 규모를 생각해야 한다. 이 게임은 팀원이 많을수록 더 재미있다. 그러나 친구들을 모르는 아이들과 함께라면 게임이 소규모로 진행되더라도 어려울 수 있다.

누가 담요 안에 있는지 알아내기 위한 전략으로 아이들이 교실을 나가기 전에 한 아이에게 상대방 팀원의 이름을 모두 말하게 한다. 그리고 다시 교실로 돌아와서 보이는 모든 아이의 이름을 말하게 한다.

활동 4: 몸으로 말해요

● 공동주의

JA 9(자신이나 다른 사람이 하고 있는 행동에 대해 언급하기)

● 사회적 놀이

SP 7(구조화된 게임의 일부로 순서를 주고받으며 게임이 끝날 때까지 계속 주의를 집중하기), SP 20(게임 규칙이 변경되었을 때 따르거나 또래의 새로운 아이디어를 받아들일 때 유연성 보여 주기)

● 자기 조절

SR 3(말하기 전에 손을 들고 호명되기를 기다리기), SR 9(도전적인 행동을 하지 않고 피드백 및 수정에 따르기), SR 10(도전적인 행동을 하지 않고 자신이나 다른 사람의 실수에 대처하기), SR 15(새롭거나 어려운 활동을 하는 동안 도움 요청하기)

● 사회적 · 정서적 기술

SE 1(다른 사람과 자신의 감정 인식하기), SE 2(질문을 받으면 자신과 타인의 감정 상태에 대해 간단히 설명하기), SE 3(다른 사람에 대한 공감 나타내기)

● 사회적 언어

SL 4(또래를 이름으로 부르기), SL 7(다른 사람이 공유한 물건이나 정보에 대해 구체적인 질문을 하기), SL 9(듣는 사람의 주의를 적절하게 끌기), SL 18(말할 때 몸과 시선이 상대방 향하기)

● 교실 · 그룹 행동

CG 9(자발적으로 또는 요청을 받았을 때 다른 사람 돕기), CG 21(교사 또는 또래 주도 활동에서 다른 아동들과 함께 반응하기)

● 비언어적인 사회적 언어

NV 3(말이 없는 동작을 식별하기), NV 5(기본적인 몸짓과 비언어적 단서 따르기)

준비물

다양한 개념, 동작, 동물 등의 그림이 있는 카드

이야기 나누기 시간, 도움을 줄 성인이 있는 자유 선택 활동 시간

방법

- 아이들은 순서대로 카드를 고른다. 그리고 말을 하지 않고 카드에 무엇이 있는지 몸으로 표현한다.
- 다른 아이들은 손을 들고 문제를 낸 아이가 호명하면 정답을 말한다.
- 선생님과 보조 선생님이 카드에 있는 그림을 어떻게 몸으로 표현하고 맞히는지 먼저 시범을 보여 준다.

응용

- 손을 들고 호명을 기다리는 대신에 일제히 정답을 외친다.
- 선생님이 정답을 말할 아이를 호명한다.
- 문제를 내는 아이는 아이들이 제시한 답에 말로 피드백을 하기보다는 몸짓을 사용해서 피드백한다.
- 감정 및/또는 특정한 감정을 유발할 수 있는 상황을 몸으로 표현한다. 또 선생님은 문제를 내는 아이가 표현한 감정에 어떻게 반응해야 하는지 아이들에게 연기를 시킬 수 있다.

선생님을 위한 팁

아이들에게 특정한 순서로 카드를 제공한다면 이 게임을 더 쉽게 가르칠 수 있다. 예를 들면, 이 게임은 먼저 동물로 가르칠 수 있다(아이들은 동물 소리를 사용할 수 있음). 그다음은 (언어적 단서 제공없이) 오직 동작을 맞히고, 이후에 개념이나 직업과 같이 더 어려운 것을 맞힌다. 여기서부터 아이들이 주어진 범주에서 벗어나 자신만의 아이디어를 생각해 낼 수도 있다. 그러나 일반적으로 아이들은 서서히 더 복잡한 동작으로(그리고 언어적 단서에 덜 의존하며) 들어간다면 그 개념을 더 잘 이해한다.

활동 5: 동물 맞히기 게임

사회성 기술

● **사회적 놀이**

SP 7(구조화된 게임의 일부로 순서를 주고받으며 게임이 끝날 때까지 계속 주의를 집중하기), SP 20(게임 규칙이 변경되었을 때 따르거나 또래의 새로운 아이디어를 받아들일 때 유연성 보여주기)

● **자기 조절**

SR 3(말하기 전에 손을 들고 호명되기를 기다리기), SR 9(도전적인 행동을 하지 않고 피드백 및 수정에 따르기), SR 10(도전적인 행동을 하지 않고 자신이나 다른 사람의 실수에 대처하기), SR 15(새롭거나 어려운 활동을 하는 동안 도움 요청하기)

● **사회적 · 정서적 기술**

SE 1(다른 사람과 자신의 감정 인식하기), SE 2(질문을 받으면 자신과 타인의 감정 상태에 대해 간단히 설명하기)

● **사회적 언어**

SL 4(또래를 이름으로 부르기), SL 7(다른 사람이 공유한 물건이나 정보에 대해 구체적인 질문하기), SL 10(다른 사람의 시작 행동에 반응하기), SL 18(말할 때 몸과 시선이 상대방 향하기), SL 19(들을 때 몸과 시선이 상대방 향하기), SL 22(사회적 상호작용 중에 문제가 생겼을 때 이를 수정하거나 명확히 하기)

● **교실 · 그룹 행동**

CG 9(자발적으로 또는 요청을 받았을 때 다른 사람 돕기)

준비물

동물 그림, 질문에 대한 단서를 제공해 주는 시각 자료(예: "이 동물은 날개가 있니?" "이 동물은 농장에서 사니?")

이야기 나누기 시간, 도움을 줄 성인이 있는 자유 선택 활동 시간

방법

- 한 아이 등에 동물 그림을 테이프로 붙인다.
- 친구들로부터 자신의 등에 어떤 동물이 있는지 알아내기 위해 '예' 또는 '아니요'로 대답할 수 있는 질문을 한다(예: "이 동물은 '음메' 하고 우니?").
- 질문을 받은 아이들은 '예' 또는 '아니요'로만 대답할 수 있다.

응용

- 직업이나 다양한 개념 등의 그림을 사용한다.
- 다양한 감정 그림을 사용하고, "만약 ＿＿＿＿＿＿한다면 이런 기분이 들까?"와 같은 질문을 한다.
- 아이 모두의 등에 그림을 붙이고 돌아다니면서 서로에게 질문을 한다.

선생님을 위한 팁

이 게임에서 어떤 질문을 할지 생각해 내는 것이 많은 아이에게 가장 어려운 부분일 수 있다. 시각 자료는 질문을 더 잘 생각해 낼 수 있도록 도와준다. 예를 들어, 시각 자료에는 동물들이 사는 곳(예: 농장, 바다, 정글), 동물이 내는 소리, 동물의 색깔 또는 동물의 생김새(예: 점, 줄무늬, 긴 목) 등을 포함할 수 있다.

활동 6: 귓속말 게임

사회성 기술

● **사회적 놀이**

SP 7(구조화된 게임의 일부로 순서를 주고받으며 게임이 끝날 때까지 계속 주의를 집중하기)

● **자기 조절**

SR 14(도전적인 행동을 하지 않고 자신을 옹호하기)

● **교실 · 그룹 행동**

CG 15(노래, 책 또는 놀이 활동에서 나오는 단어나 동작 반복하기)

준비물

없음

활동 시간 및 장소

이야기 나누기 시간, 전환 시간, 대기 시간

방법

- 아이들은 둥글게 또는 한 줄로 앉는다.
- 게임을 시작할 아이를 정한다.
- 그 아이가 옆에 있는 친구에게 귓속말로 단어를 전달한다.
- 그러면 두 번째 아이가 자신이 들은 단어를 반대편 아이에게 속삭이고, 그런 식으로 마지막 아이에게 단어가 전달될 때까지 한다.
- 마지막 아이는 자신이 들은 단어를 큰 소리로 말한다.
- 게임을 시작한 아이가 자신이 말한 단어를 큰 소리로 말한다.
- 아이들은 단어가 일치하는지, 연쇄적인 전달에 실패해 중간에 바뀌었는지 판단한다.

- 처음 시작하는 아이가 글자(ㄱ, ㄴ, ㄷ…… 또는 가, 나, 다……)나 숫자 하나를 말하면 다른 아이들은 그다음 글자나 숫자를 말해야 한다.
- 처음 시작하는 아이가 어느 범주에 있는 단어를 말하면 다른 아이들도 같은 범주에 있는 단어를 말해야 한다. 예를 들어, 교통수단을 말했다면 전달하는 모든 아이는 교통수단 범주에 있는 단어를 선택해야 한다.

선생님을 위한 팁

이 게임은 어디에서든 할 수 있지만, 처음에는 소음과 주의를 방해하지 않는 환경에서 하는 것이 가장 좋다.

활동 7: 대장을 찾아라

사회성 기술

● 사회적 놀이

SP 7(구조화된 게임의 일부로 순서를 주고받으며 게임이 끝날 때까지 계속 주의를 집중하기)

● 자기 조절

SR 9(도전적인 행동을 하지 않고 피드백 및 수정에 따르기), SR 10(도전적인 행동을 하지 않고 자신이나 다른 사람의 실수에 대처하기)

● 사회적 언어

SL 4(또래를 이름으로 부르기), SL 10(다른 사람의 시작 행동에 반응하기)

준비물

다양한 동작을 나타내는 그림 카드, 아이들이 대장을 정하는 동안에 대장을 찾을 아이가 있을 만한 장소(복도)

활동 시간 및 장소

이야기 나누기 시간, 긴 수업 중간의 쉬는 시간

방법

- 아이들은 둥글게 모여 앉는다.
- 선생님이 주도하는 워밍업 활동으로 시작한다. 선생님이 하나의 몸동작이나 동작 패턴(예: 다리를 두드리기, 코 만지기, 손뼉 치기)을 시작하면 아이들은 따라 한다.
- 게임을 시작하기 전에 이 게임의 방법이나 목적을 다시 설명한다.
- 대장을 찾을 아이를 정하고 교실 밖으로 나가게 한다.
- 누가 대장을 할지 정한다.

- 대장이 간단한 몸동작이나 동작 패턴을 시작하면 아이들이 그 동작을 따라 한다.
- 대장을 찾을 아이를 교실로 다시 부른다.
- 누가 대장인지 정답을 말할 기회를 3번 준다.
- 대장을 맞힐 아이가 대장이 누구인지 더 잘 알아차릴 수 있도록 30~60초마다 몸동작이나 동작 패턴을 바꿔야 한다.
- 다른 아이들도 차례가 될 수 있게 반복하거나, 대장을 찾은 아이가 대장이 된다.

선생님을 위한 팁

이 게임을 가르치는 과정에서 대장은 어떻게 또는 언제 동작을 바꿀지 확신하기 어려울 때가 있다. 동작 카드(예: 박수 치기, 다리 두드리기, 머리 만지기)는 대장이 다양한 동작을 시범 보이고, 적절한 때에 동작을 바꿀 수 있도록 도와준다.

활동 8: 공을 굴려라

사회성 기술

● **공동주의**

JA 1(물건이 제시될 때 그 방향 쳐다보기), JA 4(사회적 상호작용을 유지하기 위해 응시하기), JA 6(다른 사람의 시선을 따라 물체 추적하기)

● **사회적 놀이**

SP 7(구조화된 게임의 일부로 순서를 주고받으며 게임이 끝날 때까지 계속 주의를 집중하기), SP 20(게임 규칙이 변경되었을 때 따르거나 또래의 새로운 아이디어를 받아들일 때 유연성 보여 주기)

● **자기 조절**

SR 11(자신과 다른 사람의 공간에 대한 인식 보여 주기), SR 18(말할 때 대화에 적절한 목소리 크기와 어조 사용하기)

● **사회적 언어**

SL 1(만날 때 혹은 헤어질 때 나누는 인사에 반응하기), SL 2(대상을 지정하여 지시하면 따르기), SL 3(만날 때 혹은 헤어질 때 나누는 인사를 먼저 하기), SL 4(또래를 이름으로 부르기), SL 5(사회적 질문에 대답하기), SL 6(사회적 질문하기), SL 10(다른 사람의 시작 행동에 반응하기), SL 18(말할 때 몸과 시선이 상대방 향하기), SL 19(들을 때 몸과 시선이 상대방 향하기)

● **교실 · 그룹 행동**

CG 15(노래, 책 또는 놀이 활동에서 나오는 단어나 동작을 반복하기), CG 22(그룹에서 기본적인 2~3단계 지시 따르기)

● **비언어적인 사회적 언어**

NV 6(다른 사람의 신체 언어, 행동 또는 시선에 따라 자신의 행동 수정하기)

준비물

공

이야기 나누기 시간, 아이들을 집중시키기 위한 활동 초반

방법

- 아이들은 둥글게 모여 앉는다.
- 아이마다 한 번씩 다른 아이에게 공을 굴릴 기회를 준다.
- 아이들은 모두 공을 굴릴 아이를 쳐다봐야 한다. 그리고 공을 굴리기 전에 그 아이가 자신을 쳐다볼 때까지 기다린다.
- 공을 받은 아이는 자신에게 공을 보낸 아이의 이름을 말해야 한다.
- 원을 여러 번 돌면서 게임을 진행하거나, 공을 굴리거나 받은 아이는 이미 했음을 나타내기 위해서 일어서거나 눕는다.

응용

- 이름을 속삭이게 하거나 크게 외치게 한다.
- 타이머를 사용해서 아이들이 빠르게 공을 전달하고 이름을 말하여 '타이머를 이겨' 보도록 한다.
- 공을 가지고 있는 아이가 다른 아이의 이름을 불러 그 아이와 눈이 마주치면 공을 굴린다.
- 공을 가지고 있는 아이가 다른 아이의 이름을 불러 사회적인 질문(예: "제일 좋아하는 색이 뭐야?")을 한 다음에 그 아이가 대답하면 공을 굴린다.

활동 9: 얼음땡

사회성 기술

● **사회적 놀이**

SP 8(활동이 끝날 때까지 그룹과 함께 야외 게임하기), SP 16(게임에서 지거나 탈락하는 것 받아들이기), SP 19(한 사람이 술래가 되는 게임 적절하게 하기), SP 20(게임 규칙이 변경되었을 때 따르거나 또래의 새로운 아이디어를 받아들일 때 유연성 보여 주기)

● **자기 조절**

SR 11(자신과 다른 사람의 공간에 대한 인식 보여 주기), SR 15(새롭거나 어려운 활동을 하는 동안 도움 요청하기)

● **사회적 언어**

SL 4(또래를 이름으로 부르기), SL 9(듣는 사람의 주의를 적절하게 끌기), SL 10(다른 사람의 시작 행동에 반응하기)

● **교실 · 그룹 행동**

CG 9(자발적으로 또는 요청을 받았을 때 다른 사람 돕기)

준비물

없음

활동 시간 및 장소

놀이터, 체육관

방법

• 술래 한 명을 정한다.

- 술래는 아이들을 잡으려고 한다.
- 술래한테 잡히면 얼음이 되어 움직이지 못한다.
- 아이들이 얼음이 된 아이를 쳐서 풀어 주거나, 얼음이 된 아이들을 풀어 주는 역할을 하는 아이를 정할 수 있다.
- 모든 아이가 술래가 될 때까지 몇 분마다 술래를 바꾸어야 한다.
- 장소에 따라 놀이 공간의 경계를 명확하게 정해야 한다.

응용

- 얼음이 된 아이는 선생님이 정한 범주에 맞는 단어를 외쳐야 움직일 수 있다(예: 색, 동물, 노래).
- 얼음이 된 아이는 잡히지 않은 아이의 이름을 부르고, 도와달라고 부탁해야 움직일 수 있다(예: "지영아, 나 풀어 줘").
- 놀이 공간의 경계나 술래의 수를 바꾼다.

선생님을 위한 팁
처음에 술래의 개념을 가르칠 때, 시각적으로 술래인 사람을 표시하는 것이 도움이 된다(예: 큰 색종이를 코팅해 실로 목에 걸기).

활동 10: 강 건너기 게임

사회성 기술

● 공동주의

JA 5(물건을 향한 포인팅이나 몸짓 따라가기), JA 6(다른 사람의 시선을 따라 물체 추적하기)

● 사회적 놀이

SP 7(구조화된 게임의 일부로 순서를 주고받으며 게임이 끝날 때까지 계속 주의를 집중하기), SP 8(활동이 끝날 때까지 그룹과 함께 야외 게임하기), SP 20(게임 규칙이 변경되었을 때 따르거나 또래의 새로운 아이디어를 받아들일 때 유연성 보여 주기)

● 교실 · 그룹 행동

CG 10(교사가 부를 때까지 그룹에서 자리 지키기)

● 비언어적인 사회적 언어

NV 5(기본적인 몸짓과 비언어적 단서 따르기)

준비물

분필이나 테이프, 색깔 매트, 다양한 장난감

활동 시간 및 장소

신체 놀이 시간, 비 오는 날, 놀이터, 체육관

방법

- 분필이나 테이프를 사용해서 두 개의 선을 만들어 강의 경계를 표시한다.
- 선 사이에 색색의 매트와 다양한 동물 인형이나 장난감을 놓는다.
- 아이들에게 이것은 풍선껌 강이며, 강에 빠지지 않고 건너야 한다고 설명한다.

- 한 명의 아이가(또는 처음에는 선생님이) 다른 아이들에게 강을 건너는 방법을 비언어적으로 안내하는 리더 역할을 한다.
- 모든 아이는 리더의 시선이나 몸짓에 따라 안전한 발판이 어디인지 확인하며 차례대로 강을 건너야 한다(리더가 파란색 매트를 본다면, 강을 건너는 아이는 파란색 매트를 밟아야 한다). 이 과정을 아이가 안전하게 강을 건널 때까지 계속한다.
- 만약 잘못된 매트를 밟거나 강에 발을 디디면, 리더는 고개를 흔들며 처음부터 시작하라고 가리키거나 다음 차례를 기다리게 해야 한다.

응용

- 리더는 방향이나 위치를 나타내는 전치사를 사용해서 언어 지시를 한다(예: "빨간색 트럭 옆에 있는 매트로 가." "파란색 매트 위로 가." "주황색 매트와 파란색 블록 사이로 가.").

선생님을 위한 팁

이 게임에는 고려해야 할 요소가 많을 수 있으므로 대기 시간을 줄일 수 있는 작은 그룹으로 시작하는 것이 가장 효과적이다. 만약 큰 그룹으로 게임을 한다면 여러 명의 아이 또는 선생님들이 리더가 되어 동시에 여러 개의 강을 건너게 하거나, 자유 선택 활동에 한 영역으로 설정하여 게임을 할 수 있게 한다. 아이들이 지시를 더 잘 따르고 '강을 건너는' 데에 걸리는 시간이 줄어들면 동시에 게임에 참여할 수 있는 아이들의 수를 늘리기 쉬워진다.

활동 11: 가라사대 게임

사회성 기술

● 공동주의

JA 4(사회적 상호작용을 유지하기 위해 응시하기)

● 사회적 놀이

SP 7(구조화된 게임의 일부로 순서를 주고받으며 게임이 끝날 때까지 계속 주의를 집중하기),
SP 16(게임에서 지거나 탈락하는 것 받아들이기), SP 24(이겼을 때 지나치게 자랑하는 말이나
몸짓 사용하지 않기)

● 사회적 언어

SL 19(들을 때 몸과 시선이 상대방 향하기)

● 교실 · 그룹 행동

CG 6(노래 또는 활동을 주도하는 또래 모방하기), CG 15(노래, 책 또는 놀이 활동에서 나오
는 단어나 동작 반복하기), CG 21(교사 또는 또래 주도 활동에서 다른 아동들과 함께 반응하기),
CG 22(그룹에서 기본적인 2~3단계 지시 따르기)

준비물

없음

활동 시간 및 장소

이야기 나누기 시간, 전환 시간, 대기 시간

방법

• 리더는 다양한 동작을 한다. 아이들은 리더가 "가라사대, _____"라고 말할

때에만 그 동작을 따라 한다.

- 만약 리더가 "가라사대, _____"라고 말하지 않았는데 동작을 따라 하면, 그 아이는 게임에서 탈락하고 게임이 끝날 때까지 앉아서 기다린다.
- 마지막까지 탈락하지 않은 아이가 우승자가 된다.

응용

- 리더는 다양한 시늉을 하거나 동물을 흉내 낸다.
- 리더는 노래, 동시, 동요 또는 잘 알려진 문구 일부를 말로 모델링한다.
- 리더는 따라 할 동작 없이 언어 지시만 한다. 그리고 점차적으로 더 복잡한 다단계 지시로 난이도를 올린다.

선생님을 위한 팁

이 게임의 규칙이나 목표를 잘 이해하도록 도와주기 위해 선생님을 리더로 시작하는 것이 좋다. 아이들이 선생님을 잘 따라 하면 아이가 리더를 맡을 수 있다.

활동 12: 비눗방울 게임

사회성 기술

● 공동주의

JA 4(사회적 상호작용을 유지하기 위해 응시하기)

● 자기 조절

SR 11(자신과 다른 사람의 공간에 대한 인식 보여 주기)

● 교실 · 그룹 행동

CG 12(새로운 활동 중에 지시 따르기), CG 13(새로운 활동 중 지시하기)

● 비언어적인 사회적 언어

NV 5(기본적인 몸짓과 비언어적 단서 따르기)

준비물

없음

활동 시간 및 장소

신체 놀이 시간, 비 오는 날

방법

- 아이들에게 각자 비눗방울이라고 생각하고 교실을 떠다니면서 다른 비눗방울(즉, 다른 아이들)과 부딪히지 않기 위해 노력하라고 지시한다.
- 만약 다른 아이와 부딪히면 서로 손을 잡고 더 큰 비눗방울이 된다고 설명한다.
- 아이들은 '떠다니면서' 교실 주위를 돌아다니기 시작한다.
- 리더 역할을 맡은 선생님이나 아이는 주기적으로 아이들에게 언어 지시를 한다.

(예: 눈 감아, 빙글 돌아, 뛰어)

- 모든 비눗방울이 하나로 합쳐지면 거대한 비눗방울은 크게 "펑!" 소리를 내며 바닥으로 떨어진다.

응용

- 그룹이 클 때는 두 명 또는 세 명의 아이(비눗방울)를 한 그룹으로 짝지어 시작한다.
- 마지막까지 혼자 남은 아이가 우승자가 된다.
- 비언어적 지시를 한다(예: 눈을 감고 눈 가리키기, 빙글 돌라는 의미로 손가락을 돌리기).
- 다른 아이와 부딪혔을 때 "펑!"이라고 말하고 바닥에 쓰러지도록 한다. 마지막으로 서 있는 아이가 우승자가 된다.

선생님을 위한 팁

이 게임은 개인 공간에 대해 가르친다. '비눗방울 게임'을 하지 않는 때에도 아이들은 허락 없이 개인 공간을 침범해서 서로의 비눗방울을 '터트리지' 않도록 주의해야 한다. 아이들은 언제든지 "내 비눗방울을 터트리지 마."와 같은 상기시키는 말을 사용할 수 있다.

활동 13: 너에 대한 모든 것

사회성 기술

● 자기 조절

SR 3(말하기 전에 손을 들고 호명 기다리기)

● 사회적 언어

SL 5(사회적 질문에 대답하기), SL 6(사회적 질문하기), SL 7(다른 사람이 공유한 물건이나 정보에 대해 구체적인 질문하기), SL 9(듣는 사람의 주의를 적절하게 끌기), SL 12(본인, 가족, 주요 행사에 대한 정보 공유하기), SL 14(서로 의견을 주고받기), SL 16(대화를 유지하기 위해 3~4회 정도 질문에 대답하거나 질문하거나 의견 말하기), SL 18(말할 때 몸과 시선이 상대방 향하기), SL 19(들을 때 몸과 시선이 상대방 향하기)

● 교실 · 그룹 행동

CG 20(교사가 주도하는 소그룹 듣기 활동에 최소 10분 이상 참여하기)

준비물

종이, 좋아하는 것을 묻는 다양한 질문 그림 카드(예: 좋아하는 색, 좋아하는 장소, 놀이터에서 좋아하는 것), 질문에 답할 수 있는 다양한 답변 그림 카드(예: 놀이터에서 좋아하는 것-미끄럼틀, 그네, 그물 오르기)

활동 시간 및 장소

이야기 나누기 시간, 책상에서의 활동

방법

• 아이 한 명을 정한 후에 그 아이가 가장 좋아하는 동물이 무엇일지 다른 아이들에게 묻는다. 대상인 아이는 대답하지 못하게 한다.

- 아이들에게 맞혀 보게 한다.
- 친구들이 좋아하는 것을 알면 어떻게 함께 더 즐겁게 놀 수 있는지 이야기한다. 그림을 그릴 때 친구가 무슨 색을 좋아하는지 알면, 특히 친구에게 없는 그 색이 나한테만 있는 상황에서 친구가 좋아하는 색으로 그림을 그릴 수 있게 도와줄 수 있는 것을 예로 든다.
- 두 명씩 짝을 지은 다음 먼저 한 명이 짝꿍이 좋아하는 것 세 가지에 관해 인터뷰한 뒤 역할을 바꿔서 인터뷰하라고 설명한다.
- 질문하는 아이에게 세 장의 질문 카드를 주고, 대답하는 아이에게는 다양한 답변 그림 카드를 준다.
- 질문하는 아이가 첫 번째 질문(예: "가장 좋아하는 색이 뭐야?")을 한다.
- 대답하는 아이가 책상 위에 있는 색 중 하나를 고른다.
- 질문한 아이는 질문을 읽고 난 다음에 답을 읽을 수 있도록 그 색을 자신의 종이에 가져와서 질문 옆에 붙인다.
- 활동이 끝나면 아이들은 자신이 인터뷰한 친구를 '소개'할 수 있다.
- 질문을 더 추가하거나 더 많은 친구를 인터뷰해서 친구들이 좋아하는 것에 관한 책을 만들 수 있다.

선생님을 위한 팁

서로에 대해 배우는 동안에 아이들에게 서로 통하고 있음을 나타내는 동작 신호를 가르친다(예: 엄지와 검지를 펴서 총 모양을 만든 다음 상대방을 가리킨다).[2] 아이들이 좋아하는 것이 서로 같다는 것을 알아차리면 동작 신호를 하며 "찌찌뽕!" 혹은 "통했다."라고 말하게 한다. 처음에는 아이들이 서로 통하도록 돕는 것이 필요하겠지만, 일단 아이들이 이해하게 되면 대부분이 친구들과 공통적으로 좋아하는 것이 무엇인지 찾는 것을 좋아할 것이다. 활동 42인 '좋은 친구' 책 만들기와 연계할 수도 있다. 아이들이 놀고 있을 때 이것을 일반화하려고 노력한다. 예를 들어, 아이에게 "다온이가 좋아하는 동물이 뭐지? 돼지? 다온이가 이 돼지 인형을 보고 싶어 하지 않을까? 가서 물어보는 게 어때?" 하고 다시 한번 알려 준다.

---

2 필자는 주먹을 쥔 후 엄지손가락과 새끼손가락만 펴서 흔드는 샤카 사인(shaka sign)을 예로 들었다.

활동 14: 웃긴 얼굴

사회성 기술

● 공동주의

JA 4(사회적 상호작용을 유지하기 위해 응시하기)

● 사회적 · 정서적 기술

SE 5(다른 사람의 행동이나 소지품에 대해 적절한 정도의 관심 표현하기)

● 교실 · 그룹 행동

CG 10(교사가 부를 때까지 그룹에서 자리 지키기)

준비물

없음

활동 시간 및 장소

이야기 나누기 시간, 전환 시간, 대기 시간

방법

- 아이들은 동그랗게 둘러앉거나 한 줄로 앉는다.
- 이 게임은 재미있고 우스꽝스러운 표정을 지어 친구들을 웃기는 것이 목적이라고 설명한다.
- 선생님이 아동 중 한 명을 웃겨 어떻게 게임을 하는지 보여 준다.
- 먼저 할 아이를 정한다.
- 그 아이가 한 친구에게 다가가 재미있는 표정으로 웃기려고 한다.
- 여러 번 시도해도 그 친구가 웃지 않는다면 다른 친구에게 갈 수 있다.
- 언제든 웃는 아이가 있으면 그 아이가 다른 친구를 웃길 차례가 된다.

- 우스꽝스러운 소리 없이 표정만으로 시도한 뒤에 소리도 허용하는 방식으로 게임을 해 본다.

선생님을 위한 팁

일부 아이에게는 자신이 지을 재미있는 표정을 '스스로 확인해 볼' 수 있는 거울이 있는 것이 도움이 된다.

활동 15: 엉뚱한 이야기

사회성 기술

● 사회적 언어

SL 7(다른 사람이 공유한 물건이나 정보에 대해 구체적인 질문하기), SL 12(본인, 가족, 주요 행사에 대한 정보 공유하기), SL 14(서로 의견을 주고받기), SL 16(대화를 유지하기 위해 3~4회 정도 질문에 대답하거나 질문하거나 의견 말하기), SL 18(말할 때 몸과 시선이 상대방 향하기), SL 19(들을 때 몸과 시선이 상대방 향하기), SL 22(사회적 상호작용 중에 문제가 생겼을 때 이를 수정하거나 명확히 하기)

준비물

시중에서 구할 수 있는 아동 도서, 펠트판, 미리 만든 그림 자료

활동 시간 및 장소

이야기 나누기 시간, 책상에서의 활동

방법

- 『갈색 곰아, 갈색 곰아, 무엇을 보고 있니?(Brown Bear, Brown Bear, What Do You See?)』『오늘은 월요일(Today is Monday)』『옛날 옛날에 파리를 꿀꺽 삼킨 할머니가 살았는데요(There Was an Old Lady Who Swallowed a Fly)』처럼 시중에서 구할 수 있는 유명한 책을 이용한다.
- 선생님은 한두 페이지 정도 이야기를 읽은 후에 멈추고, 이야기를 바꿀 수 있는 세 가지 선택지를 보여 준다. 선택지는 그림으로 제공한다.
- 아이들이 돌아가면서 이야기를 어떻게 바꿀지 선택한다.
- 선택된 그림은 펠트판에 붙인다.
- 선생님은 한두 페이지마다 아이들에게 그림을 선택하게 하여 이야기를 바꿀 수 있

는 기회를 제공한다.

- 선택지는 익살스럽고 재미있게 만든다.
- 이야기가 완성되면 그림을 보면서 수정한 이야기를 읽는다.

응용

- 시중에서 구할 수 있는 책을 이용하는 대신, 다양한 그림 선택지를 사용해 이야기를 지어낸다.
- 다양한 감정을 보여 주는 등장인물이 나오는 이야기를 들려준다. 이야기를 바꿀 수 있는 선택지에는 다양한 감정과 그 특정 감정에 대응할 수 있는 다양한 방법을 포함한다. 예를 들어, 아이들에게 감정(예: 행복, 슬픔, 무서움)과 감정의 원인(예: 아이스크림을 먹었다, 진흙탕에 빠졌다, 거미를 봤다) 중에서 선택하게 하여 '소가 _____했을 때, 기분이 _____다.'라는 문장을 완성하게 한다. 그런 다음, 소의 친구인 말이 그 감정의 원인에 맞게 대응할 다양한 반응(예: 환한 미소, 닦을 수건, 거미를 겁주는 막대기)을 선택하여 '말이 소에게 _____을 주었다.'라는 문장을 완성하게 한다.

선생님을 위한 팁

이야기가 어떻게 계속될지 선생님도 모른다는 점을 나타내는 몸짓을 사용하는 것도 도움이 된다(예를 들어, 어깨를 과장되게 으쓱거리면서 "모르겠네."라고 말한다). 책의 결말을 모르지만 괜찮다는 것을 보여 주도록 아이들이 어깨를 으쓱하고 "모르면 어때. 괜찮아."라고 말하게 유도한다. 일과에서 벗어난 시간에 아이가 융통성 없는 징후를 보일 때, 예를 들어 "버스가 언제 올지 모르겠네. 모르면 어때? 괜찮아!"라고 말하며 일반화하려고 노력한다.

활동 16: 이름 게임

사회성 기술

● **공동주의**

JA 1(물건이 제시될 때 그 방향 쳐다보기)

● **사회적 놀이**

SP 7(구조화된 게임의 일부로 순서를 주고받으며 게임이 끝날 때까지 계속 주의를 집중하기), SP 20(게임 규칙이 변경되었을 때 따르거나 또래의 새로운 아이디어를 받아들일 때 유연성 보여 주기)

● **자기 조절**

SR 1(새로운 과제나 활동에 대한 유연성 보여 주기), SR 7(계획과 다른 상황이 발생했을 때 유연성 발휘하기)

● **교실 · 그룹 행동**

CG 10(교사가 부를 때까지 그룹에서 자리 지키기), CG 21(교사 또는 또래 주도 활동에서 다른 아동들과 함께 반응하기)

준비물

흰 인덱스 카드, 칠판 또는 작은 화이트보드

활동 시간 및 장소

이야기 나누기 시간, 전환 시간, 대기 시간

방법

• 글자 카드를 보여 주거나 칠판이나 화이트보드에 글자를 쓴다.

- 그 글자로 시작하는 이름을 가진 친구가 누구인지 아이들에게 물어본다. 또는 이름에 그 글자가 들어가는 친구가 누구인지 아이들에게 물어본다.[3]
- 그 글자를 넣어 〈떴다 떴다 비행기〉의 리듬에 맞춰 다음의 노래를 가르친다.
- "이름 속에 '송' 있으면, '송' 있으면, '송' 있으면, 이름 속에 '송' 있으면 일어나세요."

응용

- 해당 글자로 시작하는 아이들(또는 해당 글자가 있는 아이들)이 특정 동작을 하도록 노래를 바꾼다(예: 점프하기, 박수 치기, 친구와 하이파이브하기).
- 글자 대신에 다른 특징을 사용한다(예: 성별, 머리 스타일, 옷의 줄무늬, 긴소매 티셔츠, 운동화).

선생님을 위한 팁

자기 이름의 글자나 이 게임에서 사용되는 특징을 잘 모르는 아이들은 사전에 교육하는 것이 도움이 된다.

---

3 역자 주: 미국과 한국의 문자 체계가 달라 두 가지 방식을 제시하였다.

사회성 기술

● 사회적 놀이

SP 7(구조화된 게임의 일부로 순서를 주고받으며 게임이 끝날 때까지 계속 주의를 집중하기), SP 20(게임 규칙이 변경되었을 때 따르거나 또래의 새로운 아이디어를 받아들일 때 유연성 보여주기)

● 자기 조절

SR 15(새롭거나 어려운 활동을 하는 동안 도움 요청하기)

● 교실 · 그룹 행동

CG 9(자발적으로 또는 요청을 받았을 때 다른 사람 돕기), CG 15(노래, 책 또는 놀이 활동에서 나오는 단어나 동작 반복하기)

준비물

다양한 범주와 그에 맞는 예시 그림 카드

활동 시간 및 장소

이야기 나누기 시간, 전환 시간, 대기 시간, 아이들이 집중해야 하는 활동을 시작할 때

방법

- 아이들은 둥글게 모여 앉거나 한 줄로 앉는다.
- 선생님이 리더가 되어 장소(예: 과일 가게, 장난감 가게, 동물원, 달나라)와 그에 맞는 범주(예: 과일, 장난감, 동물, 로켓)를 제시하고 첫 문장을 시작한다. "과일 가게에 가서 과일을 살 거예요. 시작할게요. 과일가게에 가면 오렌지도 있고……."라고 시작한다. 장소에 따라 문장을 적절하게 바꾸는 것이 좋다.

- 아이들은 차례대로 앞사람이 말한 문장을 반복하면서 범주에 맞는 새로운 단어를 생각해 추가한다. 예를 들어, "과일가게에 가면 오렌지도 있고, 사과도 있고……."라고 말한다.
- 게임은 모든 아이의 차례가 끝날 때까지 또는 앞의 문장을 기억하지 못하는 아이가 나올 때까지 계속한다.
- 시각 자료는 게임을 더 쉽게 만들기 위해서 또는 아이들이 긴 문장을 외울 수 있을 때까지 사용할 수 있다.
- 아이들이 이 게임을 충분히 이해하면 아이들이 리더가 될 수 있다.

선생님을 위한 팁

게임 초반에는 앞 사람이 말하는 것을 외워서 반복하는 부분을 건너뛰고 범주에 맞는 새로운 단어(예: 과일)를 추가하는 것만 한다. 아이들이 점차 잘하게 되면 난이도를 높여서 자기 차례 전까지 언급된 모든 단어를 말하는 방식으로 한다.

● 공동주의

JA 4(사회적 상호작용을 유지하기 위해 응시하기)

● 사회적 놀이

SP 8(활동이 끝날 때까지 그룹과 함께 야외 게임하기), SP 9(또래가 요청하면 하던 것 멈추기), SP 16(게임에서 지거나 탈락하는 것을 받아들이기), SP 19(한 사람이 술래가 되는 게임을 적절하게 하기), SP 20(게임 규칙이 변경되었을 때 따르거나 또래의 새로운 아이디어를 받아들일 때 유연성 보여 주기)

● 사회적 언어

SL 4(또래를 이름으로 부르기), SL 10(다른 사람의 시작 행동에 반응하기)

● 교실 · 그룹 행동

CG 10(교사가 부를 때까지 그룹에서 자리를 지키기)

● 비언어적인 사회적 언어

NV 5(기본적인 몸짓과 비언어적 단서 따르기), NV 6(다른 사람의 신체 언어, 행동 또는 시선에 따라 자신의 행동 수정하기)

준비물

없음

활동 시간 및 장소

비 오는 날, 놀이터, 체육관, 복도

- 이 게임은 전통적인 레드로버 게임[4]을 응용한 게임이다.
- 아이들은 교실(또는 운동장) 한쪽에 한 줄로 선다.
- 선생님 한 명은 아이들과 함께 있고, 다른 선생님은 교실 반대편에 있는다. '술래'인 아이가 그 사이에 선다.
- 반대편에 있는 선생님이 "○○아, ○○아, 이쪽으로 와."라고 외친다. 호명된 아이가 반대편으로 달려가고, 술래는 그 아이를 잡으려고 한다.
- 호명된 아이가 반대편에 도착하면 살아남고, 잡히면 그 아이도 술래가 되어 호명되는 아이를 잡는다.
- 게임은 술래가 아이들을 다 잡을 때까지 계속한다.

응용

- "빨간 옷을 입은 사람 모두 이쪽으로 와."와 같이 옷의 종류, 옷의 색깔, 이름에 있는 글자 등을 기준으로 아이들을 부르면 한 번에 더 많은 아이가 활동할 수 있게 된다.
- 아이들이 어린 경우 술래 없이 지시에 따라 방의 한쪽에서 다른 쪽으로 뛰어다니며 놀이한다.
- 말 대신에 몸짓이나 눈짓으로 아이들을 부른다.
- 술래는 달리는 아이에게 멈추라고 표현하는 다양한 방법을 배워 사용한다(예: '멈춰' '거기 서' 등의 말이나 손짓).

선생님을 위한 팁

'술래'라는 개념을 처음 가르칠 때, 술래에게 큰 색종이를 코팅해서 목에 걸거나 비슷한 것을 붙여 표시하면 아이들이 더 잘 이해할 수 있다.

---

4 역자 주: 'Red Rover' 게임은 미국에 널리 알려진 게임으로, 힘과 전략이 필요하다. 이 게임은 어느 정도 거리를 두고 팀원끼리 손을 잡은 채 마주보고 서서 한 명씩 번갈아 가며 상대팀 선수를 지정한다. 지명된 사람에게 달려가 줄을 끊으면 그 상대팀 선수를 데려올 수 있다. 만약 줄을 끊지 못하면 달려간 사람이 상대팀에 합류하게 된다. 상대팀의 팀원을 모두 데려오거나 선수들이 지칠 때까지 게임을 한다. 선수를 지명할 때 '레드로버, 레드로버, ○○을 보내 줘'라는 정해진 리듬이 있지만, 본 활동에서는 간단하게 수정하였다.

사회성 기술

● 사회적 언어

SL 4(또래를 이름으로 부르기), SL 12(본인, 가족, 주요 행사에 대한 정보 공유하기)

● 교실 · 그룹 행동

CG 10(교사가 부를 때까지 그룹에서 자리 지키기)

준비물

의자, 반다나

활동 시간 및 장소

이야기 나누기 시간, 긴 수업 중간의 쉬는 시간

방법

- 원 가운데에 의자를 하나 놓고 아이를 앉게 한다.
- 반다나로 아이의 눈을 가린다.
- 선택된 아이 한 명이 의자에 앉아 있는 아이에게 다가가 "안녕, 친구야! 내가 누군지 알아맞혀 봐."라고 말한다. 정답을 말할 기회가 3번 있지만, 만약 알아맞히기 어려워하면 다시 "안녕!" 하고 말할 수 있다.
- 알아맞혔으면 말한 아이는 의자에 앉고, 앉아 있던 아이는 새롭게 말할 아이를 선택한다.

- 자신의 평소 목소리로 말할 수도 있지만, 의자에 앉아 있는 아이와 친숙하다면 우스꽝스러운 목소리로 하는 것이 더 재미있을 수 있다.
- "안녕!"이라고 말하는 대신, 신체적 특징(예: "나는 남자야. 나는 곱슬머리야. 나는 안경을 써.")에서 시작해서 좋아하는 것, 싫어하는 것, 그리고 자신에 대한 다양한 정보(예: "내가 좋아하는 색은 파랑이야. 나는 장난감 기차를 가지고 노는 걸 좋아해. 나에게는 은빈이라는 여동생이 있어.")로 옮겨 가며 자신에 대한 힌트를 말한다.
- 자기가 직접 자신에 대한 힌트를 주는 대신, 다른 아이가 그 아이에 대한 힌트를 주게 한다.

선생님을 위한 팁

처음에는 작은 그룹으로 시작한다. 아이들이 게임을 잘하게 되면 다른 그룹이나 교실에서 '손님'을 초대해 본다.

활동 20: 그물 술래잡기

사회성 기술

● 사회적 놀이

SP 8(활동이 끝날 때까지 그룹과 함께 야외 게임하기), SP 19(한 사람이 술래가 되는 게임 적절하게 하기)

● 자기 조절

SR 11(자신과 다른 사람의 공간에 대한 인식 보여 주기)

준비물

없음

활동 시간 및 장소

놀이터, 체육관

방법

- 이 게임은 기존의 술래잡기를 응용한 것이다.
- 그물이 될 술래 한 명을 정한다.
- 술래한테 잡히면 아이들은 술래와 손을 잡고 함께 그물이 된다.
- 그물이 점점 커져서 더 이상 잡을 사람이 없어질 때까지 계속한다.

응용

- 아무 아이나 잡는 대신, 선생님이 어떤 특징을 외치면 그 특징을 가진 아이를 잡는다(예: 옷 색깔, 성별, 특정 종류의 신발). 선생님은 계속 다른 특징을 외쳐서 술래가 잡

아야 할 대상을 바꾼다.

- 아이들의 옷 앞면에 테이프로 그림을 붙인다. 술래는 선생님이 외치는 범주나 특징을 듣고, 그 그림이 있는 아이를 잡는다(예: "옷에 동물 그림이 붙어 있는 친구를 잡아." "하늘을 나는 동물 그림이 붙어 있는 친구를 잡아.").

선생님을 위한 팁

이 게임은 매우 빠르게 과격해질 수 있기 때문에 사전에 정해진 게임 규칙을 확인하고 따를 수 있도록 한다.

활동 21: 윙크 게임

사회성 기술

● 공동주의

JA 1(물건이 제시될 때 그 방향 쳐다보기), JA 4(사회적 상호작용을 유지하기 위해 응시하기)

● 자기 조절

SR 7(계획과 다른 상황이 발생했을 때 유연성 발휘하기)

● 사회적 언어

SL 1(만날 때 혹은 헤어질 때 나누는 인사에 반응하기), SL 3(만날 때 혹은 헤어질 때 나누는 인사 먼저 하기)

● 비언어적인 사회적 언어

NV 6(다른 사람의 신체 언어, 행동 또는 시선에 따라 자신의 행동 수정하기)

준비물

상대방에게 전달할 물건(예: 공)

활동 시간 및 장소

이야기 나누기 시간, 아이들이 집중해야 하는 활동을 시작할 때

방법

- 아이들은 둥글게 모여 앉는다.
- 만약 이 게임이 처음이라면 선생님들이 어떻게 하는지 시범을 보여 준다.
- 게임을 시작할 아이를 정하고, 전달할 물건을 준다.
- 물건을 가지고 있는 아이는 옆에 있는 아이를 바라보고 윙크한 후에 물건을 전달해야 한다.

- 눈이 마주치기 전에 윙크하거나 물건을 전달하면 안 된다.
- 선생님 한 명은 아이들이 서로 눈을 마주치는지 관찰해야 한다.

응용

- 아이들이 공을 전달하기 전에 윙크하는 것에 익숙해지면 전달하는 속도를 높일 수 있다. 타이머나 스톱워치를 사용해서 아이들이 자신의 기록에 도전하도록 한다.
- 바로 옆 사람에게 물건을 전달하는 대신, 그룹 내 어떤 사람이든 눈을 맞추고 윙크를 한 후에 물건을 전달한다.
- 물건을 전달하는 대신, "잘 지냈어?" "주말 어땠어?"와 같은 다양한 인사말을 할 수 있다.

선생님을 위한 팁

이 게임은 가르치기 어려울 수 있다. '윙크'하는 아이가 상대 아이에게 물건을 전달하면 아이들은 윙크했다는 것을 더 쉽게 배울 수 있다.

활동 22: 짝꿍 호키포키

사회성 기술

● 사회적 놀이

SP 20(게임 규칙이 변경되었을 때 따르거나 또래의 새로운 아이디어를 받아들일 때 유연성 보여 주기)

● 교실 · 그룹 행동

CG 6(노래 또는 활동을 주도하는 또래 모방하기), CG 12(새로운 활동 중에 지시 따르기), CG 15(노래, 책 또는 놀이 활동에서 나오는 단어나 동작 반복하기), CG 21(교사 또는 또래 주도 활동에서 다른 아동들과 함께 반응하기)

● 비언어적인 사회적 언어

NV 1(비언어적 상호작용에 반응하기), NV 2(적절하게 성인 또는 친구들과 비언어적 상호작용 시작하기)

준비물

짝과 함께할 수 있는 동작 카드

활동 시간 및 장소

신체 놀이 시간, 긴 수업 중간의 쉬는 시간

방법

- 아이들은 둥글게 원을 만들어 선다.
- 두 명씩 짝을 나누고, 짝과 나란히 서게 한다.
- 아이들과 함께 기존의 '호키포키'를 복습한 후에 이 게임에서의 동작은 기존의 '호키포키'와 다르게 짝과 함께할 수 있는 동작[예: 하이파이브하기, 엄지 뽀뽀하기(엄지손가

락으로 도장 찍기), 악수하기]으로 해야 한다고 설명한다.

- 한 쌍을 골라 첫 번째 동작을 무엇으로 할지 논의하여 결정하게 한 후에, 두 사람이 정한 새로운 동작과 함께 〈호키포키〉 노래를 부르며 아이들을 주도하게 한다. 예를 들면 다음과 같다.

> (노래) 짝이랑 하이파이브 같이 하고
> 하이파이브 따로 하고
> 하이파이브 같이 하고
> 힘껏 흔들어, 손들고 호키포키하며
> 빙빙 돌면서 즐겁게 춤추자[5]

- 모든 짝이 동작 지시를 하거나 활동 시간이 끝날 때까지 계속한다.

응용

- 동작 카드를 만들어 상자에 넣는다. 각자 차례가 되면, 친구들에게 시범을 보일 동작이 무엇인지 상자에서 카드를 뽑아 확인하게 한다.

선생님을 위한 팁

일부 아이는 동작을 생각해 내는 것을 어려워할 수 있다. 아이디어가 필요할 때 참고할 수 있도록 짝과 함께할 수 있는 동작 카드를 준비해 둔다.

---

5 원곡의 가사는 다음과 같다. '다 같이 오른손을 안에 넣고, 오른손을 밖에 내고, 오른손을 안에 넣고 힘껏 흔들어, 손들고 호키포키하며 빙빙 돌면서 즐겁게 춤추자'

활동 23: 거미집 만들기

사회성 기술

● 공동주의

JA 4(사회적 상호작용을 유지하기 위해 응시하기)

● 사회적 언어

SL 4(또래를 이름으로 부르기), SL 5(사회적 질문에 대답하기), SL 6(사회적 질문하기), SL 9(듣는 사람의 주의를 적절하게 끌기), SL 10(다른 사람의 시작 행동에 반응하기), SL 15(가까운 과거 또는 미래의 사건에 대한 정보 공유하기), SL 18(말할 때 몸과 시선이 상대방 향하기), SL 19(들을 때 몸과 시선이 상대방 향하기), SL 23(나이에 맞는 주제로 대화하기)

준비물

끈이나 실타래 공, 사회적 질문 카드

활동 시간 및 장소

이야기 나누기 시간

방법

- 아이들은 바닥에 둥글게 모여 앉는다.
- 원 맞은편에 앉은 친구에게 실타래 공을 굴려서 거미집을 만들 것이라고 설명한다.
- 선생님이 이름을 부르면 공을 받을 준비가 되었음을 선생님이 알 수 있도록 선생님과 눈을 맞춰야 한다고 설명한다.
- 먼저 아이의 이름을 불러 관심을 끌면서 이 활동을 어떻게 하는지 시범을 보여 준다.
- 시선이 마주치면 선생님은 실타래 한쪽 끝을 잡은 채 공 부분을 아이에게 굴린다. 개인적인 사회적 질문(예: "몇 살이야?" "키우는 동물이 있어?" "제일 좋아하는 음식이 뭐

야?")을 하는 동안에 아이는 공을 잡고 있는다.

- 질문에 대답하면 이제 그 아이가 다른 친구의 이름을 부른다. 이 아이 역시 실타래 한쪽을 잡은 채 공 부분을 친구에게 굴리고 질문을 한다.
- 모든 아이가 실을 잡아 '거미집'을 만들 때까지 이 과정을 반복한다.

응용

- 이전에 있었던 일이나 곧 일어날 일에 대해 질문하고 대답한다(예: "노래 시간에 어떤 노래가 가장 좋았어?" "학교 끝나고 뭐 할 거야?").
- 주제를 정한 후에 그 주제에 대해 질문하고 대답한다.

선생님을 위한 팁

질문하고 대답하는 데 걸리는 시간을 줄이기 위해 대화형 질문을 미리 가르친다. 또래 간에 자주 사용되는 사적인 질문을 시각 자료로 준비하는 것도 도움이 될 수 있다.

활동 24: 어떻게 생각해

사회성 기술

● 사회적 놀이

SP 23(다른 사람의 취향과 관심이 자신과 다를 수 있음을 적절하게 받아들이기)

● 자기 조절

SL 10(다른 사람의 시작 행동에 반응하기), SL 11(진행 중인 활동에 대한 질문에 대답하기)

● 교실 · 그룹 행동

CG 20(교사가 주도하는 소그룹 듣기 활동에 최소 10분 이상 참여하기)

준비물

큰 종이, 매직펜, 스티커

활동 시간 및 장소

이야기 나누기 시간(특히 수업 초반)

방법

• 현재 또는 예정된 활동에 대한 질문과 3~4개의 선택지가 있는 간단한 차트를 만든다.
• 가장 많은 아이가 선택한 것이 우리 반의 활동이 될 것이라고 설명한다.
• 아이들은 한 명씩 나와 차트에 자신이 선호하는 활동 밑에 스티커를 붙이거나 자신의 이름을 쓴다.
• 모두 투표에 참여하면 각 활동마다 얼마나 많은 아이가 투표했는지 아이들과 함께 세어 보고, 그중 가장 많은 표를 받은 활동이 무엇인지 아이들에게 묻는다.

- 이 활동은 서로에 대해 알아가는 '너에 대한 모든 것'(활동 13)과 연계할 수 있다. 질문은 "형제가 몇 명이야?" 또는 "가장 좋아하는 색이 뭐야?"와 같은 내용을 포함할 수 있다. 아이들이 서로에 대해 더 잘 알아감에 따라 서로에 대한 이런 질문에 답할 수 있는지 관찰하는 것은 흥미로울 것이다.

- 이 활동은 예정된 활동에 대해 예측하게 하는 데 초점을 맞출 수도 있다. 예를 들어, 산책가기 전에 아이들은 바람이 불 것인지에 대해 차례대로 돌아가면서 예측할 수 있다. 또는 이야기를 읽기 전에 이야기 속 주인공이 새로운 친구를 사귈지 예상해 보라고 할 수 있다.

선생님을 위한 팁

사전에 부모님들에게 예상 질문 목록을 제공하면 아이들이 주제에 익숙해지고, 미리 답변을 생각할 수 있게 도울 수 있다.

활동 25: 공 돌리기 게임

사회성 기술

● **공동주의**

JA 1(물건이 제시될 때 그 방향을 쳐다보기)

● **사회적 놀이**

SP 16(게임에서 지거나 탈락하는 것을 받아들이기), SP 24(이겼을 때 지나치게 자랑하는 말이나 몸짓 사용하지 않기)

● **교실 · 그룹 행동**

CG 15(노래, 책 또는 놀이 활동에서 나오는 단어나 동작 반복하기), CG 21(교사 또는 또래 주도 활동에서 다른 아동들과 함께 반응하기), CG 23(친구에게 물건 전달하기)

준비물

작은 공

활동 시간 및 장소

이야기 나누기 시간, 전환 시간, 대기 시간, 긴 수업 중간의 쉬는 시간

방법

• 아이들은 서로 가깝게 원 모양으로 둘러앉아 노래를 부르면서 공을 옆으로 전달한다. 노래는 아이들과 함께 정한다.[6]
• 노래가 끝날 때 공을 들고 있는 아이는 탈락되고, 탈락자를 위해 미리 정해 둔 장소로 간다.
• 한 명만 살아남을 때까지 게임을 한다.

• 폭탄을 가진 아이가 정해진 범주에 해당하는 단어를 말하는 '폭탄 돌리기' 게임을 한다. 예를 들어, 범주가 과일이라면 공 또는 폭탄을 가진 아이는 과일의 이름을 말해야 한다.

선생님을 위한 팁

큰 그룹으로 게임을 하면 진행속도가 빨라 아이들이 빠른 속도로 탈락한다고 해도 한 판에 한 번의 기회밖에 없기 때문에 이 게임은 탈락자의 대기 시간을 줄이고 게임을 여러 번 할 수 있도록 소그룹으로 진행하는 것이 가장 효과적이다.
만약 범주에 맞는 단어를 말하는 응용의 게임을 한다면 범주와 관련된 시각 자료가 도움이 될 수 있다.

---

6 역자 주: 원문에는 〈The Wonderball〉이라는 노래가 있지만, 같은 리듬이나 가사를 가진 노래가 없어 본 활동에서는 한국에서 익숙한 방식을 제시하였다.

활동 26: 스무고개

사회성 기술

● 자기 조절

SR 3(말하기 전에 손을 들고 호명되기를 기다리기), SR 9(도전적인 행동을 하지 않고 피드백 및 수정 따르기), SR 10(도전적인 행동을 하지 않고 자신이나 다른 사람의 실수에 대처하기)

● 사회적 언어

SL 4(또래를 이름으로 부르기), SL 7(다른 사람이 공유한 물건이나 정보에 대해 구체적인 질문하기), SL 9(듣는 사람의 주의를 적절하게 끌기), SL 10(다른 사람의 시작 행동에 반응하기), SL 13(선호하는 주제에 대해 5개 이상의 질문에 대답하기), SL 18(말할 때 몸과 시선이 상대방 향하기), SL 19(들을 때 몸과 시선이 상대방 향하기)

● 교실 · 그룹 행동

CG 20(교사가 주도하는 소그룹 듣기 활동에 최소 10분 이상 참여하기)

준비물

주제 또는 범주 및 그 주제 또는 범주에서 선택 가능한 대상들의 시각 자료, 다양한 '예' 또는 '아니요'로 답하는 질문 카드

활동 시간 및 장소

이야기 나누기 시간, 전환 시간, 대기 시간

방법

- 주제 또는 범주를 정한다(예: 동물, 과일, 캐릭터).
- 리더를 정한다.
- 리더는 아이들 앞에 나와서 해당 주제 또는 범주에 속하는 그림이나 사물(예: 동물

범주에서 펭귄)을 선택하되, 아이들에게 보여 주거나 말하지 않는다.

- 아이들은 리더가 선택한 것이 무엇인지 알아맞히기 위해 '예' 또는 '아니요'로 답하는 질문을 돌아가며 한다. 예를 들어, "날개 있어?" "땅에 살아?" "풀을 먹어?" "파란색이야?" 등을 물어볼 수 있다.

응용

- 아이들이 게임에 익숙해지면 시각 자료를 사용할 필요가 없으며, 더 광범위한 주제 (예: 사람, 장소, 물건)를 다룰 수 있다.

선생님을 위한 팁

이 게임을 배우는 동안에 리더가 상자에서 물건이나 그림을 골라 아이들이 질문할 때 이 자료를 직접 참고하면서 대답하는 것이 효과적이다. 예를 들어, 아이는 뒤를 돌아 시각 자료를 보면서 이 사물의 특정한 속성(예: 발이 네 개)이 있는지 없는지를 확인한다. 추가로, 이미 한 질문과 할 수 있는 질문을 보여 주는 시각 자료를 만들 수 있다. 특정한 특징에 대해 질문을 받으면 다시 같은 질문을 하지 않도록 해당 특징에 빈 종이를 덮어 둔다.

활동 27: 범주 게임

사회성 기술

● 사회적 놀이

SP 8(활동이 끝날 때까지 그룹과 함께 야외 게임하기), SP 9(또래가 요청하면 하던 것 멈추기), SP 16(게임에서 지거나 탈락하는 것 받아들이기), SP 19(한 사람이 술래가 되는 게임 적절하게 하기)

● 사회적 언어

SL 4(또래를 이름으로 부르기)

● 교실 · 그룹 행동

CG 10(교사가 부를 때까지 그룹에서 자리 지키기)

● 비언어적인 사회적 언어

NV 5(기본적인 몸짓과 비언어적 단서 따르기)

준비물

다양한 범주(예: 동물, 색)와 해당 범주에 속하는 예시의 시각 자료

활동 시간 및 장소

비 오는 날, 놀이터, 체육관, 개방형 실내 공간

방법

• 아이들은 교실이나 놀이 공간의 한쪽 끝에 한 줄로 선다.
• 술래를 정한 후에 아이들이 있는 교실이나 놀이 공간 반대편에 서게 한다.
• 선생님 한 명은 술래와 함께 서고, 다른 선생님 한 명은 아이들과 함께 선다.

- 술래는 범주를 정하고 아이들에게 말한다.
- 아이들 각자 술래에게 알리지 않고 그 범주 안에서 예시 하나를 고른다. 아이들과 함께 있는 선생님이 범주에 맞는 단어를 선택할 수 있도록 도와준다.
- 그런 다음에 술래가 아이들을 등지고 서서 천천히 범주에 맞는 예시들을 말하기 시작한다. 술래는 시각 자료를 참고할 수 있다.
- 술래가 예시를 말할 때마다 그 단어를 선택한 아이는 술래에게 재빨리 달려가거나 살금살금 다가간다.
- 술래는 누군가 움직이는 소리를 들었다면 그 아이가 자신을 가볍게 치기 전에 재빨리 돌아서서 그 아이의 이름을 말해야 한다. 만약 이름이 불린다면 그 아이도 술래가 되어 예시를 말하고 다른 아이들을 잡는 것을 돕는다.
- 만약 술래가 뒤돌아 자신의 이름을 부르기 전에 술래를 가볍게 치면, 그 아이는 살아남아 다른 친구들을 지켜보고 응원할 수 있다.
- 모든 아이가 살아남거나 모두 잡힐 때까지 계속한다.

응용

- 술래에게 몰래 다가오려는 아이의 이름을 부르는 대신에 몸짓(멈추라고 손을 들기)을 사용한다.

선생님을 위한 팁

아이들이 게임에 익숙해지면 시각 자료를 사용하지 않아도 된다. 그러나 처음에는 시각 자료를 이용해서 아이들이 해당 범주에 맞는 예시를 찾고, 자신의 예시가 불릴 때 술래에게 다가가는 게임의 규칙을 따를 수 있게 하는 것이 중요하다.

활동 28: 수수께끼 규칙

사회성 기술

● 사회적 놀이

SP 7(구조화된 게임의 일부로 순서를 주고받으며 게임이 끝날 때까지 계속 주의를 집중하기), SP 18(다른 사람의 놀이 아이디어의 변화를 따르고 개방형 놀이 동안 변화 유지하기), SP 20(게임 규칙이 변경되었을 때 따르거나 또래의 새로운 아이디어를 받아들일 때 유연성 보여 주기)

● 자기 조절

SR 1(새로운 과제나 활동에 대한 유연성 보여 주기), SR 7(계획과 다른 상황이 발생했을 때 유연성 발휘하기)

준비물

보드게임(필요한 경우), 타이머, 새로운 규칙 카드

활동 시간 및 장소

잘 알려진 게임이나 활동을 할 때

방법

- 아이들에게 익숙한 표준 규칙이 있는 게임을 선택한다(예: Hi Ho Cherry-O[7]).
- 타이머를 설정한 후에 게임을 시작한다고 말한다. 타이머가 울리면 게임 규칙 하나를 바꾼다.
- '새로운'(변경된) 규칙이 있는 다양한 카드를 만든다. 예를 들면, '룰렛의 화살표가 새를 가리키면 나무에서 체리 3개를 빼세요' 또는 '룰렛의 화살표가 바구니를 가리키면 나무에서 체리를 모두 빼고 룰렛을 한 번 더 돌리세요'와 같이 카드를 만든다.
- 게임을 원래 방식으로 시작하고 타이머를 몇 분마다 울리게 설정한다. 타이머가 울

리면 한 아이에게 카드를 고르게 한 후에 새로운 규칙을 친구들에게 읽어 줄 수 있도록 도와준다.

- 규칙이 여러 번 변경될 때까지 또는 게임이 끝날 때까지 게임을 계속한다.

응용

- 개방형 활동(open-ended activity)으로 시작한다(예: 블록 놀이). 종이 울리면 아이에게 놀이 시나리오 변경(예: 블록은 해변에 가는 사람이 된다) 카드를 뒤집게 한다. 활동 중에 여러 차례 종을 울려 놀이 시나리오를 변경해야 한다.

선생님을 위한 팁

아이들에게 혼란을 줄 수 있기 때문에 이미 잘 알려진 게임에만 변경된 규칙을 사용하도록 한다. 이 게임을 재미있게 실시하는 방법은 '매주 금요일은 수수께끼 규칙 하는 날' 또는 '비 오는 날은 수수께끼 규칙 하는 날'이라고 선언하는 것이다.

---

7 역자 주: 미국의 보드게임으로, 돌림판을 돌려 나무에 있는 10개의 체리를 바구니에 먼저 담는 사람이 이기는 게임이다. 돌림판에는 가져갈 수 있는 체리 개수와 개, 새, 바구니 그림이 있다. 개나 새가 나오면 가지고 있는 체리의 개수에 따라 1~2개의 체리를 나무에 다시 돌려놓고, 바구니가 나오면 가지고 있는 체리를 모두 나무에 다시 돌려놓아야 한다.

활동 29: 장애물 코스

사회성 기술

● 사회적 놀이

SP 9(또래가 요청하면 하던 것 멈추기)

● 자기 조절

SR 7(계획과 다른 상황이 발생했을 때 유연성 발휘하기), SR 11(자신과 다른 사람의 공간에 대한 인식 보여 주기)

● 사회적 언어

SL 10(다른 사람의 시작 행동에 반응하기)

● 교실·그룹 행동

CG 10(교사가 부를 때까지 그룹에서 자리 지키기), CG 14(줄을 서서 걸을 때 자리를 지키고, 그룹과 보조 맞추기)

● 비언어적인 사회적 언어

NV 2(적절하게 성인 또는 친구들과 비언어적 상호작용 시작하기), NV 5(기본적인 몸짓과 비언어적 단서 따르기), NV 6(다른 사람의 신체 언어, 행동 또는 시선에 따라 자신의 행동 수정하기)

준비물

매트, 터널, 콘, 트램펄린 등과 같은 다양한 대근육 운동 용품

활동 시간 및 장소

신체 놀이 시간, 비 오는 날, 놀이터, 체육관, 복도

- 여러 가지 재료로 장애물 코스를 만든다.
- 장애물 코스에서 특정 구간(예: 터널을 기어가는 부분)을 기다리는 아이들은 그 구간을 시작하기 전에 앞에 있는 아이에게 비언어적 신호(예: 엄지 척)를 받아야 한다고 설명한다.
- 두 명의 아이를 선정해 앞에 있는 아이에게 뒤에 있는 아이가 진행할 수 있음을 알리는 엄지 척이나 이와 비슷한 신호를 사용하도록 상기시키면서 장애물 코스를 어떻게 완주하는지 보여 준다.
- 만약 어떤 아이가 신호를 기다리지 않고 출발한다면 앞의 아이가 비언어적 신호와 함께 "멈춰!"라고 말하고 출발 신호를 기다리게 한다.

선생님을 위한 팁

장애물 코스는 단순하게 유지하는 것이 중요하다. 체육 용품도 좋지만, 꼭 필요하지는 않다. 간단히 도화지를 발자국 모양으로 오려서 코팅해 붙이는 것으로 걷거나 뛰거나 기어야 할 위치를 표시할 수 있다. 콩 주머니를 던지기 위해 양동이를 사용하거나 이동할 때 아이들이 줄을 유지하도록 바닥에 마스킹 테이프를 사용할 수도 있다. 약간의 창의력을 발휘하면 교실의 다양한 물건으로 흥미로운 장애물 코스를 만들 수 있다.

활동 30: 뉴스 나누기

사회성 기술

● 자기 조절

SR 3(말하기 전에 손을 들고 호명되기를 기다리기), SR 7(계획과 다른 상황이 발생했을 때 유연성 발휘하기), SR 17(특정 주제나 질문에 집착하지 않기)

● 사회적 언어

SL 5(사회적 질문에 대답하기), SL 6(사회적 질문하기), SL 7(다른 사람이 공유한 물건이나 정보에 대해 구체적인 질문하기), SL 9(듣는 사람의 주의를 적절하게 끌기), SL 10(다른 사람의 시작 행동에 반응하기), SL 11(진행 중인 활동에 대한 질문에 대답하기), SL 12(본인, 가족, 주요 행사에 대한 정보 공유하기), SL 13(선호하는 주제에 대해 5개 이상의 질문에 대답하기), SL 14(서로 의견을 주고받기), SL 15(가까운 과거 또는 미래의 사건에 대한 정보 공유하기), SL 18(말할 때 몸과 시선이 상대방 향하기), SL 19(들을 때 몸과 시선이 상대방 향하기), SL 22(사회적 상호작용 중에 문제가 생겼을 때 이를 수정하거나 명확히 하기), SL 23(나이에 맞는 주제로 대화하기), SL 24(상황에 맞는 언어를 사용하고 어울리는 주제 꺼내기)

● 교실 · 그룹 행동

CG 20(교사가 주도하는 소그룹 듣기 활동에 최소 10분 이상 참여하기)

준비물

빈 페이지가 있는 개별용 '뉴스 나눔 책', 뉴스에 대한 질문 카드

활동 시간 및 장소

이야기 나누기 시간

- 아이마다 빈 페이지가 있는 뉴스 나눔 책을 만든다. 유선 노트가 있는 단순한 바인 더이면 충분하다.
- 뉴스 나눔 책을 가정으로 보낸다. 부모에게 자녀가 반 친구들과 나누고 싶은 일상에서 일어난 일을 뉴스로 쓰도록 도와 달라고 부탁한다. 뉴스는 몇 문장 이내로 간단하게 작성한다(예: 내 친구 지수랑 공원에 갔다. 우리는 그네를 타고 간식을 먹었다). 부모가 사진을 첨부해 준다면 도움이 된다.
- 아이마다 자신의 뉴스를 발표할 날짜를 정한다. 그날이 되면 아이는 자신의 뉴스 나눔 책을 가지고 수업에 참여한다.
- 발표자는 교실 앞에 특별히 마련된 의자에 앉아서 필요한 만큼 선생님의 도움을 받으며 친구들에게 자신의 뉴스를 읽어 준다.
- 발표자는 다른 아이들의 질문에 대답할 수 있다. 반 친구들에게 질문은 발표한 아이의 뉴스에 관한 것임을 상기시킨다.
- 발표자가 질문할 아이를 선택할 수 있도록 아이들에게 조용히 손을 들라고 한다.
- 아이들에게 뉴스 중에 이해하지 못한 부분을 질문하도록 격려한다.

선생님을 위한 팁

주제를 유지하도록 상기시켜 주는 것 외에도 뉴스에 대해 물어볼 수 있는 질문 카드를 가지고 있는 것이 도움이 된다.

활동 31: I SPY 게임

사회성 기술

● 공동주의

JA 5(물건을 향한 포인팅이나 몸짓 따라가기), JA 8(관심을 공유하기 위해 사물을 가리키고 눈맞춤하기)

● 자기 조절

SR 3(말하기 전에 손을 들고 호명되기를 기다리기), SR 9(도전적인 행동을 하지 않고 피드백 및 수정에 따르기), SR 10(도전적인 행동을 하지 않고 자신이나 다른 사람의 실수에 대처하기), SR 15(새롭거나 어려운 활동을 하는 동안 도움 요청하기)

● 사회적 언어

SL 4(또래를 이름으로 부르기), SL 7(다른 사람이 공유한 물건이나 정보에 대해 구체적인 질문하기), SL 9(듣는 사람의 주의를 적절하게 끌기), SL 10(다른 사람의 시작 행동에 반응하기), SL 18(말할 때 몸과 시선이 상대방 향하기), SL 19(들을 때 몸과 시선이 상대방 향하기)

● 교실 · 그룹 행동

CG 9(자발적으로 또는 요청을 받았을 때 다른 사람 돕기), CG 10(교사가 부를 때까지 그룹에서 자리 지키기)

준비물

교실에 있는 물건

활동 시간 및 장소

이야기 나누기 시간, 전환 시간, 대기 시간, 거의 어디서나

- 아이들은 교실의 정해진 장소에 앉은 후에 힌트 주는 아이 한 명을 정한다.
- 힌트를 주는 아이는 아무에게도 말하지 않은 채 반 아이들이 앉은 곳에서 보이는 교실 물건 하나를 고른다.
- 힌트를 주는 아이가 친구들에게 물건을 설명할 때 사용해야 하는 구체적인 기준을 정한다(예: 물건에 대한 세 가지 힌트 주기, 색상 말하기, 물건의 용도 말하기).
- 힌트를 주는 아이는 사물을 설명한 뒤 친구들에게 정답을 알면 조용히 손을 들고 호명을 기다리라고 말한다.
- 힌트를 주는 아이는 그 물건을 알아맞힐 때까지 아이들을 지명한다.
- 아이들은 방에 있는 물건의 이름을 말하거나 답으로 예상되는 물건을 가리키며 알아맞힐 수 있다(예: 벽에 있는 시계를 가리키며 "시계야?"라고 묻거나 벽에 있는 시계를 가리키며 "시계!"라고 말한다).
- 정답을 말한 아이가 '힌트 주는 사람'이 된다.
- 모든 아이가 차례를 갖거나 활동 시간이 끝날 때까지 계속한다.

- 색 힌트를 주는 대신에 위치 힌트를 준다(예: "나는 큰 책꽂이 옆에 있는 물건을 보고 있어." "나는 문 근처에 있는 물건을 보고 있어.").
- "정답과 가까워지고 있어." "정답과 멀어지고 있어."와 같이 이야기하며 아이들의 추측에 피드백을 준다.

활동 32: 코끼리 한 마리

사회성 기술

● **자기 조절**

SR 11(자신과 다른 사람의 공간에 대한 인식 보여 주기)

● **사회적 언어**

SL 4(또래를 이름으로 부르기), SL 9(듣는 사람의 주의를 적절하게 끌기), SL 10(다른 사람의 시작 행동에 반응하기)

● **교실 · 그룹 행동**

CG 10(교사가 부를 때까지 그룹에서 자리 지키기), CG 15(노래, 책 또는 놀이 활동에서 나오는 단어나 동작 반복하기), CG 21(교사 또는 또래 주도 활동에서 다른 아동들과 함께 반응하기)

● **비언어적인 사회적 언어**

NV 5(기본적인 몸짓과 비언어적 단서 따르기)

준비물

긴 줄이나 털실

활동 시간 및 장소

이야기 나누기 시간, 신체 놀이 시간

방법

- 줄을 바닥에 놓고 길게 펴거나 큰 원 모양으로 만든다.
- 아이들에게 지금부터 아주 가늘고 팽팽한 줄 위에서 균형을 잡고 있는 코끼리인 척해 보자고 한다. 줄에서 떨어지지 않으려면 반드시 코끼리끼리 충분한 공간이 있어

야 한다고 말한다.
- 아이 한 명을 불러 줄 위에 서게 하고, 다음의 〈코끼리와 거미줄〉 노래를 부른다.

> (노래) 한 마리 코끼리가 거미줄에 걸렸네
> 신나게 그네를 탔다네
> 너무 너무 재미가 좋아 좋아 랄랄랄
> 다른 친구 코끼리를 불렀네

- 노래가 끝나면 서 있던 아이에게 친구의 이름을 불러 줄로 오게 하라고 한다. 그리고 그 친구가 어디에 서야 할지 공간 개념을 사용해서 방향을 알려 주게 한다(예: "준서야, 내 뒤에/내 앞에/줄 끝에/책장 근처에 와서 서.").
- 새로운 아이가 합류할 때마다 아이 수에 맞추어 코끼리 수를 적절히 바꾸며 노래를 부른다.
- 아이 모두가 합류할 때까지 게임을 한다.
- 마지막 차례가 되면 다음 가사를 부른다.

> 너무 많은 코끼리가 올라 올라 랄랄랄
> 그만 그만 뚝 하고 끊어졌대요

응용

- 줄타기에 참여할 친구를 부르는 대신에 바라보거나 손짓하고, 서 있어야 할 지점을 설명하는 대신에 보거나 가리키는 등 비언어적 신호를 쓰게 한다.
- 이름 대신에 특징을 말해 친구를 부른다(예: "흰색 운동화를 신고 있는 친구 이리 와.").

활동 33: 얘들아, 얘들아, 누구를 보고 있니

사회성 기술

● 공동주의

JA 1(물건이 제시될 때 그 방향 쳐다보기)

● 교실 · 그룹 행동

CG 15(노래, 책 또는 놀이 활동에서 나오는 단어나 동작 반복하기), CG 18(교사가 주도하는 소그룹 활동에 최소 10분 이상 참여하기), CG 20(교사가 주도하는 소그룹 듣기 활동에 최소 10분 이상 참여하기), CG 21(교사 또는 또래 주도 활동에서 다른 아동들과 함께 반응하기)

준비물

도화지, 크레파스, 매직펜, 스티커, 디지털 카메라, 코팅기(활동을 시작하기 전에 반 아이들의 사진을 찍어 인화하는 것이 좋다)

활동 시간 및 장소

이야기 나누기 시간, 책상에서의 활동

방법

- 아이들에게 에릭 칼(Eric Carle)의 책 『갈색 곰아, 갈색 곰아, 무엇을 보고 있니?』를 읽어 준다.
- 이 책과 비슷하지만 동물 캐릭터가 아닌 우리 반 아이들이 주인공인 교실 책을 만들 것이라고 설명한다.
- 아이마다 크레파스, 매직펜 또는 스티커를 사용해서 각자의 캐릭터를 꾸미거나 도화지에 자신만의 그림을 그린다.
- 아이들의 사진을 프린트해서 자신의 도화지에 붙인다.

- 각 아이의 사진이 있는 페이지와 꾸민 페이지가 나란히 오도록 편집한다. 아이들 사진마다 아래에 '○○아, ○○아, 누구를 보고 있니?'라는 문구를 추가한다.
- 책의 마지막에는 '그리고 나를 보고 있는 많은 친구를 보고 있지. 내가 보는 게 바로 그거야'라고 끝맺는다.
- 페이지를 코팅하고 함께 제본한다.
- 제본한 책을 아이들에게 읽어 준 다음, 활동 선택 시간에 아이들이 읽을 수 있도록 교실의 책꽂이에 둔다. 아이들이 짝을 이뤄 번갈아 가며 함께 읽도록 권장한다.

선생님을 위한 팁

책 내용과 다르게 아이들의 개인 정보를 수록하면 아이들이 친구들의 개인 정보를 기억하는 데 도움이 될 것이다.

활동 34: 이야기 완성하기

사회성 기술

● **자기 조절**

SR 3(말하기 전에 손을 들고 호명되기를 기다리기), SR 7(계획과 다른 상황이 발생했을 때 유연성 발휘하기)

● **사회적 언어**

SL 18(말할 때 몸과 시선이 상대방 향하기), SL 19(들을 때 몸과 시선이 상대방 향하기), SL 22(사회적 상호작용 중에 문제가 생겼을 때 이를 수정하거나 명확히 하기)

● **교실 · 그룹 행동**

CG 21(교사 또는 또래 주도 활동에서 다른 아동들과 함께 반응하기)

준비물

큰 종이, 이야기 완성에 도움이 되는 수많은 작은 크기(5×5cm)의 사람, 동물, 사물, 장소 그림

활동 시간 및 장소

이야기 나누기 시간, 책상에서의 활동

방법

- 큰 종이에 이야기의 시작 부분을 쓰고, 아이들이 내용을 추가할 수 있도록 빈칸을 남긴다. 예를 들어, '옛날 옛날에 _____에 _____을 좋아하는 _____가 살고 있었어요'라고 적는다.
- 아이들에게 차례대로 이야기의 빈칸을 채우게 한다.
- 빈칸을 채울 때 고를 수 있는 그림들을 아이들에게 준다.

- 그림을 선택하지 않고 자신의 생각으로 빈칸을 채울 수도 있다.
- 이 활동에 익숙해지면 문장과 내용을 추가하여 이야기를 이어 갈 수도 있다.
- 이야기가 완성되면 아이들과 함께 읽는다.

응용

- 아이들이 이야기 만들기를 잘하게 되면 이야기의 전개를 예측해 보게 한다. 예를 들어, 등장인물이 '왜 달을 좋아했는지 설명하도록 하는 것은 이야기를 더 풍부하게 만들 수 있게 한다.
- 〈아기 돼지 삼 형제〉처럼 잘 알려진 이야기의 줄거리를 바꾸는 것도 재미있는 활동이다. 예를 들어, '옛날에 아기 돼지 삼 형제가 있었어요. 아기 돼지 삼 형제는 _____을 짓기 위해서 _____을 가져왔어요'라고 진행할 수 있다.

선생님을 위한 팁

처음에는 이야기를 단순하게 유지하려고 노력해야 한다(몇 가지 세부사항만 추가하도록 제한). 빈칸이 있는 그림책을 코팅하고 내용을 추가해야 할 자리에 벨크로를 사용해서 코팅된 단어나 그림을 붙이면 이야기 완성하기 수업 진행이 더 수월해진다.

활동 35: 짝꿍 트위스터 게임

사회성 기술

● **사회적 놀이**

SP 20(게임 규칙이 변경되었을 때 따르거나 또래의 새로운 아이디어를 받아들일 때 유연성 보여 주기)

● **사회적 언어**

SL 10(다른 사람의 시작 행동에 반응하기)

● **교실 · 그룹 행동**

CG 10(교사가 부를 때까지 그룹에서 자리 지키기), CG 22(그룹에서 기본적인 2~3단계 지시 따르기)

● **비언어적인 사회적 언어**

NV 1(비언어적 상호작용에 반응하기), NV 2(적절하게 성인 또는 친구들과 비언어적 상호작용 시작하기)

준비물

트위스터 매트와 돌림판

활동 시간 및 장소

이야기 나누기 시간, 신체 놀이 시간

방법

• 두 명이 한 팀이 된다.
• 한 번에 한 팀씩 지정해서 돌림판 담당을 시킨다. 이 팀은 돌림판을 돌리고, 다른 팀

아이들에게 손발을 어느 색에 놓아야 하는지 알려 준다.

- 다른 모든 팀은 돌림판에 나온 지시대로 수행한다. 아이들에게 넘어지지 않고 매트 공간을 공유하면서 짝꿍끼리 같은 위치에 손발을 놓아야 한다고 말한다.
- 짝꿍이 넘어지면 탈락하는 게임으로 진행할 수도 있고, 나이가 더 어린 아이들의 경우에는 처음에는 탈락이 없는 게임으로 진행할 수도 있다.
- 돌림판의 지시를 제대로 완수하기 위해 짝꿍끼리 피드백을 주고받거나 필요한 경우 자기 자신을 위해 발언하게 한다(예: "나의 손발을 놓을 곳이 없어.").
- 모든 팀이 돌림판을 돌리고 지시를 수행할 때까지 계속한다.

응용

- 특정 색에 서 있을 때 짝꿍끼리 상호작용(예: 짝꿍과 하이파이브하기, 짝꿍에게 인사하기, 짝꿍에게 윙크하기)하도록 게임을 수정할 수 있다.
- 2~3단계 지시를 사용해서 게임의 난이도를 높인다(예: 손을 빨간색에, 발도 빨간색에 놓고 짝꿍에게 엄지 척 하기).

선생님을 위한 팁

아이들이 오른쪽, 왼쪽 개념을 어느 정도 이해하는지에 따라 지시사항에 이를 포함할지 생략할지 정한다. 돌림판 위에 시각 자료를 붙이는 것도 도움이 될 수 있다(예: 빨간색에 하이파이브 그림, 초록색에 윙크 그림).

활동 36: 까꿍 누구게

사회성 기술

● 사회적 놀이

　SP 7(구조화된 게임의 일부로 순서를 주고받으며 게임이 끝날 때까지 계속 주의를 집중하기),
SP 16(게임에서 지거나 탈락하는 것 받아들이기)

● 사회적 언어

　SL 4(또래를 이름으로 부르기)

준비물

담요나 얇은 천

활동 시간 및 장소

이야기 나누기 시간, 신체 놀이 시간, 긴 수업 중간의 쉬는 시간

방법

- 아이들을 두 팀으로 나눈다.
- 두 명의 선생님이 팀 사이에 담요를 들고 선다.
- 각 팀은 담요 반대편에 누가 있는지 보지 않고 담요 앞에 앉을 선수 한 명을 정한다.
- 아이들이 준비가 되면 선생님들은 담요를 내린다. 선수들은 서로를 확인하고 상대방의 이름을 먼저 말하려고 한다.
- 상대방의 이름을 먼저 말하는 아이가 승리하고 자기 팀에 남는다. 진 아이는 이긴 팀에 합류한다.

• 모두 같은 팀이 되거나 모든 아이가 선수를 할 때까지 게임을 계속한다.

아이들이 서로의 이름을 알고 있는지 확인해야 한다. 이 게임은 그룹이 클수록 더 재미있다.

사회성 기술

● 공동주의

JA 7(관심을 공유하기 위해 다른 사람에게 사물을 보여 주며 눈맞춤하기)

● 자기 조절

SR 3(말하기 전에 손을 들고 호명되기를 기다리기), SR 17(특정 주제나 질문에 집착하지 않기)

● 사회적 언어

SL 5(사회적 질문에 대답하기), SL 7(다른 사람이 공유한 물건이나 정보에 대해 구체적인 질문하기), SL 9(듣는 사람의 주의를 적절하게 끌기), SL 10(다른 사람의 시작 행동에 반응하기), SL 11(진행 중인 활동에 대한 질문에 대답하기), SL 12(본인, 가족, 주요 행사에 대한 정보 공유하기), SL 13(선호하는 주제에 대해 5개 이상의 질문에 대답하기), SL 14(서로 의견 주고받기), SL 18(말할 때 몸과 시선이 상대방 향하기), SL 19(들을 때 몸과 시선이 상대방 향하기), SL 20(공손한 표현 사용하기), SL 22(사회적 상호작용 중에 문제가 생겼을 때 이를 수정하거나 명확히 하기), SL 24(상황에 맞는 언어를 사용하고 어울리는 주제 꺼내기)

● 교실 · 그룹 행동

CG 20(교사가 주도하는 소그룹 듣기 활동에 최소 10분 이상 참여하기)

준비물

동물 인형, 바구니, 도화지, 크레파스

활동 시간 및 장소

이야기 나누기 시간

- 동물 인형 중 하나를 우리 반의 마스코트 인형으로 정한다. 돌돌 말아 끈으로 묶은 도화지와 마스코트 인형을 바구니에 담아 아이들이 돌아가며 집에 가져간다.
- 바구니 안에는 아이에게 읽어 줄 부모용 안내서도 넣는다. 안내서에는 '오늘 너희 집에 나를 데리고 와 줘서 고마워! 나는 친구 집에 놀러 오는 게 너무 좋아! 우리 함께 즐거운 시간을 보내자. 같이 논 후에 바구니에 있는 도화지에 우리가 무엇을 하고 놀았는지 색칠할 수 있어. 바구니, 종이, 그리고 나까지 모두 내일 학교로 가서 우리가 무엇을 했는지 반 친구들에게 얘기하자. 내일이 너무 기대돼. 사랑해. 원숭이로부터'와 같은 내용을 담는다.
- 다음날 학교에 갈 때 바구니, 인형, 그리고 자신이 그린 그림을 가지고 간다.
- 아이가 그려 온 그림을 시각 자료로 활용하여 원숭이 인형과 함께 무엇을 하며 놀았는지 반 아이들과 이야기를 나누게 한다.
- 다른 아이들이 손을 들고 호명을 기다렸다가 함께한 놀이에 대해 질문하거나 더 자세하게 설명해 달라고 요청하게 한다.
- 그림은 모두 벽에 걸거나 '너, 나, 원숭이 셋이서'라는 제목의 책으로 만들 수 있다.

- 반 친구나 다른 친구와 함께 놀았던 날을 그린 그림을 공유한다.
- 아이가 교실을 돌아다니며 반 아이들과 그림을 공유한다. 모든 아이는 칭찬을 해야 하고, 그림을 공유한 아이는 칭찬에 대한 감사의 마음을 예의 바른 표현으로 답해야 한다.

활동 38: 내 눈을 따라와

사회성 기술

● 공동주의

JA 5(물건을 향한 포인팅이나 몸짓 따라가기), JA 6(다른 사람의 시선을 따라 물체 추적하기)

● 사회적 놀이

SP 7(구조화된 게임의 일부로 순서를 주고받으며 게임이 끝날 때까지 계속 주의를 집중하기)

● 비언어적인 사회적 언어

NV 5(기본적인 몸짓과 비언어적 단서 따르기)

준비물

블록 또는 기타 조립 재료(예: 퍼즐, 케이넥스)

활동 시간 및 장소

구조화된 놀이 시간

방법

- 아이들에게 조립 재료로 만들기를 할 것이라고 말한다. 가끔은 완성된 사진을 아이들에게 보여 주는 것이 도움이 된다(예: 블록으로 만든 집 사진이나 케이넥스로 만든 오리 사진).
- 번갈아 가며 친구들에게 어떤 조각을 다음에 놓아야 하는지 눈으로 보여 줄 것이라고 설명한다. 먼저 다음에 놓을 조각을 보고 나서 놓아야 하는 장소를 봐야 한다. 아이들은 각 조각을 매우 신중하게 봐야 한다.
- 선생님들이 이 활동을 어떻게 하는지 시범을 몇 번 보여 준다. 먼저 선생님끼리 시범을 보이고, 그다음에 아이들과 함께 연습한다.

- 두 명의 아이로 시작하는 것이 가장 좋다.
- 블록이나 조립 재료를 아이들 앞에 놓고, 한 아이가 먼저 다른 아이에게 집어야 할 조각과 그 조각을 어디에 놓을지를 눈으로 보여 준다.
- 조각을 제대로 놓으면 서로 역할을 바꾸어 조각을 놓았던 아이가 짝에게 눈으로 사용할 조각과 위치를 알려 준다.

선생님을 위한 팁

처음에는 눈으로 하는 것보다는 사용할 블록과 놓을 위치를 가리키도록 하는 것이 더 쉬울 것이다.

● 공동주의

JA 5(물건을 향한 포인팅이나 몸짓 따라가기), JA 6(다른 사람의 시선을 따라 물체 추적하기), JA 7(관심을 공유하기 위해 다른 사람에게 사물을 보여 주며 눈맞춤하기), JA 8(관심을 공유하기 위해 사물 가리키고 눈맞춤하기)

● 사회적 놀이

SP 4(장난감이나 자료 공유하기)

● 자기 조절

SR 3(말하기 전에 손을 들고 호명되기를 기다리기), SR 17(특정 주제나 질문에 집착하지 않기)

● 사회적 · 정서적 기술

SE 5(다른 사람의 행동이나 소지품에 대해 적절한 정도의 관심 표현하기)

● 사회적 언어

SL 4(또래를 이름으로 부르기), SL 5(사회적 질문에 대답하기), SL 6(사회적 질문하기), SL 7(다른 사람이 공유한 물건이나 정보에 대해 구체적인 질문하기), SL 9(듣는 사람의 주의를 적절하게 끌기), SL 10(다른 사람의 시작 행동에 반응하기), SL 11(진행 중인 활동에 대한 질문에 대답하기), SL 13(선호하는 주제에 대해 5개 이상의 질문에 대답하기), SL 14(서로 의견 주고받기), SL 24(상황에 맞는 언어를 사용하고 어울리는 주제 꺼내기)

● 교실 · 그룹 행동

CG 20(교사가 주도하는 소그룹 듣기 활동에 최소 10분 이상 참여하기), CG 23(친구에게 물건 전달하기)

준비물

아이들이 집에서 가져온 물건

이야기 나누기 시간

방법

- 집에서 가져온 물건을 발표할 순서를 정한다.
- 발표자는 친구들에게 자신이 가져온 물건을 보여 준다.
- 반 친구들에게 자신이 가져온 물건을 소개한다(예: "이건 나의 새로운 장난감이야." "이건 내가 가장 좋아하는 공원 사진이야.").
- 그 물건을 가져온 이유를 설명한다(예: "생일 선물로 받은 장난감이어서 보여 주고 싶었어." "친구들과 이곳에 놀러 가는 것을 좋아하기 때문에 이 공원 사진을 보여 주고 싶었어.").
- 아이들은 질문하거나 자신의 의견을 말하기 위해 손을 들고 발표자의 호명을 기다린다.
- 발표자가 자신이 가져온 물건을 설명하고, 반 아이들이 다양한 질문과 의견을 말하도록 돕기 위해 시각적 지원이 필요할 수 있다.

선생님을 위한 팁

'보여 주고 말해 봐'에 어떤 물건을 보내는 것이 적절한지 지침을 가정에 전달해야 한다. 예를 들어, 아이가 집착할 수 있는 물건은 피하는 것이 좋다. 친구들에 대해 알아가는 단원을 배우고 있다면 자신이 좋아하는 색과 관련된 물건처럼 그 수업 단원과 관련된 물건을 가져오는 것이 도움이 된다. 친구들과 함께 공유하거나 놀고 싶은 게임을 가져올 수도 있으며, 이렇게 함으로써 아이가 집에서 그 게임을 더 잘 할 수 있게 도울 수 있다.

활동 40: 목록에 있는 물건을 찾아요

사회성 기술

● 공동주의

JA 5(물건을 향한 포인팅이나 몸짓 따라가기)

● 교실 · 그룹 행동

CG 9(자발적으로 또는 요청을 받았을 때 다른 사람 돕기), CG 14(줄을 서서 걸을 때 자기 자리를 지키고 그룹과 보조 맞추기)

준비물

아이들이 걸어 다니며 찾을 수 있는 물건들의 시각적 그림 목록

활동 시간 및 장소

비 오는 날, 운동장, 건물 주변

방법

- 아이들에게 걸어 다니며 찾아야 할 물건의 목록을 준다. 목록은 아이별로 서로 달라야 한다. 이 목록의 물건들은 복도나 실외에서 볼 수 있는 것으로 한다(예: 한글 '가', 의자, 노란색 종이, 울타리, 나무 조각, 그네).
- 아이들에게 목록의 모든 물건을 찾으러 간다고 말한다.
- 아이는 자기 목록의 물건을 찾는 즉시 그 물건을 가리키면서 "찾았어요."라고 말하고, 자기 목록에서 해당 항목을 지운다.
- 모든 아이가 목록을 다 지울 때까지 걷기를 계속 한다.

- 걷기를 더 재미있게 하기 위해 산책로를 따라 주제나 휴일에 관련된 물건들을 배치한다. 예를 들어, 국경일이라면 길을 따라 태극기를, 추석에는 송편을 밸런타인데이에는 하트를 배치한다.
- 짝꿍 또는 그룹을 지어 함께 목록의 물건을 찾도록 한다.
- 공동주의를 학습하고 있는 중이거나 교실 밖으로의 이동이 도전적인 아이들에게는 강화가 될 만한 물건을 교실에서 고른다. 예를 들면, 기차를 좋아하는 민석이에게는 교실에서 장난감 기차를 찾도록 한다.

선생님을 위한 팁

이 활동은 목록이 모두 시각적으로 이루어졌을 경우에 더 잘 진행된다. 또한 목록을 아이들과 함께 미리 검토하면 더 효과적이다. 만약 학교 환경에서 진행한다면 다른 학급과 교직원들에게 이메일을 보내서 아이들이 찾도록 일부러 배치해 둔 물건들을 치우지 않도록 한다. 물론 다른 학급과 교사들까지 참여시키면 더 재미있을 것이다!

활동 41: 개별 임무 체크리스트

● 공동주의

JA 9(자신이나 다른 사람이 하고 있는 행동에 대해 언급하기)

● 사회적 놀이

SP 4(장난감이나 자료 공유하기), SP 9(또래가 요청하면 하던 것 멈추기), SP 13(선호하는 활동에 또래 초대하기), SP 15(또래가 선택한 활동에 같이하자는 초대를 수락하기)

● 자기 조절

SR 6(전환할 때 교실에서의 기대 행동을 따르고 유연성 보여 주기), SR 7(계획과 다른 상황이 발생했을 때 유연성 발휘하기), SR 8(선호하는 활동이 중단될 때 유연성 보여 주기), SR 17(특정 주제나 질문에 집착하지 않기)

● 사회적 · 정서적 기술

SE 6(친구가 자신의 행동에 어떻게 반응할지 예상하고 그에 따라 행동하기)

● 사회적 언어

SL 1(만날 때 혹은 헤어질 때 나누는 인사에 반응하기), SL 3(만날 때 혹은 헤어질 때 나누는 인사 먼저 하기), SL 7(다른 사람이 공유한 물건이나 정보에 대해 구체적인 질문하기), SL 10(다른 사람의 시작 행동에 반응하기), SL 14(서로 의견을 주고받기), SL 16(대화를 유지하기 위해 3~4회 정도 질문에 대답하거나 질문하거나 의견을 말하기), SL 18(말할 때 몸과 시선이 상대방 향하기), SL 24(상황에 맞는 언어를 사용하고 어울리는 주제를 꺼내기)

준비물

개별 임무 체크리스트, 필기구

이야기 나누기 시간, 협동 놀이 활동, 목표 기술에 따라 언제든지 가능

방법

- 활동이나 그룹을 시작할 때, 각 아이에게 목표로 삼은 사회적 기술 또는 행동에 대한 체크리스트와 필기구를 준다.
- 그룹 형태로 체크리스트의 기술에 대해 같이 검토한다.
- 체크리스트에는 다음과 같은 기술 또는 행동을 포함한다. "안녕." 하고 3명의 친구들에게 인사하기, 친구에게 같이 놀자고 요청하기, 다른 사람이 사용 중인 장난감을 가져가기 전에 허락 구하기가 그것이다.
- 미리 정한 간격(예: 활동 간에 전환할 때, 5분마다 타이머가 울릴 때)으로 각 아이는 그 기술을 사용했는지에 따라 '예' 또는 '아니요'로 체크한다.
- 그 기술을 사용할 때마다 (필기구를 이용하여) 체크리스트에 체크한다.
- 처음에는 체크리스트 사용과 기술 또는 행동 사용을 정확히 관찰하는 것에 대한 도움이 필요하다.

선생님을 위한 팁

체크리스트에 기술 또는 행동이 묘사된 사진을 사용하면 아이들의 자립 능력을 향상시킨다. 처음에는 한두 가지 기술을 집중해서 시작하고, 서너 가지 기술까지 확장한다. 아이들의 수준에 따라 체크리스트가 인사에 반응하기이거나 아이가 인사를 먼저 건네야 하는 한 명에서 세 명의 친구들 사진과 같이 단순할 수 있다. 또 어떤 아이들의 경우, 오전에 몇 명에게 먼저 인사를 건네는지 기록할 수 있다. 일부 아이는 체크리스트를 완료하면 강화제를 받는 것이 도움이 된다.

활동 42: '좋은 친구' 책 만들기

사회성 기술

● **사회적 놀이**

SP 22(친구인 아동을 구별하고 그 이유를 간단하게 설명하기)

● **사회적 · 정서적 기술**

SE 6(친구가 자신의 행동에 어떻게 반응할지 예상하고 그에 따라 행동하기)

● **교실 · 그룹 행동**

CG 18(교사가 주도하는 소그룹 활동에 최소 10분 이상 참여하기)

준비물

아이들이 함께 활동하며 노는 사진들, 풀, 도화지, 코팅지, 바인더

활동 시간 및 장소

이야기 나누기 시간, 책상에서의 활동

방법

- 소그룹에서 좋은 친구의 자질(예: 사이좋게 놀고, 공유를 잘하고, 이야기를 잘 들어 주는 사람)에 대해 이야기를 나눈다.
- 여러 다양한 상황에서 아이들이 적절하게 함께 노는 사진을 미리 찍어 둔다.
- 미리 준비해 둔 서로 함께 놀며 협력하는 사진을 준다.
- 아이들은 좋은 친구의 모습을 가장 잘 보여 주는 사진을 고른다.
- 성인의 도움을 받아 그 사진들을 종이에 붙이고 설명을 쓴다(예: "나는 장난감을 나눠 주고 있어서 좋은 친구예요.").
- 여러 사진을 풀로 붙이고, 설명을 쓴 라벨을 붙인 후에 코팅하고 제본하여 아이 각

자의 책을 만든다.

• 아이들은 짝을 이뤄 서로 책을 읽어 주고, 좋은 친구의 조건에 대해 이야기한다.

활동 43: '감정' 책 만들기

사회성 기술

● 사회적 · 정서적 기술

SE 1(다른 사람과 자신의 감정을 인식하기) , SE 2(질문을 받으면 자신과 타인의 감정 상태에 대해 간단히 설명하기), SE 6(친구가 자신의 행동에 어떻게 반응할지 예상하고 그에 따라 행동하기)

● 교실 · 그룹 행동

CG 18(교사가 주도하는 소그룹 활동에 최소 10분 이상 참여하기)

준비물

잡지, 인터넷에서 수집한 사람들의 다양한 감정 표현 사진, 도화지, 코팅지, 바인더

활동 시간 및 장소

이야기 나누기 시간, 책상에서의 활동

방법

- 소그룹으로 여러 감정에 대해 이야기를 나눈다.
- 다양한 감정을 느끼는 사람들의 사진을 미리 잡지나 인터넷에서 찾아 준비한다.
- 다양한 감정을 느끼는 사람들의 사진(예: 아이스크림을 떨어뜨려서 우는 소녀)을 아이들에게 보여 주고, 이 사람이 어떤 기분인지, 왜 그런지 질문한다.
- 아이들에게 잡지에서 찾은 사진이나 선생님이 인쇄한 사진으로 자신만의 감정 책을 만들 것이라고 말한다.
- 아이들은 사진을 오린 후에 도화지에 풀로 붙인다.
- 성인의 도움을 받아 아이들은 사진에 라벨을 붙인다(예: "이 남자아이는 트램펄린에서 뛰고 있어서 행복해요.").

- 여러 사진을 풀로 붙이고, 설명을 쓴 라벨을 붙인 후에 코팅하고 제본하여 아이 개개인의 책을 만든다.
- 아이들은 짝을 이뤄 서로 책을 읽어 주고, 서로 다른 그림들과 감정에 대해 이야기한다.

응용

- 아이들이 감정과 그 감정을 느끼는 이유를 파악하게 되면 다양한 상황에 처한 사람들에게 어떻게 반응해야 하는지 파악하는 데 중점을 둔다.

선생님을 위한 팁

그룹에 따라 한 번에 한 가지 감정에 집중하거나(예: 행복한 사람들의 다양한 모습 사진 찾기) 다양한 감정을 구별하도록 하게 한다.

활동 44: '기다리기' 책 만들기

사회성 기술

● 자기 조절

SR 3(말하기 전에 손을 들고 호명되기를 기다리기), SR 16(지시에 따라 최대 1분 동안 도전적 행동을 하지 않고 도움이나 요구한 물건을 기다리기)

● 교실 · 그룹 행동

CG 10(교사가 부를 때까지 그룹에서 자리를 지키기), CG 18(교사가 주도하는 소그룹 체험 학습에 최소 10분 이상 참여하기), CG 20(교사가 주도하는 소그룹 듣기 활동에 최소 10분 이상 참여하기)

준비물

아이들이 기다려야 할 상황을 직접 찍거나 인터넷에서 수집한 사진이나 그림, 아이들이 적절하게 기다리면서 활동을 하는 사진이나 그림(예: 색칠하기, 미로 찾기, 다른 친구와 대화하기, 함께 박수를 치는 게임하기), 풀, 도화지, 코팅지, 바인더

활동 시간 및 장소

이야기 나누기 시간, 책상에서의 활동

방법

• 소그룹 상황에서 아이들이 기다려야 하는 시간에 대해 이야기를 나눈다. 그리고 기다려야 하는 상황을 모두 나열하게 한다(예: 장난감을 나눠 갖기 위해 기다리기, 줄을 서서 기다리기, 부모님이 이야기하실 때 기다리기, 선생님이 다른 사람과 바쁘실 때 기다리기).
• 기다리기에 대한 자신만의 책을 만들 것이라고 말한다.
• 아이들은 도화지의 왼쪽 면에 기다려야 하는 상황의 그림을 오려서 풀로 붙인다.

- 성인의 도움을 받아 기다리면서 할 수 있는 모든 방법을 목록으로 작성한다(예: 10까지 숫자 세기, 공손하게 "선생님, (죄송한데요)"이라고 말하기, 다른 곳에서 놀기, 심호흡하기).
- 기다리면서 할 수 있는 다양한 전략과 활동의 그림들을 제공하고, 아이들은 도화지의 오른쪽 면에 한 가지 그림을 골라 오린 후에 풀로 붙인다.
- 기다리기에 대한 다양한 그림과 기다릴 때 사용할 수 있는 전략 그림을 오려서 붙인 후에 코팅하고 제본한다.
- 아이들은 짝을 이뤄 서로 책을 읽어 주고, 서로 다른 그림들에 대해 이야기한다.
- 선생님이 주도하는 소그룹 수업에서는 책을 읽고, 아이들은 각기 다른 시나리오로 역할극을 한다(예: 한 아이가 바쁜 척을 하면 다른 아이는 '선생님은 바빠요' 그림을 가리킨 후에 적절한 기다리기 전략을 선택하고 그 전략처럼 행동한다).

선생님을 위한 팁

자연스럽게 기다려야 하는 상황에서 친구들의 행동을 관찰하면 아이들이 기다려야 하는 상황과 기다릴 때 할 수 있는 일을 식별하는 방법을 배우는 데 도움이 된다. 이 책은 기다리기가 필요한 상황 전에 기다리기를 가르칠 때에도 사용할 수 있지만, 기다리기에 관한 수업을 받은 후에는 아이들이 기다려야 할 상황이 있을 때 이 책을 가지고 다녀도 좋다. 최종적으로 기다리기 책 대신에 책에 나와 있던 아이들이 바쁘게 할 수 있는 활동들이 들어 있는 '기다리기 상자'를 사용하도록 한다. 아이들은 다음 활동이 시작되기를 기다리는 동안에 스스로 바쁘게 보낼 수 있는 활동을 선택할 수 있어야 한다.

활동 45: 친해지기 빙고

● 사회적 놀이

SP 23(다른 사람의 취향과 관심이 자신과 다를 수 있음을 적절하게 받아들이기), SP 24(이겼을 때 지나치게 자랑하는 말이나 몸짓을 사용하지 않기)

● 사회적 언어

SL 4(또래를 이름으로 부르기), SL 5(사회적 질문에 대답하기), SL 6(사회적 질문 하기), SL 9(듣는 사람의 주의를 적절하게 끌기), SL 10 (다른 사람의 시작 행동에 반응하기), SL 12(본인, 가족, 주요 행사에 대한 정보 공유하기), SL 13(선호하는 주제에 대해 5개 이상의 질문에 대답하기), SL 14(서로 의견 주고받기), SL 18(말할 때 몸과 시선이 상대방 향하기), SL 19(들을 때 몸과 시선이 상대방 향하기), SL 24(상황에 맞는 언어를 사용하고 어울리는 주제 꺼내기)

준비물

미리 준비한 빙고 카드(각 카드에는 4개의 칸과 각 칸마다 그림이 있다. 각 그림은 아동 중 한 명과 관련된 정보를 담고 있다), 마커나 크레파스

활동 시간 및 장소

이야기 나누기 시간

방법

• 각각의 칸에 다른 아이들에 대한 정보가 담긴 개별화된 빙고 카드를 아이들에게 준다(예: "우리 고양이 이름은 루비예요." "내가 제일 좋아하는 바깥 놀이는 술래잡기예요.").
• 정보를 시각적으로 묘사(예: 한 아이가 가장 좋아하는 바깥 놀이를 표현한 그네 타는 그림, 다른 아이가 가장 좋아하는 게임을 나타낸 우노 카드)해서 성인의 도움을 최소화한다.

- 아이들과 함께 각 칸의 정보를 검토한다.
- 서로 질문(예: "준규라는 형이나 동생이 있어?")하여 각각의 정보에 해당하는 아이를 찾도록 지도한다.
- 아이들은 그룹을 돌아다니면서 교대로 질문하거나 교실을 돌아다니면서 서로에게 다가가 질문한다.
- 칸에 묘사된 정보가 누구인지 알게 되면 그 칸에 × 표시를 하도록 한다.
- 가장 먼저 빙고 카드를 다 채운 사람이 우승한다.

응용

- 주제를 정한(예: 놀이터) 후에 그 특정 영역에서 아이들이 선호하는 것에 대해 가르친다.

선생님을 위한 팁

'너에 대한 모든 것(활동 13)'을 가르친 후에 이 놀이를 하면 아이들이 친구의 선호와 특징에 대해 이미 알기 때문에 도움이 된다. 처음에는 빙고 카드를 3칸이나 4칸으로 시작하고, 이 활동에 익숙해지면 칸의 개수를 더 늘린다.

활동 46: 누구의 것일까

사회성 기술

● 자기 조절

SR 3(말하기 전에 손을 들고 호명되기를 기다리기)

● 사회적 언어

SL 4(또래를 이름으로 부르기), SL 7(다른 사람이 공유한 물건이나 정보에 대해 구체적인 질문하기), SL 10(다른 사람의 시작 행동에 반응하기)

● 교실 · 그룹 행동

CG 3(자신, 타인, 그룹의 소지품 인식하기), CG 9(자발적으로 또는 요청을 받았을 때 다른 사람 돕기), CG 21(교사 또는 또래 주도 활동에서 다른 아동들과 함께 반응하기)

준비물

아이들의 여러 가지 물건

활동 시간 및 장소

이야기 나누기 시간

방법

- 아이들은 자신의 물건을 가지고 둥그렇게 둘러앉는다(예: 집에서 가져온 장난감, 자신이 그린 그림).
- 아이 한 명이 교실 밖으로 나가고, 남은 아이 중 한 명의 물건을 원 가운데에 놓는다. 그리고 나머지 아이들은 자신의 물건을 등 뒤나 다리 안에 숨긴다.
- 밖에 나간 아이가 교실로 돌아와서 원의 가운데로 들어간다.
- 원 가운데에 선 아이는 물건을 집어 들고, 나머지 아이들은 다음과 같이 노래한다(〈

둥글게 둥글게〉 노래 응용).

(노래) 둥글게 둥글게

둥글게 둥글게

빙글빙글 돌아가며 찾아보세요

누구의 것일까요?

• 원 가운데 서 있는 아이는 손에 들고 있는 물건으로 빈칸을 채워 문장을 완성해야
  한다.

"○○아, 여기 있는 _____이 네 것이니?"

• 그리고 그 물건의 주인이라고 생각하는 친구 앞에 선다.
• 만약 정답을 맞혔다면 그 물건의 주인인 아이가 추측하는 사람이 된다.
• 만약 틀렸다면 아이들은 〈둥글게 둥글게〉를 다시 부르고, 원 가운데에 서 있는 아
  이는 다시 추리한다.
• 이 활동은 원 가운데에 서 있는 아이가 정답을 맞힐 때까지 계속한다.

활동 47: 카드 지시 따르기

사회성 기술

● 공동주의

JA 9(자신이나 다른 사람이 하는 행동에 대해 언급하기)

● 사회적 놀이

SP 4(장난감이나 자료 공유하기), SP 7(구조화된 게임의 일부로 순서를 주고받으며 게임이 끝날 때까지 계속 주의를 집중하기), SP 12(장난감이나 물건 교환하기), SP 20(게임의 규칙이 변화되었을 때 따르거나 또래의 새로운 아이디어를 받아들일 때 유연성 보여 주기)

● 사회적 · 정서적 기술

SE 5(다른 사람의 행동이나 소지품에 대해 적절한 정도의 관심을 표현하기)

● 사회적 언어

SL 2(대상을 지정하여 지시하면 따르기), SL 4(또래를 이름으로 부르기), SL9(듣는 사람의 주의를 적절하게 끌기), SL 18(말할 때 몸과 시선을 상대방에게 향하기), SL 19(들을 때 몸과 시선을 상대방에게 향하기)

● 교실 · 그룹 행동

CG 22(그룹에서 기본적인 2~3단계 지시 따르기), CG 23(친구에게 물건을 전달하기)

● 비언어적인 사회적 언어

NV 5(기본적인 몸짓과 비언어적 단서 따르기)

준비물

동물 인형, 공, 콩 주머니 또는 작은 물건들, 다양한 행동을 묘사한 그림 카드 세트

활동 시간 및 장소

이야기 나누기 시간, 운동 시간

- 아이들은 원으로 둘러앉은 후에 동물 인형을 하나씩 갖는다.
- 처음 시작할 아이 한명을 선택한다.
- 그 아이는 원 가운데의 카드 더미에서 카드 한 장을 선택한 후에 카드의 지시대로 한다(예: 동물 인형을 머리 위에 올리기, 동물 춤 추기, 초록색을 가지고 있는 아이와 인형 교환하기).
- 순서대로 다음 아이가 카드를 골라 지시대로 한다.

응용

- 동물 인형 한 개를 가지고 옆으로 돌리면서 아이들이 차례대로 하도록 한다.
- 아이들은 돌아가면서 카드를 뽑은 친구가 무엇을 하는지 설명한다(예: "민서는 머리에 새를 올려놓았어요.").

선생님을 위한 팁

처음 이 게임을 소개할 때는 단순한 동작으로 시작하고, 아이들이 익숙해지면 더 복잡한 동작을 사용한다.

활동 48: 주제에 맞는 이야기하기 ① - 대화 고리 만들기

사회성 기술

● **사회적 놀이**

SP 23(다른 사람의 취향과 관심이 자신과 다를 수 있음을 적절하게 받아들이기)

● **자기 조절**

SR 12(피드백에 따라 행동을 수정하기), SR 17(특정 주제나 질문에 집착하지 않기), SR 18(말할 때 대화에 적절한 목소리 크기와 어조 사용하기)

● **사회적 · 정서적 기술**

SE 3(다른 사람에 대한 공감을 나타내기)

● **사회적 언어**

SL 5(사회적 질문에 대답하기), SL 6(사회적 질문하기), SL 7(다른 사람이 공유한 물건이나 정보에 대해 구체적인 질문 하기), SL 9(듣는 사람의 주의를 적절하게 끌기), SL 10(다른 사람의 시작 행동에 반응하기), SL 12(본인, 가족, 주요 행사에 대한 정보를 공유하기), SL 14(서로 의견을 주고받기), SL 16(대화를 유지하기 위해 3~4회 정도 질문에 대답하거나 질문하거나 의견 말하기), SL 17(또래가 화제를 바꾸면 적절하게 반응하기), SL 18(말할 때 몸과 시선이 상대방을 향하기), SL 19(들을 때 몸과 시선이 상대방을 향하기), SL 23(나이에 맞는 주제로 대화하기), SL 24(상황에 맞는 언어를 사용하고 어울리는 주제를 꺼내기)

준비물

고리를 만들 색종이 띠, 스카치 테이프나 스테이플러, 다양한 대화 주제와 관련된 시각 준비물

활동 시간 및 장소

이야기 나누기 시간, 간식 또는 점심 시간

- 아이들에게 색종이 띠 뭉치를 준다(아동별로 한 가지 색상).
- 선생님이 대화 주제를 정하거나 아이가 주제 게시판에서 하나를 선택한다.
- 아이들은 돌아가면서 대화 주제와 관련한 의견을 말하거나 질문을 한다. 예를 들어, 만약 주제가 '놀이터'라면 아이들은 놀이터와 관련된 말이나 질문을 한다.
- 만약 의견이나 질문이 주제와 관련이 있다면 색종이 띠로 동그라미를 만든 후에 스카치 테이프나 스테이플러로 다른 아이들의 고리와 연결한다.
- 만약 아이가 주제에 대한 의견 또는 질문이 없거나 주제에 벗어난 이야기를 하면 그 다음 아이로 넘어간다.
- 마지막으로 아이들은 대화에 얼마나 많은 '색'이나 의견을 추가했는지 세어 본다. 아이들은 다양한 색의 여러 대화 고리에 자신의 색이 있는 것을 볼 수 있어야 한다.
- 고리를 교실의 한쪽에 걸어 두거나 아이 중 한 명이 집으로 가져갈 수 있다.

- 아이마다 색을 정하는 것 대신, 각 주제별로 색을 정하고 주제가 바뀌면 색을 바꾼다. 아이들은 자신이 가장 오래 이야기한 것, 가장 재미있었던 것, 대화를 중단시킨 것(대화를 끝낸 것)이 무엇인지에 대해 이야기 한다.
- 대화 고리를 만드는 대신에 대화 피자를 만든다. 아이마다 다른 조각 또는 피자 재료(예: 페퍼로니, 파프리카, 버섯)를 정한다. 아이가 대화에 참여할 때마다 큰 피자에 한 조각을 추가한다.

● **사회적 놀이**

SP 23(다른 사람의 취향과 관심이 자신과 다를 수 있음을 적절하게 받아들이기)

● **자기 조절**

SR 9(도전적인 행동을 하지 않고 피드백 및 수정에 따르기), SR 12(피드백에 따라 행동을 수정하기), SR 17(특정 주제나 질문에 집착하지 않기), SR 18(말할 때 대화에 적절한 목소리 크기와 어조를 사용하기)

● **사회적 · 정서적 기술**

SE 3(다른 사람에 대한 공감을 나타내기)

● **사회적 언어**

SL 5(사회적 질문에 대답하기), SL 6(사회적 질문을 하기), SL 7(다른 사람이 공유한 물건이나 정보에 대해 구체적인 질문하기), SL 9(듣는 사람의 주의를 적절하게 끌기), SL 10(다른 사람의 시작 행동에 반응하기), SL 12(본인, 가족, 주요 행사에 대한 정보를 공유하기), SL 14(서로 의견을 주고받기), SL 16(대화를 유지하기 위해 3~4회 정도 질문에 대답하거나 질문하거나 의견을 말하기), SL 17(또래가 화제를 바꾸면 적절하게 반응하기), SL 18(말할 때 몸과 시선을 상대방에게 향하기), SL 19(들을 때 몸과 시선을 상대방에게 향하기), SL 23(나이에 맞는 주제로 대화하기), SL 24(상황에 맞는 언어를 사용하고 어울리는 주제를 꺼내기)

준비물

왼쪽과 오른쪽에 나무가 있고 그 가운데에 정사각형 칸들을 그려 놓은 큰 도화지(각 칸은 아이가 대화 중에 할 말이나 질문을 의미), 게임 말(예: 각기 다른 색깔의 색종이 별 또는 원)

활동 시간 및 장소

이야기 나누기 시간, 간식 또는 점심 시간

- 아이들은 대화 주제를 선택하거나 주제판에서 하나를 고른다.
- 주제와 관련된 질문이나 이야기를 차례대로 한다.
- 예를 들면, 만약 주제가 '놀이터'라면 아이들은 놀이터와 관련한 질문이나 이야기를 한다.
- 만약 의견이나 질문이 주제에 맞는다면 아이가 게임 말을 한 칸 옮기도록 도와준다.
- 만약 아이가 주제에 대한 의견 또는 질문이 없거나 주제에 벗어난다면 다음 아이로 넘어간다.
- 만약 아이가 주제에 벗어난 질문을 하거나 의견을 말한다면 그 아이의 게임 말을 '숲'에 놓으면서 "너 지금 옆길로 새서 숲속으로 갔네. 우리는 지금 _____에 대해 이야기 하고 있어."라고 말한다.
- '숲'에 있는 아이가 다음 차례에 주제에 알맞은 질문이나 의견을 말하면 숲속에서 나온다. 아이는 '숲'에 가기 전에 있었던 칸으로 돌아가서 게임을 계속한다.
- 제일 먼저 게임판 끝에 도착한 아이가 승리한다.

응용

- 게임 말을 한 개만 가지고 아이들이 함께 게임판 끝에 도착할 수 있다.
- 이 게임 역시 '피자 재료'를 추가하는 대화 피자(활동 48 참조) 게임으로도 할 수 있다. 만약 아이들이 주제와 관련된 의견을 말한다면 페퍼로니, 버섯, 치즈나 그 외의 '재료'(도화지로 만들 수 있는 것)를 선택해서 피자에 추가한다. 마지막에는 아이들이 공동으로 큰 콤비네이션피자를 만들어 얼마나 많은 의견이나 질문이 추가되었는지 시각적으로 확인한다. 맥락에 맞지 않는 의견을 이야기한 경우에는 재료를 추가할 수 없다.
- 대화 나무처럼 응용한다. 주제가 바뀔 때마다 나무에 새로운 가지를 추가한다. 특정 주제에 관련한 의견이나 질문에는 나뭇잎을 붙인다. '대화 중단자'(아무도 의견이나 질문을 추가할 수 없는 맥락에 맞지 않는 이야기)라고 누군가 말한다면 해당 가지에 **빨간색** 도화지 조각을 추가하여 이 가지에 더 이상 의견을 추가할 수 없음을 시각적으로 표시한다. 이 게임의 목표는 어떤 대화 중단자도 만들지 않는 것이다.

선생님을 위한 팁
도화지 대신에 양면에 나무가 그려 있는 게임판을 사용해도 좋다.

활동 50: 볼륨을 맞춰요

사회성 기술

● 자기 조절

SR 4(성인이 유도한 진정 전략에 반응하기), SR 5(화가 났거나 좌절했을 때를 인식하고 휴식 또는 진정에 필요한 물건이나 활동을 적절하게 요구하기), SR 7(계획과 다른 상황이 발생했을 때 유연성을 발휘하기), SR 8(선호하는 활동이 중단되었을 때 유연성 보이기), SR 12(피드백에 따라 행동을 수정하기), SR 18(말할 때 대화에 적절한 목소리 크기와 어조를 사용하기)

준비물

큰 도화지, 필기구, 아이들이 직접 색칠할 수 있거나 인터넷에서 복사한 여러 다른 그림

활동 시간 및 장소

이야기 나누기 시간, 책상에서의 활동

방법

• 목표가 될 감정(예: 좌절감, 불안감) 또는 주변 환경 조건(예: 소음)을 선택한다.
• 아이들은 필기구와 큰 도화지를 이용하여 목표와 관련된 5단계의 표를 만든다.
• 아이들은 각 숫자와 어울리는 단어와 그림을 찾는다. 예를 들어, 태풍의 소음 정도는 5단계, 파티는 4단계, 놀이터는 3단계, 실내에서 노는 것은 2단계, 그리고 책상에서 활동하는 것은 1단계와 짝지을 수 있다.
• 아이들은 각각의 숫자 단계에 어울리는 그림을 그리거나 인터넷의 사진을 사용한다. 인터넷의 사진을 사용한다면 아이들에게 각 숫자가 어떤 소리처럼 생각되는지에 대해 이야기하게 하는 것이 도움이 된다(예: "숫자 1을 생각하면 어떤 소리가 날 것 같니?"). 이 방법은 구체적인 소리를 사용할수록 아이들이 더 쉽게 할 수 있다. 종종 감정과 같이 덜 구체적인 단계를 가르치기 전에 소리 단계로 시작하는 것이 도움이 된다.

- 아이들은 5단계 표 옆에 해당하는 사진을 오려서 풀로 붙인다.
- 다양한 수준의 목표 모델을 만들거나 목표와 관련된 여러 가지 상황을 번갈아 가며 역할극을 할 아이를 선정한다.
- 나머지 다른 아이들은 모델링된 표적이 어디에 해당하는지 단계 표에 표시한다.
- 그룹 또는 수업 시간 동안에 단계 표를 시각적으로 볼 수 있도록 하고, 주기적으로 목표의 수준에 라벨을 붙인다.
- 소음의 크기에 관해서는 아이들이 자유 놀이 시간에 적절한 소음 정도를 보인다면 "모두 2단계로 잘 말하고 있어."라고 말하거나, 너무 시끄럽다면 "지금 목소리는 3단계인데, 책상에서는 1단계로 낮춰 주겠니?"라고 말한다.
- 또한 주기적으로 아이들에게 "지금 너희는 몇 단계라고 생각하니?"라고 묻는다.

응용

- 일단 아이들이 목표로 삼은 감정과 상태를 정확하게 평가할 수 있게 되면 사용할 수 있는 진정 또는 대처 전략을 찾도록 지도한다.

선생님을 위한 팁

구조화된 수업 중에 확인된 언어와 단계를 사용하여 그룹 또는 학교 수업 내내 이를 수행하는 것이 중요하다. 일부 아이에게는 3단계로 시작하는 것이 도움이 된다. 왜냐하면 숫자가 작으면 아이들이 더 적은 감정과 상태를 생각하면 되기 때문이다.

제6장

자료 수집

- ◆ 빈도
- ◆ 촉구의 횟수
- ◆ 간격
- ◆ 발생, 비발생
- ◆ 정반응 비율 또는 발생 비율

　개별 아동의 사회적 상호작용을 촉진하기 위해 자료를 수집하는 것은 번거로울 수 있고, 사회성 기술 그룹을 이끌 때 훨씬 더 어려울 수 있지만, 이러한 노력을 해야 하는 몇 가지 중요한 이유가 있다. 새로운 기술 학습을 힘겨워하는 아동들은 자료를 수집하지 않는 한 진전이 없는 것처럼 보인다. 만약 우리의 느낌에만 의존한다면 계속해서 좌절감을 느끼고, 결국 해당 기술을 가르치는 것을 포기하게 된다. 자료는 이러한 문제 상황에서 감정(및 좌절 가능성)을 제거한다. 우리가 좌절감을 느낄 수도 있지만, 자료는 아이가 비록 느리더라도 실제로 진전을 보이고 있다는 것을 나타내며, 그 자체로 교사가 깨닫는 데 큰 힘이 된다. 반대로 아이가 일정 기간 동안에 그 기술을 연습했음에도 불구하고 아이의 기술 수행 능력에 변화가 없는 것으로 나타난다면 그 기술을 가르치는 방법을 다시 생각해야 한다. 아이에게 추가 또는 다른 형태의 촉구를 주거나 현재의 강화를 늘여야 한다. 자료가 없다면 이러한 정보를 얻고 결정을 내리는 것이 어렵다. 아마도 아이들은 특정한 표적 기술을 연습해야 하기 때문에 사회성 그룹에 속해 있을 것이다. 특정한 표적 행동의 자료를 수집하지 않는다면 아이의 진도를 파악하지 못하고, 필요 이상으로 오랫동안 같은 기술을 계속 목표로 삼는다. 이러한 상황에서는 아이가 지루함을 느껴서 학습한 기술을 일관적으로 사용하지 않거나 더 정교하고 고급 기술을 연습할 수 없게 되는 등 여러 가지 문제가 발생한다.

　이러한 이유로 자료 수집 절차를 가능한 한 간단하고 사용하기 쉽게 만드는 것이 중요하다. 다행인 것은 그룹에서 사용할 수 있고, 그룹 내 모든 아이의 기술 수준을 정확하게 반영하는 자료 수집 절차를 개발할 수 있다는 것이다. 첫 단계이자 가장 중요한 단계는 수집할 자료 유형의 결정이다. 사회적 기술을 측정하기 위해 수집하는 가장 일반적인 유형의 자료는 다음과 같다.

빈도

시작과 끝이 명확한 행동(예: 인사하기, 공유하기, 질문에 답하기)의 경우, 가장 일반적인 측정 방법은 해당 행동이 발생한 횟수를 기록하는 것이다.

촉구의 횟수

아이가 기술을 보이거나 활동에 참여하는 데 필요한 지원의 양을 줄이고자 할 때가 있다. 이러한 경우에 아이가 목표 기술을 보일 때 받는 촉구의 횟수를 측정하는 방법을 선택한다. 때때로 음성 모델링, 몸짓, 독립 같은 촉구의 형태를 기록하는 것도 도움이 된다.

간격

시작과 끝이 명확하지 않거나, 고비율로 발생하는 기술이나 행동들은 간격 기록법을 사용한다. 이 방법은 보통 짧은 시간(예: 5분)을 선택하여 다시 매우 짧은 간격(예: 10~15초)으로 나눈다. 측정하려는 기술이나 행동에 따라 부분 간격 기록법을 사용하고, 기술이나 행동이 그 간격의 어느 지점에서 발생하는지를 기록한다. 또래 모방이나 그룹에서 함께 반응하는 기술을 측정하는 데 유용하다. 행동을 측정하는 다른 간격법은 순간시간 표집법이다. 이 방법은 각 간격 끝에 행동이 발생했는지의 여부를 기록하는 것으로 '순간'이라고 한다. 활동(예: 이야기 나누기 시간에 자리에 잘 앉아 있기, 소그룹 활동에 참여하기) 중 아이의 참여도를 측정하는 데 특히 유용하다. 두 간격 측정법은 모두 백분율(예: 총 간격 수 중 특정 기술이나 행동이 발생한 간격의 횟수: 20회기 중 12번 또는 60%)로 표시한다.

발생·비발생

어떤 경우에는 단순히 기술이나 행동의 발생 여부만을 알고 싶기도 하다. 예를 들어, 각 그룹이 끝날 때 아이가 특정 행동을 보였는지(예: 듣기 활동에서 소리를 내는지, 선호하는 활동이 중단될 때 유연함을 보이는지) 여부를 기록한다.

정반응 비율 또는 발생 비율

한 회기 안에서 그 기술을 시연하거나 연습할 기회가 여러 차례 제공된다면 총 기회 횟수 중 아이의 정반응 또는 독립적인 반응의 횟수를 기록한다. 예를 들어, '사회적 질문에 대한 반응으로 아동이 5개의 질문에 3개의 정반응' 또는 '60%'로 기록한다.

사회적 기술 프로그램의 성공적인 구현을 위해 가장 중요한 단계 중 하나는 가능한 최고의 데이터 시트를 개발하는 것이다. 다음은 데이터 시트를 만들 때 고려할 몇 가지 사항이다.

- 아동의 진전에 대해 결정을 내릴 수 있을 만큼 충분한 자료가 있는가?
- 어떤 유형(예: 빈도, 촉구의 횟수)의 자료가 필요하고 적절한가?
- 데이터 시트에 어떤 정보가 포함되어야 하는가?
- 데이터 시트에 몇 명의 아동을 기록할 것인가?
- 어떤 상황(예: 구조화된 교육환경, 자유 놀이 상황, 구조화된 게임)에서 데이터 시트를 사용할 것인가?

가장 먼저 고려해야 할 질문은 얼마나 자주 자료를 수집해야 하는가이다. 기술이나 행동이 발생할 때마다 또는 매일 자료를 수집할 필요는 없다. 기술에 대한 자료는 아이가 진전을 이루고 있는지 또는 변화가 필요한지에 대한 결정을 내리기에 충분한 정도만 수집하면 된다. 대부분의 경우에 각 목표 기술에 대한 자료를 일주일에 한 번 수집하는 것이 합리적인 기대이며, 각 아이의 진행 상황에 관한 짧은 정보를 제공하면 된다. 그렇다고 해서 목표 기술에 대한 자료를 일관성 없이(가끔 또는 기록하는 것이 생각날 때마다) 수집해서는 안 된다. 만약 언제 자료를 수집할 것인지에 대한 구체적인 계획이 없다면 아무리 좋은 의도를 가지고 있어도 자료는 정확하게 기록되지 않는다. 자료를 일관되게 수집하는 가장 확실하고 좋은 방법 중 하나는 특정 요일(예: 데이터 수집-월요일)을 지정하거나 특정 아이의 자료를 특정 요일에 수집하는 것이다(예: 나래-화요일).

처음에 목표 기술을 선택하고, 목표 또는 성취 기준을 개발할 때 수집해야 하는 자료 유형을 결정한다. 성취 기준은 촉구의 횟수 또는 행동의 빈도와 같이 구체적으로 수집해야 하는 자료 유형을 정한다. 수집할 자료 유형을 결정할 때는 필요한 정보를 얻기에 가장 쉽게 수집할 수 있는 자료 유형이 무엇인지 다시 한번 생각해 본다. 예를 들어, 아이가 공유하기를 하는 데 필요한 촉구 유형(예: 기대하는 표정, 몸짓, 신체적 촉구)에 대한 자료를 수집하는 것이 더 유익할 수 있지만, 아이가 독립적으로 공유하기를 하거나 촉구가 필요한지 여부를 간단히 기록하는 것이 더 실용적이다. 이때 필요한 질문은 '어떤 수준의 세부 사항이 필요한가?'이다. 진전이 특히 느리거나 자발적으로 기술을 보여 주기보다는 촉구에 계속 의존하는 아이들은 어떤 유형의 촉구가 필요한지를 파악하는 것이 중요하다.

데이터 시트는 단순히 표적 기술을 기록하는 형태만 제공하는 것이 아니라 ① 기술 내에서의 구체적인 목표, ② 필요한 촉구 유형, ③ 기술을 사용해야 하는 특정한 상황, ④ 자료를 기록하는 시간 또는 장소에 대해 안내하는 복합적인 기능을 한다. 다시 말하면 데이터 시트는 사회성 기술 그룹을 진행하는 동안에 지침서가 된다. 예를 들면, '동작에 대한 설명'을 목표로 할 때 필요한 촉구의 유형(예: 시각적 촉구의 유무), 아이가 설명해야 하는 상황(예: 활동에서 자신이나 다른 사람들이 어떤 동작을 수행할 때)과 기술을 목표로 하는 특정한 활동(예: 미술, 찰흙, 블록 놀이)을 명시한다.

여러 아이의 사회성 기술 자료를 수집하는 경우에 어떻게 데이터 시트를 개발할지 생각하는 것이 도움이 된다. 그래야 동일한 기술에 대한 모든 아이를 그룹화하여 한 명 이상의 아이에 대한 자료를 수집할 수 있다. 예를 들어, 표적 기술 중 하나가 '차례 지키기'라면 이 기술이 필요한 모든 아이의 이름을 적는다. 이렇게 하면 아이들의 차례 지키기 자료를 수집할 때, 여러 아이의 자료를 수집하기 위해 종이를 넘길 필요 없이 한 장의 종이만 앞에 두면 된다. 여러 아동을 대상으로 하는 기술을 반영한 데이터 시트를 더 많이 구성할수록 데이터 기록이 쉬워진다.

자료를 수집할 시기를 알면 데이터 시트를 개발하고, 잘 구성하는 방법을 결정하는 데에도 도움이 된다. 구조화된 수업 시간에 개별 아이의 자료를 수집한다면 기술별로 데이터 시트를 구성할 수 있다. 앞서 설명했듯이, 교사 주도 활동 시간에 동일한 기술을 학습하는 여러 아이에 대한 자료를 수집하는 경우에도 기술별로 데이터 시트를 구성할 수 있다. 그리고 활동별로 데이터 시트를 구성하는 방법도 있다. 예를 들어, 사회성 기술 그룹 활동에 일반적으로 차례 지키기 게임, 소그룹 수업, 간식 등을 포함한다면 각 활동 내에서 특정한 기술을 지정하여 활동별로 데이터 시트를 구성한다. 이것은 또한 자연스럽게 발생하는 사회적 상황에서 여러 아이의 자료를 수집하는 경우에도 유용하다.

데이터 시트를 구성하는 방법은 셀 수 없이 많다. 다만 교사가 데이터 시트 구성 방식에 익숙하지 않은 경우(수집해야 할 자료가 너무 많거나, 아이와 함께 작업하거나, 그룹을 운영하는 동안에 자료 수집이 너무 번거로운 경우), 자료 수집은 교사의 업무에서 가장 먼저 제외하도록 조언한다. 데이터 시트를 관리하기 쉽게 만들고, 보다 사용자 친화적으로 만들기 위한 제안에 열려 있어야 한다. 자료가 없거나 부정확한 자료를 얻는 것보다 적더라도 정확한 자료를 얻는 것이 낫다. 이 장의 마지막에는 데이터 시트를 개발할 때 궁금할 수 있는 다양한 질문을 고려한 몇 가지 데이터 시트의 예가 있다.

① 개별 아동에 대한 분산형 데이터 시트

초기 수준의 사회적 기술(예: 인사하기, 기다리기, 사회적 질문에 대답하기)을 배워야 하는 아이들은 각 개인별 중재에 집중해야 하고, 그래서 자료 수집도 그 아이에게 집중한다. 주변 환경에 있는 다른 아이들은 사회적 기술에 대한 직접적인 서비스를 받지 않지만, 모델이나 사회적 파트너로서 역할을 한다. 이 수준의 사회적 기술 중재를 받는 아이들의 경우, 자료를 기록할 뿐만 아니라 촉구와 강화 방법을 설명하는 구체적이고 상세한 교육 계획을 사용하여 가르치고 있을 가능성이 높다. 보다 자연스럽고 활동 기반의 맥락에서 표적이 되는 기술에 대한 자료를 수집할 수 있도록 하는 분산형(interspersed) 데이터 시트는 매우 유용하다. 수업 및 사회성 기술 시간을 시작하기 전에 교사는 반드시 현재의 촉구와 표적 행동의 수준 및 아이가 반응해야 하는 구체적인 상황에 대한 정보를 파악해야 한다. 이 모든 정보는 구체적인 교육 계획에서 나온다.

② 짝(2명) 활동 기반 데이터 시트

또 다른 사회성 기술 중재 방법은 여러 다른 아이를 위해 또는 아이들의 진전에 따라서 두 명의 아이가 짝을 이루거나 3인 1조로 중재하는 것이다. 이러한 경우에도 분산형 데이터 시트가 여전히 유용하고 적절할 수 있지만 활동별로 데이터 시트를 구성하는 것이 더 편리하다. 또한 구체적인 촉구와 목표 수준을 정해야 할 때도 있다.

③ 기술별 그룹 데이터 시트

짝 활동에서 그들의 기술을 계속 사용하는 아이들의 경우에 대그룹에서도 기술을 사용할 준비가 된 것이다. 이 아이들의 자료도 계속 수집해야 하지만, 사회적 이야기, 역할극, 게임, 책상에서의 과제(미술 과제) 등을 통해 다른 방식이나 형식으로 기술을 연습할 수 있다. 데이터 시트는 이러한 기술을 목표로 하는 활동 유형이나 형식의 예와 함께 목표 기술별로 구성할 수 있다. 또한 아이가 독립적으로 반응하는지 또는 목표 기술에 대한 촉구가 필요한지 여부만 기록하는 것으로 충분하다.

④ 활동별 그룹 데이터 시트

한 그룹에서 여러 명의 아이에 대한 자료를 수집할 때 기술 별로 데이터 시트를 구성하는 대신에 활동별로 구성할 수 있다. 활동 안에서 각 아이의 목표 기술을 지정한다. 다시 말하지만 아이가 독립적으로 반응하는지, 촉구가 필요한지만 기록하면 더 쉽게 여러 아이에 대한 자료를 수집할 수 있다.

개별 아동에 대한 분산형 데이터 시트

이름: _____ 날짜: _____

프로그램	촉구 단계	아동이 반응할 때	목표	1	2	3	4	5	6	7	8	9	10	총 정확도 (%)	평가자
먼저 인사하기 (SL 3)	독립(Ind)	교실에 들어서거나 활동을 시작할 때	또래 친구 3명												
포인팅 따라가기(JA 5)	몸짓	"_____ 보세요"와 가리키기	책												
행동에 대해 언급하기(JA 9)	시각적 지원과 함께 독립	자신과 타인이 행동을 하고 있을 때	미술, 색깔 점토, 블록												
관심 요청하기 (SL 8)	전체 음성 모델링	폐쇄형 놀이 마치기	퍼즐, 파일에 종이 끼우기, 또는 폐쇄형 활동												

활동 계획(SP 17)
촉구 단계: _____ 목표 수준: _____

활동	활동의 사진 가리키기/보기	요구한 활동 얻기	활동 완료하기	활동 정리하기	활동 사진 제거하기

차례 지키기 (SP 7)
게임: _____ 목표 수준: _____

순서	1	2	3	4	5
1. 차례 기다리기					
2. 언어 반응을 포함한 순서를 지키고 완료하기					
3. 필요에 따라 다른 참가자에게 반응하기					
총 촉구의 수					

② 짝 활동 기반 데이터 시트

날짜: _____   평가자: _____

차례 지키기 (SP 7)
게임: _____

단계	아동: _____ 촉구: _____			아동: _____ 촉구: _____		
1. 차례 기다리기						
2. 순서를 지켜서 완료하기						
3. 게임 도구 건네주기						
총 독립 단계						

협동 놀이 (SP 5와 SP 6)
게임·활동: _____

아동	촉구	단계	1	2	3	4	5	%
		지시 주기						
		지시 따르기						
		지시 주기						
		지시 따르기						

이야기 나누기 시간

아동	인사에 반응하기 (SL 1)		먼저 인사하기 (SL 3)		'몸으로 말해요' 게임(NV 3) 촉구의 수		손들기 (SR 3)		주제에 관한 질문에 답하기 (SL 13)	
	촉구		촉구		촉구		촉구		촉구	
	촉구		촉구		촉구		촉구		촉구	

간식·점심 시간에 대화하기(SL 16)

	적절한 목소리 크기로 언어적 반응에 대답하기		적절한 목소리 크기로 언어적 상호작용 개시하기	
	독립	촉구	독립	촉구
아동명:				
아동명:				

기술별 그룹 데이터 시트

날짜: _____

지시: 독립 반응을 +, 촉구 또는 무반응을 −로 기록. 각 아동별로 최소 5회의 기회 제공

프로그램	활동	아동 1	아동 2	아동 3	아동 4	아동 5
유연성 보여 주기(SR 7과 SR 8)	활동 1, 16, 21, 28, 29, 34					
듣는 사람의 주의를 적절하게 끌기(SL 9)	책상에서의 활동, 퍼즐, 활동 2~5, 9, 12, 23, 26, 31, 32, 37, 39, 45, 47					
다른 사람의 시작 행동에 반응하기(SL 10)	책상에서의 활동, 퍼즐, 활동 5~9, 18, 23, 24, 26, 29~32, 35, 37, 39, 45, 46, 48, 49					
도전적인 행동을 하지 않고 자신을 옹호하기(SR 14)	문제 상황을 만들고 아이에게 해결해 보도록 요구하기					
기본적인 몸짓 따라 하기 (NV 5)	몸짓으로 지시 대신하기 (예: 일어나, 책상으로 가)					
말이 없는 동작을 식별하기 (NV 3)	'몸으로 말해요' (활동 4)	행동	행동	행동	행동	행동
		추측	추측	추측	추측	추측
본인, 가족, 주요 행사에 대한 정보를 공유하기(SL 12)	주제에 맞는 이야기하기 ① −대화 고리 만들기(활동 48; 대화 주제 관련 카드 이용)					
노래 또는 활동을 주도하는 또래를 모방하기(CG 6)	가라사대 게임(활동 11)					
자신이나 다른 사람이 하고 있는 행동에 대해 언급하기 (JA 9)	활동 4, 31, 47					

4

활동별 그룹 데이터 시트

날짜: _____   평가자: _____

보여 주고 말해 봐

단계	아동 1		아동 2		아동 3		아동 4		아동 5	
독립 대 촉구	독립	촉구	독립	촉구	독립	촉구	독립	촉구	독립	촉구
1. 관심을 공유하기 위해 다른 사람에게 사물을 보여 주며 눈맞춤 하기(JA 7)										
2. 관심을 공유하기 위해 사물을 가리키고 눈맞춤 하기(JA 8)										
3. 말하기 전에 손을 들고 호명되기를 기다리기(SR 3)										
4. 또래를 이름으로 부르기(SL 4)										
5. 서로 의견을 주고받기(SL 14)										

차례 지키기

단계	아동 1		아동2		아동3		아동4		아동5	
1. 순서 교대하기(SP 7)										
2. 게임 도구 전달하기(CG 23)										
총 독립 단계										

대화하기

아동	아동 1		아동 2		아동 3		아동 4		아동 5	
독립 대 촉구	독립	촉구	독립	촉구	독립	촉구	독립	촉구	독립	촉구
1. 다른 사람의 시작 행동에 반응하기(SL 10)										
2. 서로 의견을 주고받기(SL 14)										
3. 대화를 유지하기 위해 3~4회 정도 질문에 대답하거나 질문하거나 의견을 말하기(SL 16)										

의자 뺏기

아동	아동 1		아동 2		아동 3		아동 4		아동 5	
독립 대 촉구	독립	촉구	독립	촉구	독립	촉구	독립	촉구	독립	촉구
1. 줄을 서서 걸을 때 자리를 지키기(CG 14)										
2. 이기고 자랑하지 않기(SP 24)										
3. 친구에게 관심을 표현하기(SE 5)										

동물 알아맞히기

아동	아동 1		아동 2		아동 3		아동 4		아동 5	
독립 대 촉구	독립	촉구	독립	촉구	독립	촉구	독립	촉구	독립	촉구
1. 손 들기(SR 3)										
2. 질문하기(SL 7)										
3. 질문에 답하기(SL 16)										

몸으로 말해요

아동	아동 1		아동 2		아동 3		아동 4		아동 5	
독립 대 촉구	독립	촉구	독립	촉구	독립	촉구	독립	촉구	독립	촉구
1. 손 들기(SR 3)										
2. 동작·동물 추측하기(NV 3)										

사례 연구

배경 정보

이든, 5세 남아로 이 평가 몇 달 후에 유치원에 입학했다. 이든이는 39개월에 자폐스펙트럼장애 진단을 받았고, 그 이후에 응용행동분석(Applied Behavior Analysis: ABA)을 사용하여 집중 중재 개입을 하는 어린이집 프로그램에 등록했다. 자폐스펙트럼장애 진단을 받기 전인 만 3세에 언어 지연으로 조기 중재 교육을 받았다. 이든이는 1:1 환경에서 성인에게 기술을 사용하는 것 이상으로 어린이집에서도 기술을 일반화하기 위해 2년 동안 사회성 그룹에 참여했다. 사회성 그룹은 주 4회, 오후에 2시간 반씩 진행됐다.

어린이집에 다니기 시작할 때, 교육 계획을 위한 언어, 학습 기능 평가 기준서 (The Assessment of Basing Language and Learning Skills-Revised: ABLLS−R)를 진행했다. 이든이는 성인에게는 자신을 분명하게 표현하는 밝은 아이로 보였으나, 또래에게는 관심을 거의 보이지 않았다. 그래서 소그룹 활동에 참여가 어려웠다. 성인과는 5~6개의 단어를 조합하여 질문하기, 의견 말하기, 질문에 답하기를 쉽게 할 수 있었다. 심지어 또래와 함께 있기보다는 "선생님과 단둘이 공부하고 싶어요." 같은 말도 했다. 눈맞춤은 좋지 않았다. 혼자 있는 것을 선호하고, 다른 아이들과 놀고 싶어 하지 않았기 때문에 놀이 능력은 언어 능력과 같은 수준이 아니었다. 퍼즐이나 모양 분류하기 같은 폐쇄형 활동은 쉽게 완료했지만 다른 아이들과 놀아야 할 때는 흥미를 잃고 다른 곳으로 가곤 했다.

이든이는 사회성 기술 그룹에 잘 참여하고, 차례 교대하기, 협동 놀이하기, 친구에게 융통성 있게 대하는 등 진전을 보였다. Socially Savvy 체크리스트를 완료하여 새로운 IEP를 개발할 때 이든이에게 여전히 도전적인 영역이 무엇인지 파악했다.

Socially Savvy 체크리스트 결과

Socially Savvy 체크리스트의 결과는 이든이에게 지속적으로 도움이 필요한 영역을 보여 주었다. 관심 공유하기 영역에서 눈맞춤은 계속 가변적이었지만, 동기가 분명할 때는 또래와 성인에게 좋은 눈맞춤을 보였다. 치료팀 모두가 계속 눈맞춤을 염두에 두어야 한다는 것에 동의했고, 또 다른 기술을 연습할 때에도 계속 눈맞춤을 신경써야 한다고 동의했다. Socially Savvy 체크리스트는 구체적인 목표를 설정할 수 있도록 세분화된 수준으로 기술을 평가하며, 그중 일부는 다른 중재 개입의 부차적인 목표가 된다. 눈맞춤은 거의 모든 대면 사회 상호작용의 일부이기 때문에 치료팀은 이든이가 하루 종일 자연스럽게 또래들과 교류하는 동안에 이 문제를 해결하기로 결정했다. 이든이는 여전히 다른 사람들과 사물이나 관심사를 공유하는 공동주의 기술을 보여 주지 않아서(JA 7와 JA 8) 이것들을 목표 기술로 선정했다.

사회적 놀이 영역에서 체계적인 프로그램을 통해 지난 2년 동안에 구체적으로 목표로 삼았던 기술들을 습득했으나 여전히 구조화된 게임의 일부로서 차례를 지키는 연습이 필요했다(SP 7). 게다가 이든이는 구조화된 게임을 적절하게 종료하고, 상상 놀이에서 역할을 맡고, 이기고 자랑하지 않는 것과 같은 초기 목표에 속하지 않은 추가 기술에 능숙해질 필요가 있었다(SP 10, SP 11, SP 24). 이 영역의 기술은 중재의 중요한 핵심이 된다.

사회적 · 정서적 영역의 많은 기술이 습득 중으로 기록되었지만, 더 중요한 영역(예: 사회적 놀이)을 가르치면서 이러한 기술을 목표로 할 수 있다는 데 동의했다. 또한 자기 조절 영역에서도 여러 가지 기술이 습득 중으로 나타났는데 이러한 기술들은 유치원에 입학하는 이든이에게 특히 더 중요하기 때문에 자기 조절 목표를 최우선으로 설정했다. 이 목표에는 말하기 전에 손을 들고 호명되기를 기다리기(SR 3)와 자신과 다른 사람의 공간에 대한 인식을 보여 주기(SR 11) 등을 포함했다.

이든이는 훌륭한 언어 능력을 가지고 있음에도 불구하고, 많은 사회적 언어 기술을 습득하지 못했다. 또래들과 상호작용할 때 이런 언어 능력을 사용할 수 없었기 때문에 또래와의 1:1 수업에서 이든이의 뛰어난 언어 기술을 사용하는 것에 더 초점을 맞춘 중재를 하기로 결정했다. 또래를 이름으로 부르고(SL 4), 서로 의견을 주고받기(SL 14)를 구체적인 목표로 설정했다.

통합 유치원과 사회성 그룹에서 2년 동안 지냈지만, 교실 · 그룹 행동의 영역에서는 많은 기술을 습득하지 못했다. 그룹 활동을 즐기지 않는 것 같아 보였고, 참여를 위해 추가적인 보상이 필요했기 때문에 당연한 결과이다. 효과적인 전략은 그룹 환경에서 이든이에게 동기를 부여하는 방법을 찾는 것에 달려 있다고 판단했다. 치료팀의 목표는 교사 주도 활동에서 참여와 독립성을 높이는 것이다.

비언어적인 사회적 언어 영역에서의 기술은 일관적이지 않았다. 동기를 부여하고 주의를 기울이면 비언어적인 사회적 언어를 따를 수 있었지만 일관성이 부족하여 일부 기술에 대한 습득을 보여 주지 못했다. 이 영역에서 중재의 목표는 말이 없어도 일반적인 행동, 감정 등을 식별하도록 가르치는 것을 포함했다.

사회성 기술 그룹에는 네 명의 다른 아이도 있기 때문에 그 환경에서 구체적인 기술을 목표로 선정할 때 그룹의 다른 아이들의 사회성 기술 요구사항을 고려했다. 다시 말해서 그룹의 모든 아이에게 도움이 되는 기술을 연습하기 위해 최선을 다했다.

목표로 삼은 사회적 기술 및 IEP 목표 확인

● **공동주의**

기술: (JA 7) 관심을 공유하기 위해 다른 사람에게 사물을 보여 주며 눈맞춤을 한다.

성취 기준: 구조화된 공유 활동(예: 보여 주고 말해 봐) 동안에 이든이는 2주 동안 일반적인 또래의 80% 이상의 빈도로 성인이나 또래에게 관심을 공유하기 위해 사물을 보여 준다.

● **사회적 놀이**

기술: (SP 7) 구조화된 게임의 일부로 순서를 주고받으며 게임이 끝날 때까지 계속 주의를 집중한다.

성취 기준: 다른 아이들과 간단한 게임을 하는 동안에 이든이는 독립적으로 자신의 차례를 지킬 수 있고, 게임 도구를 넘겨 주며, 5번의 기회 중에 연속 4번을 게임이 끝날 때까지 다른 아이의 차례를 기다린다.

기술: (SP 10) 또래와 구조화된 놀이 또는 게임을 적절하게 끝낼 수 있다.

성취 기준: 5번의 기회 중에 연속 4번을 친구들과 적절하게 구조화된 놀이나 게임을 끝낼 수 있다(예: "우리 다른 놀이 하자!"라고 말하기).

기술: (SP 11) 상상 놀이 주제에서 역할(예: 식당 놀이, 병원 놀이, 소방관 놀이)을 맡아 최대 3~5개의 행동을 언어적 및 비언어적으로 지속한다.

성취 기준: 이든이는 상상 놀이 주제(예: 식당 놀이, 병원 놀이, 소방관 놀이)에서 역할을 맡아 3~5개의 행동을 언어 및 비언어적으로 지속할 수 있으며, 다른 놀이 주제에서도 일반적인 또래들보다 더 많은 촉구 없이도 지속할 수 있다.

기술: (SP 24) 이겼을 때 지나치게 자랑하는 말이나 몸짓을 사용하지 않는다.

성취 기준: 게임에서 이겼을 때 이든이는 5번의 기회 중에 4번 연속으로 자랑하지 않고 예의 있게 행동한다(예: '패배자'와 같은 부정적인 말 대신에 "좋은 경기였어!" 또는 비슷한 말을 하기).

● **자기 조절**

기술: (SR 3) 말하기 전에 손을 들고 호명되기를 기다린다.

성취 기준: 소그룹 상호 활동 중에 이든이는 5번의 측정 기회 중에 연속 4번을 말하기 전에 손을 들고 이름이 호명되기를 기다린다.

기술: (SR 11) 자신과 다른 사람의 공간에 대한 인식을 보여준다(예: 줄을 서서 걸을 때 다른 사람의 발을 밟지 않기, 이야기 나누기 시간 동안 다른 사람에게 밀착하지 않기, 다른 사람과 상호작용할 때 한 팔 정도의 거리를 유지하기).

성취 기준: 줄을 서거나 복잡한 환경(예: 의자 뺏기, 리더 따라 하기)에서 움직일 때를 포함한 10분간의 활동 중에 이든이는 5번의 측정 기회 중 4번을 어떠한 촉구 없이 적절한 공간을 유지한다.

● **사회적 언어**

기술: (SL 4) 또래를 이름으로 부른다.

성취 기준: 아이들이 차례를 교대해야 하는 게임과 같이 언어적 상호작용 활동에서 3번 연속으로 측정된 기회에서 80%로 또래들을 이름으로 부른다.

기술: (SL 14) 서로 의견을 주고받는다(예: 아동이 또래에게 "나도 그 영화가 좋아!" "난 ○○는 없고, ××는 있어"와 같이 말하기).

성취 기준: 또래가 사물을 공유하거나 이야기할 때, 이든이는 5번의 측정 기회 중 4번을 서로 의견을 주고받는다(아동이 또래에게 "나도 그 영화 좋아해!" "나도 집에 똑같은 장난감이 있어"와 같은 대답하기).

● **교실 · 그룹 행동**

기술: (CG 18) 교사가 주도하는 소그룹 체험 학습에 최소 10분 이상 참여한다.

성취 기준: 이든이는 교사가 주도하는 소그룹 체험 학습에 최소 10분간 참여하고, 3번의 연속적인 기회에서 3번 이하의 촉구를 요구한다.

● 비언어적인 사회적 언어

기술: (NV 3) 말이 없는 동작을 식별한다(예: '몸으로 말해요' 게임).

성취 기준: '몸으로 말해요' 게임 동안에 이든이는 5번의 기회 중 4번을 말이 없어도 일반적인 행동, 동물, 감정을 확인하고 식별할 수 있다.

측정

대부분의 기술에 대한 자료 수집은 이든이가 독립적으로 특정한 기술을 했는지 또는 촉구를 요구했는지를 기록하는 것과 관련이 있다. 데이터 시트는 행동별로 구성되었고, 그래서 사회성 기술 그룹에서 다른 네 명의 아이와 함께 이든이의 자료도 쉽게 수집할 수 있었다.

교수 전략과 반응

이든이는 비록 다른 아이들과 함께 그룹 활동에 참여하는 것에는 큰 동기가 없었지만, 학습 환경이 재미있고 새로운 활동이 많으면 매우 잘했다. 이것을 염두에 두고 가능한 한 많은 게임을 사회성 기술 그룹에 통합했다. 우리는 그룹의 5명 아이 모두가 참여할 수 있는 활동과 다양한 사회성 기술을 목표로 삼을 수 있는 활동을 선택하기 위해 노력했다.

이든이는 주 4회 2시간씩 사회성 그룹에 참여했다. 그룹의 일반적인 구성은 다음과 같다.

가상 놀이(15분)

그룹에 들어오면 아이들이 사용할 수 있는 가상 놀이에 필요한 장난감들이 준비되어 있다. 가상 놀이의 장난감으로는 병원 놀이, 아기 인형, 동물 장난감, 수의사 놀이 등을 포함하여 다양하다. 가상 놀이의 주제가 소개되면(예: 병원 놀이) 장난감들로 무엇을 할 수 있는지에 대한 아이디어를 소개하는데, 최소-최대 모델링을 사용하였다. 아이들이 장난감을 가지고 놀이를 할 수 있다면, 그리고 더 중요한 것은 다른 또래들과 함께 놀이를 한다면 어른들의 촉구는 서서히 줄여 가고 아이들이 서로에게 그 장난감들을 사용하도록 격려했다(예: 인형이나 서로에게 병원 놀이 장난감을 사용하기).

목표 기술: (SP 11) 상상 놀이 주제에 참여하고 3~5개의 행동 지속하기

이야기 나누기 시간(15분)

이야기 나누기 시간에는 보통 서로 공을 굴리거나 물건을 전달하기 등과 같은 인사 활동, 하루 일정 확인하기, 상호작용하는 활동이 포함된다. 일반적인 상호작용하는 활동으로는 주제에 맞는 이야기하기 ①-대화 고리 만들기(활동 48), 무엇이 달라졌을까(활동 2), 대장을 찾아라(활동 7) 등이 있다. 이 시간은 또한 하루, 주, 월의 주제를 소개하기에도 좋은 시간이다. 예를 들어, 교사가 감정에 대한 수업을 이끌고 있다면 이것은 구체적인 감정에 대한 이야기책을 읽기에 좋은 시간이 된다.

목표 기술: (SR 3) 말하기 전에 손을 들고 호명되기를 기다리기, (CG 18) 교사가 주도하는 소그룹 체험 학습에 최소 10분 이상 참여하기

보여 주고 말해 봐(15분)

보여 주고 말해 봐(활동 39)는 모든 아이에게 인기 있는 활동이었다. 아이들은 돌아가면서 '보여 주고 말해 봐 상자'를 집으로 가져가서 특별한 물건, 장난감 또는 게임을 넣어 와서 공유했다. 물건을 공유하는 아이는 상자를 등 뒤에 숨기고 그룹의 다른 또래들에게 상자에 무엇이 들어 있는지 추측해 보라고 요청했다. 다른 또래들이 추측할 수 있도록 몇 가지 힌트를 준다. 그런 다음에 각 또래들에게 개별적으로 장난감이나 물건을 보여 주면서 간단히 설명하고, 그 또래를 쳐다본다. 그러고 나면 또래는 서로 의견을 말하거나 질문을 한다. 처음에 이든이와 많은 아이는 물건을 공유할 때 어떤 말을 해야 하는지, 적절한 의견이나 질문은 무엇인지에 대한 언어적 모델이 필요했다. 이 연습을 할 때 아이들은 다른 아이들이 공유한 물건에 대한 의견을 말하거나 질문하는 동안에 기다렸다가 참여하는 법을 배웠다.

목표 기술: (JA 7) 관심을 공유하기 위해 다른 사람에게 사물을 보여 주며 눈맞춤 하기, (JA 7) 사물을 공유하며 의견 말하기, (SR 3) 말하기 전에 손을 들고 호명되기 기다리기, (SL 4) 또래를 이름으로 부르기, (SL 14) 서로 의견을 주고받기

신체 놀이 활동(15분)

신체 놀이 활동에는 의자 뺏기, 리더 따라 하기, 보물찾기, 가라사대 게임, 장애물 경기가 포함될 수 있다. 아이들이 적절한 공간을 유지하거나 자랑하지 않고 승리하는 연습을 하는 데 도움이 되는 활동을 선택하면 된다. 우리는 활동 전 또는 다른 그룹 시간 중에 좋은 승자 또는 패자가 되는 것에 대한 사회성 이야기를 만들었다.

목표 기술: (SR 11) 자신과 다른 사람의 공간에 대한 인식 보여 주기, (SP 24) 이겼을 때 지나치게 자랑하는 말이나 몸짓을 사용하지 않기

책 활동(15분)

선택한 책은 항상 연속적인 주제(예: 우정, 진정 전략)와 관련이 있다. 책을 읽은 후에 교사는 토론을 이끌고, 아이들이 책과 그 주제에 관련된 활동에 참여하도록 한다. 예를 들어, 우정에 대해 이야기할 때 교사는 특정 주제나 관심사(예: "나는 기차를 좋아해요." "내가 가장 좋아하는 색은 초록색이에요.")를 이야기하고, 아이들에게 비슷한 관심사를 가진 또래들과 함께 서도록 한다.

목표 기술: (CG 20) 교사가 주도하는 소그룹 듣기 활동에 최소 10분 이상 참여하기, (SR 3) 말하기 전에 손을 들고 호명되기를 기다리기

책상에서의 활동(15분)

그룹은 또한 현재 주제와 관련된 프로젝트를 책상에서 참여한다. 예를 들어, 우정에 관해 이야기했다면 우정 책(활동 13: '너에 대한 모든 것') 만들기 작업을 한다.

목표 기술: (CG 20) 최소 10분 동안 교사가 주도하는 소그룹 듣기 활동에 참여하기

화장실(10분)

화장실에 가는 것은 줄을 서서 걷고, 개인 공간을 유지하는 연습을 할 수 있는 자연스러운 기회이다. 또 화장실을 오가는 동안이나 화장실 사용 순서를 기다리는 동안에 I SPY 게임이나 가라사대 게임과 같은 게임을 할 수 있다.

목표 기술: (SR 11) 자신과 다른 사람의 공간에 대한 인식 보여 주기

차례 기다리기 게임(15분)

아이들에게 시중에 판매되는 다양한 보드게임(예: 순록, 고 피쉬, 팝업 해적)을 가르쳤다. 두 명의 아이가 한 가지 게임을 하고, 세 명의 아이는 다른 게임을 했다. 이든 이는 순서대로 번갈아 가며 게임을 해야 한다는 것은 이해했지만 게임이 끝날 때까지 집중력을 유지하기 위해 추가적인 강화가 필요했다. 게임을 적절하게 끝내기 위해 처음에는 매번 선택할 수 있는 다양한 스크립트(문장)를 제공했다(예: "재미있었어." "다음에는 순록 게임을 해 보자.").

목표 기술: (SP 7) 구조화된 게임의 일부로 순서를 주고받으며 게임이 끝날 때까지 계속 주의를 집중하기, (SP 10) 또래와의 구조화된 놀이 또는 게임 적절하게 끝내기

작별 인사(5분)

하루를 마무리하고 그룹 활동을 복습하는 시간이다. 각 아이는 그룹을 떠나기 전에 '오늘의 질문'에 답해야 한다(예: "그룹 활동에서 가장 좋았던 부분은 무엇이었나요?" "배운 것 한 가지를 말해 보세요.").

목표 기술: (SR 3) 말하기 전에 손을 들고 호명되기 기다리기

중재 결과

이든이는 지금 유치원에 다닌다. 사회적으로 동기가 없던 이 아이는 이제 또래 친구가 생겼고, 기꺼이 친구들과 자신의 경험을 공유한다. 누가 시키지 않아도 간식 시간이나 점심 시간에 자신이 먹고 있는 음식에 대해 신나게 이야기하고, 자신의 음식과 다른 아이들의 음식을 비교한다. 거기서부터 대화는 자연스럽게 연령에 맞는 주제(벌레, 영웅, 장난감 등)로 흘러간다. 하지만 이든이는 여전히 자기 조절에 어려움이 있다. 예를 들어, 다른 아이들과 함께 장난을 치지만 빨리 진정하지 못할 때가 있다. 사용할 줄 아는 많은 기능적 의사소통 반응 레퍼토리를 가지고 있으며, 너무 우스꽝스러워졌을때 더 빨리 진정하는 방법을 파악하기 위해 5단계 진정 전략을 사용하고 있다. 지나친 우스꽝스러움은 조절장애의 결과이다. 많은 아이는 시답잖은 장난을 치다가도 금방 진정이 된다. 하지만 일부 아이는 진정하기가 어려울 수 있기 때문에 기능적 의사소통을 포함하여 스스로를 조절하는 방법을 배우는 것은 매우 중요한 생활 및 사회적 기술이다. 지금 이든이

는 놀이의 속도를 조절할 수 있는 아이는 아니다. 부모는 이든이가 리더가 되기를 바라지만, 이든이는 다른 친구들을 따르는 경향을 보인다. 그래서 사람들이 웃을지도 모른다고 생각하면 다른 사람들의 도전적인 행동을 모방하는 습관이 생길 수 있다. 이든이가 다른 유치원 아이들보다 배워야 할 일이 조금 더 많을 수 있지만, 의욕이 없고 위축된 아이에 비하면 극복해야 할 약점은 사소한 것이다. 이든이의 사회성을 지속적으로 모니터링하는 것이 중요하다. 지난 2년 동안 이든이가 얼마나 많이 성장했는지를 보여 주는 것은 이제 또래 친구들에게 농담을 한다는 것이다. 여기에는 웃음을 위해 잠시 멈추거나, 농담을 끝내기 위해 잠시 멈추는 등 농담을 듣는 사람과의 복잡한 상호작용이 포함된다. 또한 농담이 왜 웃기는지 이해하거나 적어도 농담의 요점이 다른 사람을 웃기려는 것임을 이해하는 것이 필요하다. 이든이가 하는 농담이 재미있을 때도 있고 그렇지 않을 때도 있지만(대부분의 아이가 그렇듯이), 어느 쪽이든 치료팀은 이든이의 유머에 큰 기쁨과 만족을 느낀다.

체크리스트 요약 보고서 Socially Savvy

아동: 이든	나이: 5세
평가일: 2013. 6. 9.	평가자: ○○○

Socially Savvy 체크리스트는 미취학 아동과 초등학교 저학년 아동의 사회성 기술을 평가한다. 다양한 영역, 특히 공동주의, 사회적 놀이, 자기 조절, 사회적·정서적 기술, 사회적 언어, 교실·그룹 행동과 비언어적인 사회적 언어에서 아동의 사회성 기술에 대한 그림을 제공한다. 총 127개의 개별 사회적 기술에 대해 7개 영역 각각에서 특정 기술이 식별된다. 각 섹션 내에서 기술은 일반적으로 더 단순한 것에서 더 복잡한 것으로 이동하며 일반적으로 성장하는 아동이 이를 습득하는 순서로 되어 있다. 각 영역에서 번호가 낮은 기술이 더 간단하거나 이후 기술의 선행 기술이 될 수 있다.

아동의 전반적인 사회적 기능을 직접 경험하거나 이해하고 있는 사람이라면 누구나 Socially Savvy 체크리스트를 작성할 수 있다. 여기에는 부모와 교사가 포함되나 딱히 여기에만 국한하지는 않는다. 평가자는 최소 2주 동안에 사회적 환경에서 아동을 관찰해야 하며 평가는 이러한 환경에서 아동의 관찰을 기반으로 해야 한다. Socially Savvy 체크리스트는 4점 평가 시스템으로 구성되는데, 이는 다음과 같다.

0=이 기술을 거의 또는 전혀 보여 주지 않음, 1=이 기술을 보이긴 하나 몇 번만 보여 줌, 2=이 기술을 일관되게 보여 주지는 않음, 3=이 기술을 지속적으로 보여 줌, N/A=해당되지 않음. 보고서를 완성하기 위해 1점 또는 2점을 받은 기술은 '습득 중' 범주 내에서 결합하고 3점은 '습득 완료', 0점은 '아직 레퍼토리에 없음'으로 기록되어야 한다.

Socially Savvy 체크리스트는 아동의 특정 강점과 문제점을 파악하는 데 도움이 된다. 교사와 부모는 이러한 일반적인 영역과 특정한 사회성 기술을 세밀하게 평가함으로써 중재가 가장 필요한 특정 기술의 우선순위를 정할 수 있다.

기술	습득 완료	습득 중	아직 레퍼토리에 없음
JA 1 물건이 제시될 때 그 방향을 쳐다본다(예: 보거나 그와 관련된 반응을 함).	✕		
JA 2 사회적 상호 작용을 유지하기 위해 자신의 행동을 반복한다.	✕		
JA 3 사회적 상호 작용을 유지하기 위해 장난감으로 동작을 반복한다.	✕		
JA 4 사회적 상호 작용을 유지하기 위해 응시한다(적어도 한 번은 상대방의 얼굴을 직접 본다).		✕	
JA 5 물건을 향한 포인팅이나 몸짓을 따라간다.	✕		
JA 6 다른 사람의 시선을 따라 물체를 추적한다.		✕	
JA 7 관심을 공유하기 위해 다른 사람에게 사물을 보여 주며 눈맞춤을 한다.			✕
JA 8 관심을 공유하기 위해 사물을 가리키고 눈맞춤을 한다.		✕	
JA 9 자신이나 다른 사람이 하고 있는 행동에 대해 언급 (예: "나는 ○○해요.")한다.		✕	

사회적 놀이		습득 완료	습득 중	아직 레퍼토리에 없음
	기술	습득 완료	습득 중	아직 레퍼토리에 없음
SP 1	사회적 상호 작용을 끌어내는 게임(예: 까꿍 놀이, 간질이기 게임)에 참여한다.		✕	
SP 2	폐쇄형 장난감(예: 퍼즐, 모양 분류)을 가지고 또래와 가까이에서 5~10분 정도 평행 놀이를 한다.		✕	
SP 3	개방형 장난감(예: 블록, 트럭, 레고)을 가지고 또래와 가까이에서 5~10분 정도 평행 놀이를 한다.			✕
SP 4	장난감이나 자료를 공유한다(예: 다른 사람이 놀게 허용, 요청 시 자료를 건네주기).		✕	
SP 5	폐쇄형 장난감을 가지고 5~10분 동안 협동하여 논다 (또래와 지시를 주고받음).			✕
SP 6	개방형 장난감을 가지고 5~10분 동안 협동하여 논다 (또래와 지시를 주고받음).			✕
SP 7	구조화된 게임의 일부로 순서를 주고받으며 게임이 끝날 때까지 계속 주의를 집중한다.			✕
SP 8	활동이 끝날 때까지 그룹과 함께 야외 게임을 한다 (예: 오리-오리-동물, 술래 피하기 게임).			✕
SP 9	또래가 요청하면 하던 것을 멈춘다.			✕
SP 10	또래와 구조화된 놀이 또는 게임을 적절하게 끝낼 수 있다.			✕

SP 11	상상 놀이 주제에서 역할(예: 식당 놀이, 병원 놀이, 소방관 놀이)을 맡아 최대 3~5개의 행동을 언어적 및 비언어적으로 지속한다.			✕
SP 12	장난감이나 물건을 교환한다(예: 미술 수업 중 물감 색 교환 요구하기).			✕
SP 13	선호하는 활동에 또래를 초대한다.			✕
SP 14	또래에게 다가가 진행 중인 활동에 적절하게 참여한다.			✕
SP 15	또래가 선택한 활동에 같이하자는 초대를 수락한다.			✕
SP 16	게임에서 지거나 탈락하는 것을 받아들인다.		✕	
SP 17	구조화되지 않은 시간 동안에 적절하게 참여한다(예: 먼저 활동을 끝내면 새로운 활동으로 이동, 나이에 맞는 놀이에 참여).			✕
SP 18	다른 사람의 놀이 아이디어의 변화를 따르고 개방형 놀이 동안에 변화를 유지한다(예: 놀이 방식 또는 이야기 줄거리의 변화).			✕
SP 19	한 사람이 술래가 되는 게임을 적절하게 한다.		✕	
SP 20	게임의 규칙이 변경되었을 때 따르거나 또래의 새로운 아이디어를 받아들일 때 유연성을 보여 준다.			✕
SP 21	또래와 함께 놀이 방식을 계획하고 그대로 따라간다 (예: 블록으로 집을 짓기로 결정한 다음 짓기).			✕

SP

SP 22	친구인 아동을 구별하고, 그 이유를 간단하게 설명할 수 있다.		✕	
SP 23	다른 사람의 취향과 관심이 자신과 다를 수 있음을 적절하게 받아들인다.	✕		
SP 24	이겼을 때 지나치게 자랑하는 말이나 몸짓을 사용하지 않는다.		✕	

자기 조절

	기술	습득 완료	습득 중	아직 레퍼토리에 없음
SR 1	새로운 과제나 활동에 대한 유연성을 보여 준다.		✗	
SR 2	요청이 거부되었을 때 적절하게 반응한다.		✗	
SR 3	말하기 전에 손을 들고 호명되기를 기다린다.		✗	
SR 4	성인이 유도한 진정 전략에 반응한다.			✗
SR 5	화가 났거나 좌절했을 때를 인식하고 휴식 또는 진정에 필요한 물건이나 활동을 적절하게 요구한다.		✗	
SR 6	전환할 때 교실에서의 기대 행동을 따르고 유연성을 보여 준다.	✗		
SR 7	계획과 다른 상황이 발생했을 때 유연성을 발휘한다.	✗		
SR 8	선호하는 활동이 중단될 때 유연성을 보여 준다.	✗		
SR 9	도전적인 행동을 하지 않고 피드백 및 수정에 따른다.	✗		
SR 10	도전적인 행동을 하지 않고 자신이나 다른 사람의 실수에 대처한다.	✗		

SR 11	자신과 다른 사람의 공간에 대한 인식을 보여준다(예: 줄을 서서 걸을 때 다른 사람의 발을 밟지 않음, 이야기 나누기 시간 동안 다른 사람에게 밀착하지 않음, 다른 사람과 상호 작용할 때 한 팔 정도의 거리를 유지함).		✗	
SR 12	피드백에 따라 행동을 수정한다.		✗	
SR 13	적절한 단어와 어조를 사용하여 다른 사람의 요청을 거절한다.	✗		
SR 14	도전적인 행동(예: 괴롭힘, 놀림, 공격성)을 하지 않고 자신을 옹호한다(예: "못 받았어." "안 보여." "비켜 줄래?" "그만해.")			✗
SR 15	새롭거나 어려운 활동을 하는 동안에 도움을 요청한다.		✗	
SR 16	지시에 따라 최대 1분 동안에 도전적인 행동을 하지 않고 도움이나 요구한 물건을 기다린다.			✗
SR 17	특정 주제나 질문에 집착하지 않는다.		✗	
SR 18	말할 때 대화에 적절한 목소리 크기와 어조를 사용한다.	✗		

사회적 · 정서적 기술

기술		습득 완료	습득 중	아직 레퍼토리에 없음
SE 1	다른 사람과 자신의 감정을 인식한다(예: 행복, 슬픔).	✗		
SE 2	질문을 받으면 자신과 타인의 감정 상태(예: 행복, 슬픔)에 대해 간단히 설명한다.		✗	
SE 3	다른 사람에 대한 공감을 나타낸다(예: 놀이터에서 넘어진 친구에게 "괜찮아?"라고 물어봄, 우는 친구를 안아 줌).			✗
SE 4	도전적인 행동을 하지 않고 부정적인 감정을 표현한다.	✗		
SE 5	다른 사람의 행동이나 소지품에 대해 적절한 정도의 관심을 표현한다.			✗
SE 6	친구가 자신의 행동에 어떻게 반응할지 예상하고(예: '탑을 무너뜨리면 친구가 화를 많이 낼 것이다.' '친구를 도와주면 친구의 기분이 좋을 것이다.') 그에 따라 행동한다.			✗

SR

SE

	기술	습득 완료	습득 중	아직 레퍼토리에 없음
SL 1	만날 때 혹은 헤어질 때 나누는 인사에 반응한다.		✕	
SL 2	대상(성인, 또래)을 지정하여 지시하면 따른다.	✕		
SL 3	만날 때 혹은 헤어질 때 나누는 인사를 먼저 한다.			✕
SL 4	또래를 이름으로 부른다.		✕	
SL 5	사회적 질문에 대답한다(예: 이름, 나이, 성, 반려동물의 이름).	✕		
SL 6	사회적 질문을 한다(예: 이름, 나이, 성, 반려동물의 이름).			✕
SL 7	다른 사람이 공유한 물건이나 정보에 대해 구체적인 질문(예: 물건의 이름, 물건의 위치, 누가 무엇을 가지고 있는지)을 한다.		✕	
SL 8	관심을 요구한다(예: "내가 만든 것 좀 봐요." "내가 얼마나 멀리 뛰는지 봐.").		✕	
SL 9	듣는 사람의 주의를 적절하게 끈다(예: 이름 부르기, 어깨 두드리기).			✕
SL 10	다른 사람의 시작 행동에 반응한다.		✕	

SL 11	진행 중인 활동에 대한 질문에 대답한다.		✕	
SL 12	본인, 가족, 주요 행사(예: 개학일, 명절, 가족 행사)에 대한 정보를 공유한다.		✕	
SL 13	선호하는 주제에 대해 5개 이상의 질문에 대답한다.		✕	
SL 14	서로 의견을 주고받는다(예: 아동이 또래에게 "나도 그 영화가 좋아!" "난 ○○는 없고, ✕✕는 있어."와 같이 말함).			✕
SL 15	가까운 과거 또는 미래의 사건에 대한 정보를 공유한다.			✕
SL 16	대화를 유지하기 위해 3~4회 정도 질문에 대답하거나 질문하거나 의견을 말한다.			✕
SL 17	또래가 화제를 바꾸면 적절하게 반응한다.			✕
SL 18	말할 때 몸과 시선이 상대방을 향한다.			✕
SL 19	들을 때 몸과 시선이 상대방을 향한다.			✕
SL 20	공손한 표현을 사용한다(예: '~해 주세요.' '고맙습니다' '미안합니다' '실례합니다' '괜찮아요').	✕		
SL 21	자신과 타인의 '다름'을 받아들인다(예: 부정적인 말을 하지 않음).	✕		

SL 22	사회적 상호 작용 중에 문제가 생겼을 때 이를 수정하거나 명확히 하려고 한다.			✕
SL 23	나이에 맞는 주제로 대화한다(또래와 비슷한 관심을 주제로 이야기함).		✕	
SL 24	상황에 맞는 언어를 사용하고 어울리는 주제를 꺼낸다.			✕

교실 · 그룹 행동

	기술	습득 완료	습득 중	아직 레퍼토리에 없음
CG 1	일정 및 교실 규칙(놀이터 규칙 포함)을 따른다.		✖	
CG 2	교실 일과나 활동의 일부로 언어적 지시를 따른다(예: 자료 가져오기, 점심 치우기).		✖	
CG 3	자신, 타인, 그룹의 소지품을 인식한다.		✖	
CG 4	지정된 장소에 장난감 및 자료를 보관한다.	✖		
CG 5	직간접적으로 신호를 주면 교사를 보거나 다가와 반응한다.		✖	
CG 6	노래 또는 활동을 주도하는 또래를 모방한다(예: 가라사대 게임).		✖	
CG 7	간접적인 단서에 반응한다(예: 줄을 서야 할 때 "친구들은 어디 있어?"라고 말함).			✖
CG 8	놀이 기구를 적절히 사용한다.		✖	
CG 9	자발적으로 또는 요청을 받았을 때 다른 사람을 돕는다.			✖
CG 10	교사가 부를 때까지 그룹에서 자리를 지킨다(예: 줄을 서라고 부를 때까지 자리에 앉아 있음).		✖	

SL

CG

CG 11	장소나 물건(예: 의자, 겉옷)을 찾아 활동을 준비한다.	✕	
CG 12	새로운 활동 중에 지시를 따른다.	✕	
CG 13	새로운 활동 중에 지시를 한다.	✕	
CG 14	줄을 서서 걸을 때 자기 자리를 지키고 그룹과 보조를 맞춘다.	✕	
CG 15	노래, 책 또는 놀이 활동에서 나오는 단어나 동작을 반복한다.		✕
CG 16	친구 중 일부는 다른 규칙이나 일정을 따르기도 한다는 것을 받아들인다.	✕	
CG 17	다른 사람의 소유물을 사용하기 위해 허락을 구한다.		✕
CG 18	교사가 주도하는 소그룹 체험 학습에 최소 10분 이상 참여한다.	✕	
CG 19	최소 10분 동안 조용히 그룹에 앉아 있는다.	✕	
CG 20	교사가 주도하는 소그룹 듣기 활동에 최소 10분 이상 참여한다.		✕
CG 21	교사 또는 또래 주도 활동에서 다른 아동들과 함께 반응한다.		✕

CG 22	그룹에서 기본적인 2~3단계 지시를 따른다.			✕
CG 23	친구에게 물건을 전달한다(예: 자료 나눠 주기, 공유 물건을 돌아가며 보고 다음 사람에게 전달하기).		✕	

비언어적인 사회적 언어

	기술	습득 완료	습득 중	아직 레퍼토리에 없음
NV 1	비언어적 상호 작용에 반응한다(예: 하이파이브, 손 흔들기, 엄지 척, 주먹 부딪히기, 미소).	✕		
NV 2	적절하게 성인 또는 친구들과 비언어적 상호 작용을 시작한다(예: 하이파이브, 손 흔들기, 엄지 척, 주먹 부딪히기, 미소).			✕
NV 3	말이 없는 동작을 식별한다(예: '몸으로 말해요' 게임).			✕
NV 4	그 사람과 보낸 시간, 관계 및 친숙함에 따라 적절한 수준의 애정을 보여 준다(예: 껴안고, 친구와 하이파이브를 하고, 낯선 사람에게 먼저 말을 걸지 않는 것).		✕	
NV 5	기본적인 몸짓과 비언어적 단서를 따른다(예: 손동작에 따라 멈추거나 다가옴).		✕	
NV 6	다른 사람의 신체 언어, 행동 또는 시선에 따라 자신의 행동을 수정한다.			✕

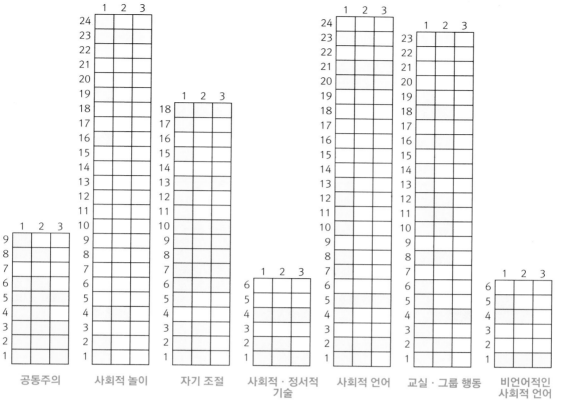

관찰	날짜	평가자	관찰 장소	관찰 기간
1	6 / 9 / 2013	○○○	사회성 기술 그룹	2주

날짜: _____　　평가자: _____

활동: 가상 놀이(집안 곳곳, 외모 꾸미기 등)

독립 대 촉구	이든		지아		민준		소정		예린	
	독립	촉구	독립	촉구	독립	촉구	독립	촉구	독립	촉구
비언어적 놀이[예: 빵을 만들기 위해 재료 섞기(SP 11)]										
언어적 놀이[예: "나는 빵을 만들 거야."(SP 11)]										

활동: 이야기 나누기 시간

	이든		지아		민준		소정		예린	
10분의 이야기 나누기 시간 동안에 참여를 위한 촉구 횟수(CG 18)										
독립 대 촉구	독립	촉구	독립	촉구	독립	촉구	독립	촉구	독립	촉구
말하기 전에 손을 들고 호명되기를 기다리기(SR 3)										

활동: 보여 주고 말해 봐

독립 대 촉구	이든		지아		민준		소정		예린	
	독립	촉구	독립	촉구	독립	촉구	독립	촉구	독립	촉구
관심을 공유하기 위해 다른 사람에게 사물을 보여 주며 눈맞춤 하기(JA 7)										
사물을 공유하며 의견(예: "이건 내가 좋아하는 장난감이야.") 말하기(JA 7)										
말하기 전에 손을 들고 호명되기를 기다리기(SR 3)										
또래를 이름으로 부르기(SL 4)										
친구가 공유할 때 서로 의견 주고받기(SL 14)										

활동: 의자 뺏기, 리더 따라 하기, 장애물 경기 등

활동: _____

	이든	지아	민준	소정	예린
10분의 활동 시간 동안에 공간을 유지하기 위한 촉구 횟수(SR 11)					
이겼을 때 지나치게 자랑하는 말이나 몸짓을 사용하지 않기(SP 24)	예 아니요 반응 없음	예 아니요 반응 없음	예 아니요 반응 없음	예 아니요 반응 없음	예 아니요 반응 없음

활동: 차례 지키기 게임(모든 보드게임)

	이든		지아		민준		소정		예린	
차례 기다리기(SP 7)										
차례를 완료하기(SP 7)										
게임말 건네기(SP 7)										
총 독립 단계										
독립 대 촉구	독립	촉구	독립	촉구	독립	촉구	독립	촉구	독립	촉구
적절하게 놀이 끝내기(SP 10)										
이겼을 때 지나치게 자랑하는 말이나 몸짓을 사용하지 않기(SP 24)										

활동: 몸으로 말해요

독립 대 촉구	이든		지아		민준		소정		예린	
	독립	촉구	독립	촉구	독립	촉구	독립	촉구	독립	촉구
말하기 전에 손을 들고 호명되기를 기다리기(SR 3)										
말이 없는 동작을 식별하기(NV 3)										

2

지우는 만 3세(40개월) 남아로, 자폐스펙트럼장애 진단을 받은 아이이다. 지우는 일반적으로 말하는 '저기능' 아동으로, 사회성 기술이 우선순위가 아닌 아이로 평가되었다. 신경심리학적 프로파일의 일부로서 지우는 인지발달 지연과 표현적이고 수용적인 의사소통, 시각적인 수행, 그리고 놀이를 포함한 다양한 기술 영역에서 결함을 보였다. 교육자들과 지우의 부모는 지우의 프로필로 인해 기초언어와 학습 기술 향상에 좀 더 초점을 두고 사회성 기술은 덜 강조했다. 사회성 기술은 공식적인 시험의 일부가 아니고, 나중에 '등급을 나누는 것'이 아니기 때문에 덜 중요하게 보일 수 있다.

중재를 시작하기 전인 30개월 무렵에 지우는 무발화였고, 원하는 것을 얻기 위한 도전적 행동이 보였다. 40개월 무렵에 지우는 성인이 선호하는 물건을 보여 주고, 동기를 부여시키며, 세 단어 문장을 사용하도록 유도하지 않는 한 일반적으로 한 단어의 말로 제한되는 음성 언어를 사용했다. 지우의 놀이 기술은 제한적이었고, 주로 기차 놀이와 정지 불이 들어오는 장난감을 고집하였다. 기차 놀이를 할 때는 고개를 옆으로 돌리며 기찻길 위의 바퀴를 자세히 보기 위해 땅에 엎드리거나 색깔을 보기 위해 정지 불을 껐다 켜는 놀이를 했다. 주변에서 놀이의 확장을 위해 개입하면 지우는 종종 본인이 선호하는 놀이 행동을 유지하거나, 때로는 소리를 지르거나 펄쩍펄쩍 뛰는 것과 같은 도전적인 행동으로 되돌아가곤 했다. 지우는 또한 가상 놀이를 할 때 물건에 언어적이거나 신체적인 반복 행동을 보였다(예: 소는 음머~ 소는 음머~ 소는 음머~). 또는 장난감의 기능과 관련 없는 반복적인 행동을 계속했다. 예를 들면, 지우는 문이 있는 장난감을 가지고 문을 열고 닫는 행동을 반복한다.

지우는 오전 시간 대부분을 통합교실에서 보냈지만, ABA 전략을 능숙하게 사용할 수 있는 교사로부터 매일 아침 1시간 동안 수업 지원을 받았다. 일주일에 4번은 오후에 개별 혹은 소그룹 ABA 프로그램 지원을 받았다. 지우는 분류하기, 요구하기, 그리고 명명하기를 포함한 많은 다른 기술을 학습하고 있었다. 이 기술들은 매우 중요하고, 통합하여 분석하는 것이 평가 목적에는 효과적이지만, 모든 기술을 실제 생활에 한꺼번에 통합하는 것은 어렵다. 지우는 혼자 있을 때는 특정한 기술을 보여 줄 수 있지만, 학교, 마트,

파티 등과 같이 모든 기술을 함께 사용해야 하는 일상생활에서는 그 기술들이 무너지게 될 수도 있다. 이러한 현상은 지우에게 더 분명하게 드러나지만, 이것은 Socially Savvy 체크리스트를 사용하는 모든 아동에게 해당되는 문제이다. 종종 부모는 자녀가 학교나 개별 수업에서 배운 기술을 가정과 같은 다른 환경에서 통합된 방식으로 사용하지 않을 경우에 좌절한다. 지우는 사회성 기술을 소홀히 하면 새로운 기술을 습득하거나 오래된 기술을 일반화하는 것이 얼마나 어려운지 보여 주는 좋은 예이다.

Socially Savvy 체크리스트 결과

Socially Savvy 체크리스트 평가에 의하면 지우는 공동주의, 사회적 놀이, 사회적 · 정서적 기술, 그리고 사회적 언어 영역에 매우 큰 개입이 필요하다는 결과를 보였다. 지우는 공동주의 영역의 대부분의 기술이 부족했고, 우리는 사회적 상호작용 중에 눈맞춤 늘리기, 다른 사람의 시선 따라가기, 다른 사람의 제스처에 반응하기가 있는 공동주의 영역의 기술들을 먼저 습득시키기로 했다.

지우는 사회적 놀이 영역에서 결손 기술도 있었지만 습득 중인 기술도 있었다. 지우는 평소에 고집하던 놀이가 아닌 놀이에도 조금이나마 관심을 보였고, 성인 혹은 또래와 같이 하는 활동이나 간단한 게임을 배울 필요가 있었다. 사회적 놀이 영역에서 우리가 처음으로 주목한 것은 지우가 적절하게 평행 놀이를 하는 것을 늘리고 구조화된 차례 지키기 게임 활동에 참여하는 것을 돕는 것이었다. 자기 조절 영역에서도 지우는 할 수 있는 것과 없는 것들이 있었지만, 평가 당시에 지우가 도전적인 행동을 거의 나타내지 않았기 때문에 이 영역을 우선순위로 정하지 않았다. 교실 · 그룹 행동 영역에서도 할 수 있는 것과 없는 것이 있었지만 역시 공식적으로 다루지 않았다. 사회적 · 정서적 기술 영역의 모든 기술과 사회적 언어 영역의 대부분의 기술은 결핍되어 있었다. 우리는 사회적 · 정서적 기술 영역에서 기본 감정들을 식별하는 것을 목표로 정했고, 사회적 언어 영역에서는 인사 시간에 반응하고 사회적인 질문에 대답하는 것을 목표로 정했다.

목표로 삼은 사회적 기술 및 IEP 목표 확인

● 공동주의

기술: (JA 4) 사회적 상호작용을 유지하기 위해 응시한다(적어도 한 번은 상대방의 얼굴을 직접 본다).

성취 기준: 구조화된 사회성 활동과 게임을 하는 동안(예: 다른 사람에게 물건 건네기, 술래피하기 게임, 가라사대 게임)에 지우는 5개의 서로 다른 게임에서 5번의 측정된 기회 동안에 연속으로 '물건을 건네면서 시선 따라가기'나 '기대하는 반응하기'를 할 수 있다.

기술: (JA 6) 다른 사람의 시선을 따라 물체를 추적한다.

성취 기준: 폐쇄적이거나 구조화된 활동(예: 퍼즐, 블록, 모양 분류)을 할 때 지우는 성인의 시선을 따라 활동에 알맞게 3번 연속으로 측정된 기회 중 80%의 확률로 조각을 맞힌다 (예: 퍼즐판에 알맞은 퍼즐 조각을 맞힌다).

기술: (JA 7) 관심을 공유하기 위해 다른 사람에게 사물을 보여 주며 눈맞춤을 한다.

성취 기준: 다양한 활동이나 과제가 완료되었을 때(예: 퍼즐, 미술 작업, 시각적 일정표, 일상생활 기술), 지우는 완벽한 문장형(예: "내가 했어요." "다했어요." "내 그림을 봐요.")으로 말하면서 성인의 주의를 끌기 위해 쳐다보기를 5번 연속으로 측정된 기회 중 4번 이상 한다.

● 사회적 놀이

기술: (SP 2) 폐쇄형 장난감(예: 퍼즐, 모양 분류)을 가지고 또래와 가까이에서 5~10분 정도 평행 놀이를 한다.

성취 기준: 지우는 5~10분 동안 또래 옆에서(약 1m 이내) 폐쇄형 장난감(예: 모양 분류, 퍼즐)을 일반 또래보다 많지 않은 촉구로 세 가지 장난감을 가지고 논다.

기술: (SP 3) 개방형 장난감(예: 블록, 트럭, 레고)을 가지고 또래와 가까이에서 5~10분 정도 평행 놀이를 한다.

성취 기준: 지우는 5~10분 동안 또래 옆에서(약 1m 이내) 개방형 장난감(예: 블록, 트럭, 레고)을 일반 또래보다 많지 않은 촉구로 세 가지 장난감을 가지고 논다.

기술: (SP 7) 구조화된 게임의 일부로 순서를 주고받으며 게임이 끝날 때까지 계속 주의를 집중한다.

성취 기준: 다른 또래와 간단한 게임을 하는 도중에 지우는 스스로 자기 차례를 알고, 게임 조각을 넘기고, 차례를 지키기 위해 다른 또래를 기다리는 것을 5번의 연속된 게임 중

4번 동안 게임이 끝날 때까지 할 수 있다.

● **사회적 · 정서적 기술**

기술: (SE 1) 다른 사람과 자신의 감정을 인식한다(예: 행복, 슬픔).

성취 기준: 감정을 표현하는 사람 그림이 제시되었을 때, 지우는 그 감정의 이름(예: 행복하다, 슬프다, 화나다, 무섭다)을 3번 연속으로 측정된 기회 중 80%을 말로 식별할 수 있다.

● **사회적 언어**

기술: (SL1) 만날 때 혹은 헤어질 때 나누는 인사에 반응한다.

성취 기준: 만났을 때 하는 인사나 성인이나 또래와 헤어질 때 하는 인사에서 지우는 눈맞춤과 함께 적절한 언어("안녕!")로 반응하는 것을 3일 연속으로 측정된 기회 중 80% 할 수 있다.

기술: (SL 3) 만날 때 혹은 헤어질 때 나누는 인사를 먼저 한다.

성취 기준: 교실에 들어갈 때나 새로운 활동을 시작할 때, 지우는 그 환경에서 만난 성인이나 또래에게 먼저 인사하는 것을 3일 연속으로 측정된 기회 중 80% 할 수 있다.

기술: (SL 5) 사회적 질문에 대답한다(예: 이름, 나이, 성, 반려동물의 이름).

성취 기준: 열 가지 다른 사회적 질문에 지우는 성인이나 또래가 하는 각각의 사회적 질문에 3번 연속으로 측정된 기회 중 80%를 적절하게 반응할 수 있다.

측정

지우의 사회성 기술 개입은 원래 하던 교사의 정식 프로그램에 속해 있었으며, 데이터는 각 시도나 기회에 대해 백분율로 기록하였다.

교수 전략과 반응

지우의 인지발달 지연과 사회성 기술을 포함한 다양한 영역에서의 기술 결핍으로 볼 때, 지우와의 개입은 1:1 중재와 고도로 구조화된 그룹 환경에서 구체적인 촉구와 강화 절차로 세밀하게 짜인 교수 방법으로 진행되어야 했다. 일반화를 위한 목표로 몇몇의 사회성 기술 개입은 일반 유치원 교실에서도 ABA 방법론을 훈련받은 보조교사에 의해 진행되었다. 다음은 지우에게 설정된 각각의 사회성 기술과 지우의 일반적인 반응, 지우의 진행 상황에 따라 만들어진 교수 전략을 묘사한 것으로, 지우의 상황에 맞게 일부 수정 및 조정되었다.

> ## JA 4: 사회적 상호작용을 유지하기 위해 응시한다(적어도 한 번은 상대방의 얼굴을 직접 본다).
>
> 특정한 활동은 지우에게 특정한 반응과 눈맞춤을 짝짓도록 가르치는 맥락으로 활용되었다. 또한 제스처 촉구를 줄이고 좀 더 복잡한 활동을 증가시키는 유치원의 정식 프로그램이 뒤따랐다. 지우는 또래에게 공을 앞뒤로 전달하는 것을 즐겼다. 이것은 처음에 성인에게 개별 교육을 통해 직접 교수된 것(부록 1의 '차례 지키기' 참조)으로, 지우가 성공하게 되면서 또래가 추가되었다. 지우는 또래의 얼굴과 몸을 보면서 또래가 공을 받을 준비가 될 때까지 기다리는 것을 배웠다. 그러고는 공을 받으려고 지우처럼 앉아 있는 또래의 다리 사이로 공을 굴렸다. 지우는 경험을 공유할 뿐만 아니라 또래가 공을 받을 준비가 되었는지 알기 위해 또래의 눈을 관찰하는 법을 배워야 했다. 이것은 또래와의 사회적 요소를 추가하면서 공동주의와 기다리기를 할 수 있는 훌륭한 방법이었다. 다음 단계는 지우의 '시선 따라가기'를 다른 활동으로 확장시키는 것이었다.

> ## JA 6: 다른 사람의 시선을 따라 물체를 추적한다.
>
> 우리는 지우가 성인의 몸짓(예: 포인팅, 고개 끄덕임)이나 시선을 따라 폐쇄형 과제(예: 퍼즐, 모양 분류)나 조작적인 활동을 완료해야 하는 프로그램을 도입했다. 예를 들어, 지우가 성인의 시선을 따라 퍼즐 조각이 어느 부분에 맞는지를 볼 수 있는 비정형 퍼즐을 첫 번째 활동으로 활용했다. 처음에 이것은 지우에게 극도로 어려운 일이었기에 우리는 양쪽 끝에 하나씩 퍼즐을 2조각으로 제한하였다. 처음에는 지우가 교사의 머리를 따라가며 퍼즐 조각이 맞춰지는 것을 볼 수 있도록 교사는 온 머리를 움직여서 퍼즐 조각이 어디로 가야 하는지 몸짓을 취해 주셨다. 교사가 움직임을 줄이면서 지우는 점차 교사의 머리 움직임을 감지하기 어려워졌고, 마침내 교사의 얼굴과 눈에 더 집중하기 시작했다. 우리는 점차적으로 과제 시 더 많은 퍼즐 조각을 포함시키기 시작했다. 지우가 교사의 시선을 따라 9조각의 퍼즐을 완성할 수 있게 되자, 교사는 지우가 봐야 할 위치나 들어야 할 조각에 대해 "지우, 이리 와!" 또는 "지우, 이거 집어!"와 같은 지시어를 비언어적 지시(몸짓이나 눈짓)로 사용하기 시작했다. 이외에도 블록 쌓기, 도형 분류하기 등 지우가 시선에 따라 움직이도록 유도하는 다른 활동도 도입되었다. 이 프로그램은 구조화된 프로그램(부록 1의 '몸짓이나 시선을 따라가기' 참조)에서 하루 종일 부수적으로 운영하는 것으로 전환되었다.

JA 7: 관심을 공유하기 위해 다른 사람에게 사물을 보여 주며 눈맞춤을 한다.

처음에 지우는 다른 사람들과 관심 있는 사물을 공유하고자 하는 의욕을 보이지 않았다. 상대방과 번갈아 가며 하는 활동이나 책 속의 그림을 포인팅하기, 선생님 쳐다보기, 운반구(문장형으로 말할 수 있도록 도와줌)를 통한 그림 명명하기(예: "봐, 비행기다!")와 같은 구조화된 프로그램은 개별 수업 시간에 진행되었다. 안타깝게도 지우는 이 활동에서 동기를 찾지 못했고, 프로그램 내내 도움이 필요했다. 지우의 동기를 높이기 위해 교통표지판처럼 지우의 동기를 높일 수 있는 사물의 사진을 지우의 눈높이에 맞춰 복도에 게시하고, 산책과 전환 시간 동안에 자연스럽게 이 프로그램을 진행했다. 우리는 그림을 자주 바꿨고, 지우에게 이러한 산책이 매우 동기 부여가 된다는 것을 알게 되었다. 지우는 그림에 라벨을 붙이며 자신의 관심사를 교사와 공유하는 법을 배웠다. 지우는 이제 막 다른 또래 아이와 함께 산책을 시작하여 그 아이와 관심을 공유하기 시작했다.

SP 2: 폐쇄형 장난감(예: 퍼즐, 모양 분류)을 가지고 또래와 가까이에서 5~10분 정도 평행 놀이를 한다.

처음에 지우는 독립적인 놀이 기술이 거의 없었다. 지우는 모양 분류와 같은 일부 제한적인 놀이 활동을 할 수 있었지만, 그것조차도 성인이 함께 있을 때에만 가능했다.

또한 지우는 성인이 다른 활동을 알려 주지 않으면 활동을 마친 후에 무엇을 해야 할지 잘 몰랐다. 연초에 우리는 지우에게 다른 또래들과 함께 완료해야 하는 활동 한 가지가 포함된 여가 활동 계획(부록 1의 '여가 활동 계획' 참조)을 제공했다. 지우가 이 활동을 성공적으로 수행함에 따라서(교사의 도움이 사라짐) 지우가 5개의 활동을 완료할 수 있을 때까지 더 많은 활동이 추가되었다. 내년에는 또래와의 교류가 포함된 활동을 계획하고 있다.

SP 3: 개방형 장난감(예: 블록, 트럭, 레고)을 가지고 또래와 가까이에서 5~10분 정도 평행 놀이를 한다.

올해 초만 해도 개방형 놀이에 대한 지우의 관심은 제한적이었다. 개별 수업에서 지우는 블록 구조의 모형이나 그림을 모방하여 다양한 블록 구조를 만드는 방법을 배웠다. 지우가 그림에서 최대 6개의 블록 구조를 모방할 수 있게 되면 자유 선택 활동 시간 동안에 블록 영역에 이를 일반화했다. 지우가 독립적으로 블록을 만들지 않을 경우에는 무엇을 만들지 아이디어를 얻을 수 있도록 다양한 블록 구조의 그림을 블록 영역에 배치했다. 지우가 적극적으로 참여하지 않거나 15초 이상 또래들로부터 멀어지지 않는 한 교사가 따로 개입하지 않았다. 지우가 블록 영역에서 놀아야 하는 시간이 체계적으로 늘어났고, 블록 시간이 끝나면 지우에게 신호를 보냈다. 다양한 조작 재료를 가지고 노는 등 직접 지도할 수 있는 다른 개방형 활동도 준비했다.

SP 7: 구조화된 게임의 일부로 순서를 주고받으며 게임이 끝날 때까지 계속 주의를 집중한다.

우리는 지우에게 차례를 정하고, 자료를 전달하고, 기다리는 방법을 가르치는 데 중점을 둔 체계적인 차례 지키기 프로그램을 마련했다. 예를 들어, 끝에 자석이 달린 장난감 낚싯대를 번갈아 가며 물고기를 잡는 아주 간단한 활동부터 시작했다. 새로운 게임이 한 번에 하나씩 추가되었다. 지우는 처음에 매 차례마다 강화를 받았으며, 점차 게임이 끝날 때 강화를 받도록 체계적으로 바뀌었다. 지우는 3번의 게임에서 더 이상 자기 차례를 기다리거나 자기 차례를 아는 데 도움이 필요하지 않을 때까지 성인과 함께 차례 지키는 연습을 했다. 그 시점에서 지우는 또래와 교대로 게임을 하기 시작했다. 또래가 성인만큼 차례를 빠르게 지키지 못했기 때문에 강화가 다시 도입되었다. 지우는 현재 한 명의 또래와 번갈아 가며 게임을 하고 있지만, 게임의 종류나 게임에 참여하는 또래의 수를 늘리기 위해 노력할 것이다(2명이 아닌 3~4명으로 구성된 그룹).

SE 1: 다른 사람과 자신의 감정을 인식한다(예: 행복, 슬픔).

정식 프로그램의 일환으로 지우는 사진에서 감정을 식별하는 방법과 다른 사람이 감정을 표현할 때 그 감정을 식별하는 방법을 배웠다. 이러한 상황에서 정답에 대한 언어적 촉구는 금방 사라졌지만, 지우가 자신의 내적 상태를 파악하는 데까지 일반화되지는 않았다. 이를 목표로 매일 아침 교사가 지우에게 안부를 묻고, 행복, 슬픔, 아픔, 피곤함을 상징하는 그림을 보여 주었다. 이 전략을 사용하게 된 계기 중 하나는 지우가 몸이 아플 때 학교에 알리지 못한다는 사실을 깨달았기 때문이다. 어느 날 지우는 그냥 '멍한' 상태였고, 교사는 나중에야 지우에게 고열이 있다는 사실을 알게 되었다. 지우가 자신의 상태를 전달할 수 있게 되자, 지우는 교사에게 안부를 묻는 법을 배웠다. 지우의 교사는 그녀의 느낌과 일치하는 과장된 표정으로 대답했다.

SL 1: 만날 때 혹은 헤어질 때 나누는 인사에 반응한다.
SL 3: 만날 때 혹은 헤어질 때 나누는 인사를 먼저 한다.

우리는 정식 프로그램(부록 1의 '인사말에 반응하기' 참조)을 따라 구조화된 개별 수업과 교실 내에서 부수적으로 지우가 만날 때 인사와 헤어질 때 인사에 반응하도록 가르쳤다. 처음에 지우는 만날 때 또는 헤어질 때 인사에 반응하지 않았다. 우리는 지우가 성인의 인사에 반응할 때 강화제를 제공하는 것으로 시작한 다음, 또래가 강화제를 제공하는 것으로 옮겼다. 지우가 사람들의 이름(예: "예나야, 안녕!")을 사용하기 시작하면서 우리는 인사말 작업을 시작했다.

중재 결과

지우에게는 작년 한 해 동안에 많은 발전이 있었다. 가장 큰 변화는 눈맞춤과 또래에 대한 전반적인 인식이 개선되었다는 것이다. 지우는 더 이상 다른 사람들이 있는 곳이 자신의 세계가 아닌 것처럼 공간을 이동하지 않으며, 다른 사람들을 바라보고 인사함으로써 그들과 상호작용해야 할 의무가 있다는 것을 인식하고 있다. 지우의 전반적인 놀이 기술이 향상되어 또래 친구들과 함께 놀 수 있게 되면서 사회적 상호작용을 위한 새로운 기회의 세계가 열렸다.

내년에는 지우가 새로 습득한 기술을 활용해서 혼자 보다 또래 친구들과 더 많이 상호작용하고 놀 수 있도록 돕는 것이 목표이다. 또한 지우는 또래 친구들과 인사하는 것을 넘어 대화하고 관심사를 공유하는 것까지 사회적 기술을 확장하는 방법을 배울 것이다. 지우는 멋진 출발을 했지만 사회적 잠재력을 발휘할 수 있도록 돕기 위해 아직 해야 할 일이 많다.

체크리스트 요약 보고서 Socially Savvy

아동: 박지우	나이: 만 3.4세
평가일: 2012. 9. 30.	평가자: ○○○

Socially Savvy 체크리스트는 미취학 아동과 초등학교 저학년 아동의 사회성 기술을 평가한다. 다양한 영역, 특히 공동주의, 사회적 놀이, 자기 조절, 사회적·정서적 기술, 사회적 언어, 교실·그룹 행동과 비언어적인 사회적 언어에서 아동의 사회성 기술에 대한 그림을 제공한다. 총 127개의 개별 사회적 기술에 대해 7개 영역 각각에서 특정 기술이 식별된다. 각 섹션 내에서 기술은 일반적으로 더 단순한 것에서 더 복잡한 것으로 이동하며 일반적으로 성장하는 아동이 이를 습득하는 순서로 되어 있다. 각 영역에서 번호가 낮은 기술이 더 간단하거나 이후 기술의 선행 기술이 될 수 있다.

아동의 전반적인 사회적 기능을 직접 경험하거나 이해하고 있는 사람이라면 누구나 Socially Savvy 체크리스트를 작성할 수 있다. 여기에는 부모와 교사가 포함되나 딱히 여기에만 국한하지는 않는다. 평가자는 최소 2주 동안에 사회적 환경에서 아동을 관찰해야 하며 평가는 이러한 환경에서 아동의 관찰을 기반으로 해야 한다. Socially Savvy 체크리스트는 4점 평가 시스템으로 구성되는데, 이는 다음과 같다.

0＝이 기술을 거의 또는 전혀 보여 주지 않음, 1＝이 기술을 보이긴 하나 몇 번만 보여 줌, 2＝이 기술을 일관되게 보여 주지는 않음, 3＝이 기술을 지속적으로 보여 줌, N/A＝해당되지 않음. 보고서를 완성하기 위해 1점 또는 2점을 받은 기술은 '습득 중' 범주 내에서 결합하고 3점은 '습득 완료', 0점은 '아직 레퍼토리에 없음'으로 기록되어야 한다.

Socially Savvy 체크리스트는 아동의 특정 강점과 문제점을 파악하는 데 도움이 된다. 교사와 부모는 이러한 일반적인 영역과 특정한 사회성 기술을 세밀하게 평가함으로써 중재가 가장 필요한 특정 기술의 우선순위를 정할 수 있다.

	기술	습득 완료	습득 중	아직 레퍼토리에 없음
JA 1	물건이 제시될 때 그 방향을 처다본다(예: 보거나 그와 관련된 반응을 함).		✕	
JA 2	사회적 상호작용을 유지하기 위해 자신의 행동을 반복한다.		✕	
JA 3	사회적 상호작용을 유지하기 위해 장난감으로 동작을 반복한다.		✕	
JA 4	사회적 상호작용을 유지하기 위해 응시한다(적어도 한 번은 상대방의 얼굴을 직접 본다).			✕
JA 5	물건을 향한 포인팅이나 몸짓을 따라간다.			✕
JA 6	다른 사람의 시선을 따라 물체를 추적한다.			✕
JA 7	관심을 공유하기 위해 다른 사람에게 사물을 보여 주며 눈맞춤을 한다.			✕
JA 8	관심을 공유하기 위해 사물을 가리키고 눈맞춤을 한다.			✕
JA 9	자신이나 다른 사람이 하고 있는 행동에 대해 언급(예: "나는 ○○해요.")한다.			✕

사회적 놀이		습득 완료	습득 중	아직 레퍼토리에 없음
	기술			
SP 1	사회적 상호작용을 끌어내는 게임(예: 까꿍 놀이, 간질이기 게임)에 참여한다.		✕	
SP 2	폐쇄형 장난감(예: 퍼즐, 모양 분류)을 가지고 또래와 가까이에서 5~10분 정도 평행 놀이를 한다.		✕	
SP 3	개방형 장난감(예: 블록, 트럭, 레고)을 가지고 또래와 가까이에서 5~10분 정도 평행 놀이를 한다.			✕
SP 4	장난감이나 자료를 공유한다(예: 다른 사람이 놀게 허용, 요청 시 자료를 건네주기).		✕	
SP 5	폐쇄형 장난감을 가지고 5~10분 동안 협동하여 논다 (또래와 지시를 주고받음).			✕
SP 6	개방형 장난감을 가지고 5~10분 동안 협동하여 논다 (또래와 지시를 주고받음).			✕
SP 7	구조화된 게임의 일부로 순서를 주고받으며 게임이 끝날 때까지 계속 주의를 집중한다.			✕
SP 8	활동이 끝날 때까지 그룹과 함께 야외 게임을 한다 (예: 오리-오리-동물, 술래 피하기 게임).			✕
SP 9	또래가 요청하면 하던 것을 멈춘다.		✕	
SP 10	또래와 구조화된 놀이 또는 게임을 적절하게 끝낼 수 있다.			✕

SP 11	상상 놀이 주제에서 역할(예: 식당 놀이, 병원 놀이, 소방관 놀이)을 맡아 최대 3~5개의 행동을 언어적 및 비언어적으로 지속한다.			✗
SP 12	장난감이나 물건을 교환한다(예: 미술 수업 중 물감 색 교환 요구하기).			✗
SP 13	선호하는 활동에 또래를 초대한다.			✗
SP 14	또래에게 다가가 진행 중인 활동에 적절하게 참여한다.			✗
SP 15	또래가 선택한 활동에 같이하자는 초대를 수락한다.			✗
SP 16	게임에서 지거나 탈락하는 것을 받아들인다.		✗	
SP 17	구조화되지 않은 시간 동안에 적절하게 참여한다(예: 먼저 활동을 끝내면 새로운 활동으로 이동, 나이에 맞는 놀이에 참여).			✗
SP 18	다른 사람의 놀이 아이디어의 변화를 따르고 개방형 놀이 동안에 변화를 유지한다(예: 놀이 방식 또는 이야기 줄거리의 변화).			✗
SP 19	한 사람이 술래가 되는 게임을 적절하게 한다.			✗
SP 20	게임의 규칙이 변경되었을 때 따르거나 또래의 새로운 아이디어를 받아들일 때 유연성을 보여 준다.			✗
SP 21	또래와 함께 놀이 방식을 계획하고 그대로 따라간다 (예: 블록으로 집을 짓기로 결정한 다음 짓기).			✗

SP 22	친구인 아동을 구별하고, 그 이유를 간단하게 설명할 수 있다.			✗
SP 23	다른 사람의 취향과 관심이 자신과 다를 수 있음을 적절하게 받아들인다.		✗	
SP 24	이겼을 때 지나치게 자랑하는 말이나 몸짓을 사용하지 않는다.		✗	

자기 조절

기술		습득 완료	습득 중	아직 레퍼토리에 없음
SR 1	새로운 과제나 활동에 대한 유연성을 보여 준다.		✗	
SR 2	요청이 거부되었을 때 적절하게 반응한다.		✗	
SR 3	말하기 전에 손을 들고 호명되기를 기다린다.			✗
SR 4	성인이 유도한 진정 전략에 반응한다.		✗	
SR 5	화가 났거나 좌절했을 때를 인식하고 휴식 또는 진정에 필요한 물건이나 활동을 적절하게 요구한다.			✗
SR 6	전환할 때 교실에서의 기대 행동을 따르고 유연성을 보여 준다.		✗	
SR 7	계획과 다른 상황이 발생했을 때 유연성을 발휘한다.		✗	
SR 8	선호하는 활동이 중단될 때 유연성을 보여 준다.			✗
SR 9	도전적인 행동을 하지 않고 피드백 및 수정에 따른다.		✗	
SR 10	도전적인 행동을 하지 않고 자신이나 다른 사람의 실수에 대처한다.		✗	

SR 11	자신과 다른 사람의 공간에 대한 인식을 보여준다(예: 줄을 서서 걸을 때 다른 사람의 발을 밟지 않음, 이야기 나누기 시간 동안 다른 사람에게 밀착하지 않음, 다른 사람과 상호작용할 때 한 팔 정도의 거리를 유지함).			✗
SR 12	피드백에 따라 행동을 수정한다.			✗
SR 13	적절한 단어와 어조를 사용하여 다른 사람의 요청을 거절한다.			✗
SR 14	도전적인 행동(예: 괴롭힘, 놀림, 공격성)을 하지 않고 자신을 옹호한다(예: "못 받았어." "안 보여." "비켜 줄래?" "그만해.")			✗
SR 15	새롭거나 어려운 활동을 하는 동안에 도움을 요청한다.			✗
SR 16	지시에 따라 최대 1분 동안에 도전적인 행동을 하지 않고 도움이나 요구한 물건을 기다린다.			✗
SR 17	특정 주제나 질문에 집착하지 않는다.			✗
SR 18	말할 때 대화에 적절한 목소리 크기와 어조를 사용한다.			✗

	기술	습득 완료	습득 중	아직 레퍼토리에 없음
SE 1	다른 사람과 자신의 감정을 인식한다(예: 행복, 슬픔).			✖
SE 2	질문을 받으면 자신과 타인의 감정 상태(예: 행복, 슬픔)에 대해 간단히 설명한다.			✖
SE 3	다른 사람에 대한 공감을 나타낸다(예: 놀이터에서 넘어진 친구에게 "괜찮아?"라고 물어봄, 우는 친구를 안아 줌).			✖
SE 4	도전적인 행동을 하지 않고 부정적인 감정을 표현한다.			✖
SE 5	다른 사람의 행동이나 소지품에 대해 적절한 정도의 관심을 표현한다.			✖
SE 6	친구가 자신의 행동에 어떻게 반응할지 예상하고(예: '탑을 무너뜨리면 친구가 화를 많이 낼 것이다.' '친구를 도와주면 친구의 기분이 좋을 것이다.') 그에 따라 행동한다.			✖

SR

SE

사회적 언어			
기술	습득 완료	습득 중	아직 레퍼토리에 없음
SL 1 만날 때 혹은 헤어질 때 나누는 인사에 반응한다.			✕
SL 2 대상(성인, 또래)을 지정하여 지시하면 따른다.		✕	
SL 3 만날 때 혹은 헤어질 때 나누는 인사를 먼저 한다.			✕
SL 4 또래를 이름으로 부른다.			✕
SL 5 사회적 질문에 대답한다(예: 이름, 나이, 성, 반려동물의 이름).			✕
SL 6 사회적 질문을 한다(예: 이름, 나이, 성, 반려동물의 이름).			✕
SL 7 다른 사람이 공유한 물건이나 정보에 대해 구체적인 질문(예: 물건의 이름, 물건의 위치, 누가 무엇을 가지고 있는지)을 한다.			✕
SL 8 관심을 요구한다(예: "내가 만든 것 좀 봐요." "내가 얼마나 멀리 뛰는지 봐.")			✕
SL 9 듣는 사람의 주의를 적절하게 끈다(예: 이름 부르기, 어깨 두드리기).			✕
SL 10 다른 사람의 시작 행동에 반응한다.			✕

SL 11	진행 중인 활동에 대한 질문에 대답한다.			✕
SL 12	본인, 가족, 주요 행사(예: 개학일, 명절, 가족 행사)에 대한 정보를 공유한다.			✕
SL 13	선호하는 주제에 대해 5개 이상의 질문에 대답한다.			✕
SL 14	서로 의견을 주고받는다(예: 아동이 또래에게 "나도 그 영화가 좋아!" "난 ○○는 없고, ××는 있어."와 같이 말함).			✕
SL 15	가까운 과거 또는 미래의 사건에 대한 정보를 공유한다.			✕
SL 16	대화를 유지하기 위해 3~4회 정도 질문에 대답하거나 질문하거나 의견을 말한다.			✕
SL 17	또래가 화제를 바꾸면 적절하게 반응한다.			✕
SL 18	말할 때 몸과 시선이 상대방을 향한다.			✕
SL 19	들을 때 몸과 시선이 상대방을 향한다.			✕
SL 20	공손한 표현을 사용한다(예: '~해 주세요' '고맙습니다' '미안합니다' '실례합니다' '괜찮아요').			✕
SL 21	자신과 타인의 '다름'을 받아들인다(예: 부정적인 말을 하지 않음).			✕

SL 22	사회적 상호작용 중에 문제가 생겼을 때 이를 수정하거나 명확히 하려고 한다.			✕
SL 23	나이에 맞는 주제로 대화한다(또래와 비슷한 관심을 주제로 이야기함).			✕
SL 24	상황에 맞는 언어를 사용하고 어울리는 주제를 꺼낸다.			✕

교실 · 그룹 행동

	기술	습득 완료	습득 중	아직 레퍼토리에 없음
CG 1	일정 및 교실 규칙(놀이터 규칙 포함)을 따른다.	✕		
CG 2	교실 일과나 활동의 일부로 언어적 지시를 따른다(예: 자료 가져오기, 점심 치우기).		✕	
CG 3	자신, 타인, 그룹의 소지품을 인식한다.		✕	
CG 4	지정된 장소에 장난감 및 자료를 보관한다.		✕	
CG 5	직간접적으로 신호를 주면 교사를 보거나 다가와 반응한다.		✕	
CG 6	노래 또는 활동을 주도하는 또래를 모방한다(예: 가라사대 게임).		✕	
CG 7	간접적인 단서에 반응한다(예: 줄을 서야 할 때 "친구들은 어디 있어?"라고 말함).			✕
CG 8	놀이 기구를 적절히 사용한다.		✕	
CG 9	자발적으로 또는 요청을 받았을 때 다른 사람을 돕는다.			✕
CG 10	교사가 부를 때까지 그룹에서 자리를 지킨다(예: 줄을 서라고 부를 때까지 자리에 앉아 있음).		✕	

CG 11	장소나 물건(예: 의자, 겉옷)을 찾아 활동을 준비한다.	✕	
CG 12	새로운 활동 중에 지시를 따른다.	✕	
CG 13	새로운 활동 중에 지시를 한다.		✕
CG 14	줄을 서서 걸을 때 자기 자리를 지키고 그룹과 보조를 맞춘다.	✕	
CG 15	노래, 책 또는 놀이 활동에서 나오는 단어나 동작을 반복한다.		✕
CG 16	친구 중 일부는 다른 규칙이나 일정을 따르기도 한다는 것을 받아들인다.	✕	
CG 17	다른 사람의 소유물을 사용하기 위해 허락을 구한다.		✕
CG 18	교사가 주도하는 소그룹 체험 학습에 최소 10분 이상 참여한다.	✕	
CG 19	최소 10분 동안 조용히 그룹에 앉아 있다.		✕
CG 20	교사가 주도하는 소그룹 듣기 활동에 최소 10분 이상 참여한다.	✕	
CG 21	교사 또는 또래 주도 활동에서 다른 아동들과 함께 반응한다.		✕

CG 22	그룹에서 기본적인 2~3단계 지시를 따른다.			✕
CG 23	친구에게 물건을 전달한다(예: 자료 나눠 주기, 공유 물건을 돌아가며 보고 다음 사람에게 전달하기).			✕

CG

비언어적인 사회적 언어

	기술	습득 완료	습득 중	아직 레퍼토리에 없음
NV 1	비언어적 상호작용에 반응한다(예: 하이파이브, 손 흔들기, 엄지 척, 주먹 부딪히기, 미소).		✕	
NV 2	적절하게 성인 또는 친구들과 비언어적 상호작용을 시작한다(예: 하이파이브, 손 흔들기, 엄지 척, 주먹 부딪히기, 미소).			✕
NV 3	말이 없는 동작을 식별한다(예: '몸으로 말해요' 게임).			✕
NV 4	그 사람과 보낸 시간, 관계 및 친숙함에 따라 적절한 수준의 애정을 보여 준다(예: 껴안고, 친구와 하이파이브를 하고, 낯선 사람에게 먼저 말을 걸지 않는 것).		✕	
NV 5	기본적인 몸짓과 비언어적 단서를 따른다(예: 손동작에 따라 멈추거나 다가옴).			✕
NV 6	다른 사람의 신체 언어, 행동 또는 시선에 따라 자신의 행동을 수정한다.			✕

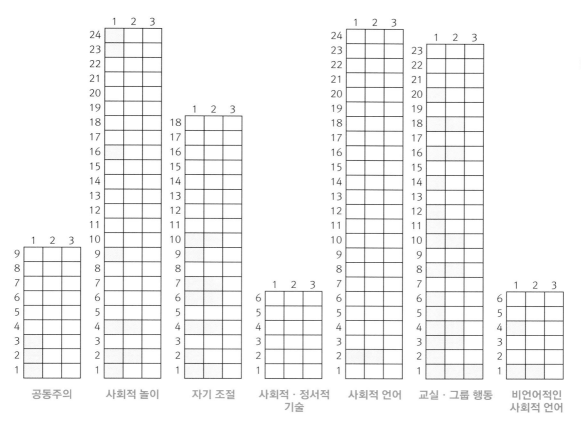

관찰	날짜	평가자	관찰 장소	관찰 기간
1	9 / 30 / 2012	○○○	통합반 · 개별 수업	2주

이름: 박지우

날짜: _____

프로그램	촉구 단계	변별 자극(SD)	목표 자극	1	2	3	4	5	6	7	8	9	10	총 정확도(%)
사회적 상호작용을 유지하기 위해 응시하기(JA 4)	2초 뒤에 제스처	공을 들고 다른 사람과 눈맞춤 하기	공을 굴리기											
다른 사람이 시선을 따라 몸체를 추적하기(JA 6)	독립적	머리 전체를 목표 자극을 향해 사용하기	과음 조작											
관심을 공유하기 위해 다른 사람에게 사물을 보여 주며 눈맞춤 하기(JA 7)	포인팅하는 것은 전체 촉구, 전체 촉구로 보여 이후 다른 사람에게 사물을 보여 주며 것을 공유할 수 있게 하기	복도에 있는 그림; 명명하기, 1초라도 눈 도에 뭐가 있는지 보려 가지.	복도에 사진을 붙여 놓고 "복도에 뭐가 있는지 보러 가자."		포인팅	포인팅	포인팅	포인팅	포인팅	포인팅	포인팅	포인팅	포인팅	
				명명하기	명명하기	명명하기	명명하기	명명하기	명명하기	명명하기	명명하기	명명하기	명명하기	
				눈맞춤 하기	눈맞춤 하기	눈맞춤 하기	눈맞춤 하기	눈맞춤 하기	눈맞춤 하기	눈맞춤 하기	눈맞춤 하기	눈맞춤 하기	눈맞춤 하기	
폐쇄형 장난감을 가지고 또래와 가까이에서 5~10분 정도로 평행 놀이하기(SP 2)	독립적	"○○활동 시간이야."	다섯 가지 활동과 강체 G=제료 찾기 P=제료 들기 C=제료 정리하기	G P C										
개방형 장난감을 가지고 또래와 가까이에서 5~10분 정도로 평행 놀이하기(SP 3)	최소-최대 촉구	"블록 놀이 시간이야."		촉구의 수를 기록(15초 이상 활동하지 않거나 주어진 재료로부터 떨어져 있을 때 촉구하기)										
만날 때 혹은 헤어질 때 나누는 인사에 반응하기(SL 1)	4초 기다린 후에 전체 언어 촉구	"지우야, 안녕!"	아동이 "○○ 선생님 안녕하세요."라고 3명의 선생님이 먼저 걸어온 인사에 반응한다.											
구조화된 게임의 일부로 순서를 주고받으며 게임이 끝날 때까지 계속 주의를 집중하기(SP 7)	제스처 촉구	숫자 세기, 보드 게임, 동물	3개의 서로 다른 세 모둠 게임 T=차례 지키기 C=적절한 코멘트 P=개인 도구 넘기기 W=차례 기다리기	T C P W										
다른 사람과 자신의 감정 인식하기(SE 1)	독립적	하루 중 다른 때에, "지우야, 오늘 기분이 어때?"	표정과 실제 감정을 적절한 말로 매칭한다.											
사회적 질문에 대답하기(SL 5)	독립적	"이름이 뭐야?" "어디 살아?" "몇 살이야?"	이름, 장소, 나이											

예 데이터 시트의 양식은 다음과 같다.

지침: 교사와 지원 인력은 이 데이터 시트를 사용하기 전에 반드시 개별화교육 프로그램에 익숙한 사람이어야 한다.

하루를 시작할 때 아동에게 계획된 교수 전략을 참조하여 양식을 완전하게 작성한다. '프로그램'에 프로그램의 이름을 적는다. '촉구 단계'에 해당 회기에 대해 규정된 촉구를 작성한다(IEP의 '성취 기준' 참조). '변별 자극(SD)'에 촉구 또는 질문(예: 블럭 놀이 시간이야)을 입력한다. '목표 자극' 아래에 가르치는 특정 기술을 적는다(즉, 신체 부위를 가르치는 경우에 특정 신체 부위를 목표로 한다). 1번부터 10번까지는 정반응(+), 오반응(−), 촉구(p) 등 각 시도의 데이터를 기록한다. 프로그램을 다양하게 세우고 동일한 프로그램을 10회 연속으로 실행하지 않는다. '총 정확도'에서 10번의 시도에 대한 %를 계산한다. 그런 다음에 요약 보고서 및 그래프로 데이터를 전송한다.

프로그램	촉구 단계	변별 자극 (SD)	목표 자극	1	2	3	4	5	6	7	8	9	10	총 정확도 (%)

부록

부록 1. 수업 계획

● 사회적 언어

● 교실 · 그룹 행동

사회적 상호작용을 유지하기 위해 응시하기

기술: JA 4

목표: 3~5분간의 놀이 시간 동안에 선호도가 높은 다양한 상호작용 활동(예: 간질이기, 악수하기, 비눗방울, 큰 탱탱볼)으로 구성된 환경에서 아동은 연속 5회 중 4회 동안 자발적으로 교사를 바라보는 비율을 분당 최소 2회 이상으로 증가시킨다.

준비물: 선호도가 높은 물건 또는 활동, 데이터 시트

일반적인 교수 전략: 이 기술은 먼저 1:1 형태로 가르쳐야 한다. 교사는 다양한 상호작용 활동(예: 비눗방울, 탱탱볼, 트램펄린)을 준비하고 아동을 다양한 형태의 신체적 놀이(예: 악수하기, 간질이기)로 유도한다. 교사는 아동을 상호작용 활동에 참여시키고 주기적으로 멈추면서 아동이 교사를 볼 것을 기다린다. 아동이 2~3초 동안 눈을 마주치자마자 교사는 활동을 재개한다. 교사는 또한 아동이 자발적으로 눈을 마주치지 않는 경우에 제스처 촉구를 사용하거나 수업 시간을 짧게 자주 할 수 있다. 다양한 활동을 활용해야 하며, 어떤 놀이 시간에도 이 수업을 활용할 수 있다.

세부 목표:

      1. 3분

      2. 4분

      3. 5분

몸짓이나 시선을 따라가기

기술: JA 5, JA 6

목표: 아동은 교사의 시선을 따라 사물을 3번 연속으로 시도 중 80%를 본다.

준비물: 다양한 간단한 활동(예: 퍼즐, 블록), 강화제, 데이터 시트

일반적인 교수 전략: 이 기술은 먼저 1:1 형태로 가르쳐야 하지만 소그룹(2~4명)에서도 가르칠 수 있다. 각 아동은 게임을 이끄는 교사가 물건을 어디에 두는지 알기 위해 시선을 따라간다. 퍼즐을 완성하는 것을 예로 들면, 퍼즐 조각을 퍼즐판 바깥 쪽에 놓고 아동에게 "저거 집어 줘."라고 말한 뒤 맞는 조각을 보면서 가리킨다. 블록으로 빌딩을 만들고 있다면 바닥에 여러 조각의 블록을 놓고 "저 블록을 여기에 놔."라고 말하며 해당 블록과 위치를 쳐다보면서 가리킨다. 마블 런[1]을 구성하는 다양한 플라스틱 조각을 아동 앞에 뿌려서 마블 런을 만들 수도 있다.

교사는 아동의 반응을 끌어내기 위해 다음과 같은 촉구 단계를 사용한다.

촉구 절차: 지연 시간

    1. 사물이나 위치를 시선과 함께 포인팅한다.

    2. 2초 뒤에 사물이나 위치를 시선과 함께 포인팅한다.

    3. 4초 뒤에 사물이나 위치를 시선과 함께 포인팅한다.

    4. 사물이나 위치를 보기만 한다.

세부 목표:

    1. 비정형 퍼즐

        ㄱ. 퍼즐 테두리 부분 양 끝의 2조각

        ㄴ. 퍼즐판 밖으로 흩어져 있는 4조각

        ㄷ. 퍼즐판 밖으로 흩어져 있는 6조각

    2. 정형(직소) 퍼즐

        ㄱ. 퍼즐판 밖으로 흩어져 있는 4조각

        ㄴ. 퍼즐판 밖으로 흩어져 있는 6조각

    3. 블록

---

1 역자 주: 구슬 굴리기 장난감이다.

ㄱ. 아동 앞에 흩어져 있는 4개의 블록

ㄴ. 아동 앞에 흩어져 있는 6개의 블록

4. 마블 런

ㄱ. 아동 앞에 흩어져 있는 마블 런 4조각

ㄴ. 아동 앞에 흩어져 있는 마블 런 6조각

책으로 관심을 공유하기

기술: JA 8

목표: 선호하는 책을 성인과 함께 볼 때, 아동은 각 페이지에서 최소 한 그림 이상 포인팅하면서 성인이 그 그림을 명명할 때까지 성인의 얼굴을 3번 연속의 시도 중 80% 이상 본다.

준비물: 간단한 책, 강화제, 데이터 시트

일반적인 교수 전략: 성인은 아동이 선호하는 책 중에 한쪽에 5~10개 미만의 그림이 그려져 있는 책을 준비한다. 아동과 함께 책장을 넘기면서 성인은 각 페이지마다 최소 10초 동안 멈춘다. 성인은 촉구 단계에 따라 아동이 책 속의 그림 하나를 포인팅하고, 성인의 얼굴을 보도록 지도한다. 사용하는 책은 아동의 선호도가 매우 높은 책이어야 한다.

성인은 다음과 같은 촉구 단계를 사용하여 아동의 반응을 끌어낸다.

촉구 절차: 최대-최소

1. 전체 신체 촉구로 그림을 가리키도록 돕고 성인의 얼굴을 볼 수 있도록 제스처를 취한다.
2. 손목을 잡고 부분 신체 촉구로 그림을 가리키도록 돕고 성인의 얼굴을 볼 수 있도록 제스처를 취한다.
3. 팔꿈치를 잡고 부분 신체 촉구로 그림을 가리키도록 돕고 성인의 얼굴을 볼 수 있도록 제스처를 취한다.
4. 촉구 없이 그림을 가리키고 성인의 얼굴을 볼 수 있도록 제스처를 취한다.
5. 독립적

공유하기

기술: SP 4

목표: 자연스럽게 발생하는 상황에서 아동은 선호하는 장난감을 성인부터 또래까지 3번의 회기에 걸쳐 측정된 기회 중 75% 공유할 수 있다.

준비물: 선호하는 장난감이나 활동, 강화제, 데이터 시트

일반적인 교수 전략: 처음에는 아동이 성인과 공유할 수 있는 기회를 마련해야 한다. 아동이 선호하는 장난감이나 활동이 있으면 성인이 "내 차례야." 또는 "나도 나눠 줄래?"와 같이 말한다. 아동에게 장난감이나 활동을 줄 수 있는 시간을 5초 정도 준 다음, 아동이 공유하지 않으면 촉구 단계에 따라 아동이 장난감이나 활동을 제공하도록 한다. 아동이 진행함에 따라 자연스럽게 발생하는 상황에서 장난감이나 물건을 고를 수 있는 기회를 설정할 수 있다. 예를 들어, 물놀이에서 성인은 물을 뜰 수 있는 양동이를 하나만 제공하고 아동과 또래가 번갈아 가며 놀이할 수 있도록 한다. 처음에는 몇 초 동안만 물건을 나누도록 하고 점차 목표에 따라 체계적으로 시간을 늘려 나간다. 아동이 목표한 시간을 기다린 후에는 기다렸던 물건과 언어적 강화로 아동을 강화해야 한다. 성인은 다음과 같은 촉구 단계를 사용하여 아동이 상대방에게 물건을 주도록 한다.

촉구 절차: 최대−최소

  1. 전체 신체 촉구
  2. 부분 신체 촉구
  3. 제스처 촉구
  4. 독립적

세부 목표:

1. 성인과 공유(2초)	2. 성인과 공유(4초)
3. 성인과 공유(6초)	4. 성인과 공유(8초)
5. 성인과 공유(10초)	6. 성인과 공유(15초)
7. 성인과 공유(20초)	8. 또래와 공유(4초)
9. 또래와 공유(6초)	10. 또래와 공유(8초)
11. 또래와 공유(10초)	12. 또래와 공유(15초)
13. 또래와 공유(20초)	14. 세 명의 또래와 공유
15. 세 가지 환경에서 공유	

협동 놀이

기술: SP 5, SP 6

목표: 폐쇄형(퍼즐, 모양 끼우기)이나 개방형(블록이나 트럭) 활동이 주어지면 5번의 기회 중 4번 연속으로 아동은 또래와 번갈아 가며 간단한 지시를 내리거나 따라가며 목표한 장난감을 완성한다.

준비물: 다양한 폐쇄형 · 개방형 활동, 강화제, 데이터 시트

일반적인 교수 전략: 아동과 또래에게 활동(예: 퍼즐, 블록)을 제시하고 아동이 번갈아 가며 지시를 내리도록 한다. 두 아동은 번갈아 가며 지시를 내리거나(예: "이걸 위에 올려봐."), 지시에 따라 활동을 완료하거나 구조물을 만든다. 한 아동이 활동 재료를 다른 아동에게 전달하며 다음에 해야 할 것을 지시한다. 그러면 두 번째 아동은 그 지시를 따라야 한다. 두 번째 아동이 지시를 수행하면 첫 번째 아동에게 활동 재료를 다시 전달하고 그 다음에 해야 할 것을 지시한다. 이 순서는 모든 재료를 사용할 때까지 계속해야 한다. 성인은 다음과 같은 촉구 단계를 사용하여 아동이 지시를 내리고 따르도록 해야 한다.

촉구 절차(지시하기): 시간 지연

1. 2초 후 전체 언어 촉구
2. 4초 후 전체 언어 촉구
3. 6초 후 전체 언어 촉구
4. 독립적

촉구 절차(지시 따르기): 시간 지연

1. 2초 후 전체 신체 촉구
2. 4초 후 전체 신체 촉구
3. 6초 후 전체 신체 촉구
4. 독립적

처음에 아동은 매 차례마다 주고받을 때 강화를 받아야 한다. 아동이 독립적 촉구 단계로 발전하면 게임이나 활동이 끝날 때에만 강화를 주는 것으로 줄여야 한다.

세부 목표:

1. 퍼즐
2. 모양 분류
3. 파일 폴더 게임
4. 블록
5. 구슬 장난감
6. 기차 세트

차례 지키기

기술: SP 7

목표: 또래와 간단한 게임을 하는 동안에 차례를 지키기 위해 아동은 5번의 게임 중 4번 연속을 독립적으로 자신의 차례를 알고 게임 도구를 전달하며 본인 차례가 올 때까지 기다리기를 게임이 끝날 때까지 유지한다.

준비물: 차례 지키기 활동, 강화제, 데이터 시트

일반적인 교수 전략: 성인은 아동과 함께 간단한 게임을 준비해야 한다. 게임에는 반드시 사물을 앞뒤로 전달하는 것이 포함되어야 한다(예: 피젯스피너, 카드가 들어 있는 상자). 게임 중 처음 5번의 차례 동안 데이터를 기록해야 한다. 차례를 알고 실행하는 단계는 다음과 같다.

     1. 차례를 기다린다.
     2. 게임 도구를 받고 완료한다.
     3. 게임 도구를 건네준다.

각 단계에서 성인은 5초간 기다린 다음에 촉구 단계에 따라 아동에게 촉구를 준다. 이때 언어 촉구는 사용하지 않는다.

촉구 절차: 최대–최소

     1. 전체 신체 촉구
     2. 부분 신체 촉구
     3. 제스처 촉구
     4. 독립적

세부 목표:

     1. 매 차례 후에 강화
     2. 매 다른 차례 후에 강화
     3. 3~5차례마다 강화됨
     4. 게임 종료 시 강화됨
     5. 새로운 게임(세 가지 게임)
     6. 교실에서

상호 상징적 놀이

기술: SP 11

목표: 또래와 함께하는 놀이 시간에 아동은 상상 놀이에서 역할을 하나 맡게 될 것이다 (예: 식당 놀이, 병원 놀이, 소방관 놀이). 그리고 3~5개(언어적 또는 비언어적)의 역할 행동을 연속으로 3회 지속할 수 있다.

준비물: 장난감 세트, 강화제, 데이터 시트

일반적인 교수 전략: 성인은 아동들에게 장난감 세트를 제시하면서 "이제 함께 놀 시간이에요."라고 말한다. 한 아동이 먼저 가서 주제와 관련된 놀이 활동에 참여해야 한다. 그런 다음 다른 아동은 주제를 이어 가는 놀이 행동에 참여해야 한다. 이 상호 교환 순서는 3~5회 정도 계속되어야 한다. 예를 들어, 성인이 인형이나 의료 도구 세트, '동물 병원'을 묘사한 시각적 자료를 제시하고 다음과 같은 대화를 유도할 수 있다.

> 아동 1: "안녕하세요, 저는 수의사예요. 강아지에게 무슨 문제가 있나요?"
> 아동 2: "뽀삐가 발을 다쳤어요."라고 말하며 개 인형을 아동 1에게 건네준다.
> 아동 1: 개의 발을 보고 "주사를 맞아야 해요."라고 말한다.
> 아동 2: "제가 안을 수 있어요."라고 말하며 아동 1이 보는 앞에서 개를 안는다.
> 아동 1: "별로 아프지 않을 거야."라고 말하면서 개에게 주사를 놓는다.
> 아동 2: 개를 안고 머리를 쓰다듬으며 "괜찮아, 뽀삐야!"라고 말한다.
> 아동 1: "뽀삐는 이제 괜찮을 거예요."
> 아동 2: "고마워요, 의사 선생님!"

성인은 다음과 같은 촉구 단계를 사용하여 아동이 상호 놀이에 참여하도록 유도해야 한다.

촉구 절차: 시간 지연

1. 2초 후 전체 언어 · 신체 촉구 제공
2. 4초 후 전체 언어 · 신체 촉구 제공
3. 6초 후 전체 언어 · 신체 촉구 제공
4. 독립적

세부 목표:

1. 아기 돌보기
2. 농장
3. 식당
4. 동물 병원
5. 주유소

또래를 놀이에 초대하고 진행 중인 활동에 참여하기

기술: SP 13, SP 14

목표: 필요에 따라 시각적 자료가 주어지면 아동은 또래를 게임이나 놀이에 참여하도록 구두로 초대하거나 진행 중인 활동에 참여할 수 있는지를 5번의 기회 중 4번 묻는다.

준비물: 다양한 활동, 강화제, 데이터 시트

일반적인 교수 전략:

- 또래를 놀이에 초대하기

또래를 놀이에 초대하는 것은 시각적 활동 계획(예: "하준이에게 블록 놀이에 같이 가자고 해.")에 포함시켜야 하므로 먼저 아동이 독립적으로 활동 계획을 따를 수 있어야 한다. 아동의 활동 계획표에 있는 특정한 활동 사진 옆에 같은 그룹의 또래의 사진을 붙인다. 아동이 활동 계획표를 보고 붙어 있는 사진 속의 또래에게 가서 계획표의 해당 활동에 참여해 달라고 요청하고, 또래와 함께 활동으로 가서 최소 3분 동안 또는 활동이 끝날 때까지 노는 것을 기대할 수 있다.

- 또래와 함께하기

이 프로그램은 자유 놀이 시간에 실행해야 하며, 활동 계획이나 자유 선택 활동 시간에 통합할 수도 있다. 그러면 활동 장소에 이미 다른 아동이 있는 경우에 아동이 함께하고 싶다고 요청하는 것을 기대할 수 있다. 예를 들어, 선택판에서 블록에 가겠다고 선택한 후에 다른 아동이 놀고 있는 블록 영역으로 가서 "도와줄까?"라고 묻는 식이다.

아동이 활동 계획을 따르도록 하거나 선택판을 사용하게 하고, 또래에게 다가가서 바라보게 하는 등 활동에 참여할 수 있도록 최소한의 신체적 안내만 제공해야 한다. 성인은 다음과 같은 촉구 단계를 사용하여 아동이 언어적 반응을 하도록 한다.

촉구 절차: 시간 지연

1. 전체 언어 촉구
2. 2초 후 전체 언어 촉구
3. 4초 후 전체 언어 촉구

4. 독립적

세부 목표:

1. 활동 참여
2. 또래 친구를 놀이에 초대하기

여가 활동 계획

기술: SP 17

목표: 최대 5개의 활동이 포함된 여가 그림 활동 계획표가 주어졌을 때, 아동은 그림 활동 계획을 5번의 기회 중 연속으로 4번을 독립적으로 완료할 수 있다.

준비물: 활동 계획표, 다양한 활동

일반적인 교수 전략: 장난감과 활동을 정리하고 선반에 명확하게 라벨을 붙여야 한다. 아동에게 활동 계획표나 작은 책에 시각적 그림 계획표를 제공한다(예: 한 쪽 당 한 장의 그림). 또한 완료한 활동의 사진을 넣을 수 있는 주머니나 지정된 장소가 있어야 한다. 아동이 그림 활동 계획표를 따르도록 가르치려면 다음과 같은 과제 분석을 사용한다.

> 1. 활동 그림을 가리키거나 보기
> 2. 활동 얻기
> 3. 활동 완료
> 4. 활동 정리하기
> 5. 활동 그림 제거

성인은 다음과 같은 촉구 단계를 사용하여 아동이 활동 일정을 완료하도록 한다.

촉구 절차: 단계별 안내

> 1. 전체 신체 촉구
> 2. 부분 신체 촉구(예: 손목을 살짝 만지거나 팔꿈치를 부딪힘)
> 3. 30~60cm 약간 뒤로
> 4. 약 1.5m 뒤
> 5. 약 3m 뒤
> 6. 방 밖(15초마다 들여다보기)

세부 목표:

> 1. 한 가지 활동과 강화제
> 2. 두 가지 활동과 강화제
> 3. 세 가지 활동과 강화제
> 4. 네 가지 활동과 강화제

5. 다섯 가지 활동과 강화제

6. 교실에서

7. 놀이터에서

8. 일정에 최소 두 가지의 사회성 관련 구성 요소가 포함되어 있다.

변화하는 놀이 아이디어

기술: SP 18

목표: 또래와 구조화된 놀이 활동을 하는 동안에 또래가 놀이 아이디어를 바꾸면 아동은 3번의 놀이 시간에서 바뀐 아이디어를 4번의 기회 중 3번 따른다(예: 자동차가 운전에서 비행으로, 인형이 요정에서 공주로 바뀜).

준비물: 놀이 자료, 놀이 아이디어 혹은 주제의 시각적 자료, 데이터 시트, 강화제

일반적인 교수 전략: 성인은 아동들에게 장난감을 제시하면서 "이제 함께 놀 시간이에요."라고 말한다. 또한 아동에게 다양한 놀이 아이디어 혹은 주제를 제공하는 시각적 자료를 제시한다. 몇 분마다 아동 중 한 명에게 다른 놀이 주제를 선택하도록 지시한다. 그러면 두 아동 모두가 선택한 놀이 아이디어 혹은 주제를 따라 한다. 예를 들어, 아동이 블록과 공룡을 가지고 놀면서 공룡 집을 짓는 시늉을 하고 있는데, 또래가 "이제 공룡이 집을 공격하는 놀이를 해 보자."라고 말한다. 그러면 아동들은 공룡이 건물을 공격하는 시늉을 하며 따라 해야 한다. 다음과 같은 촉구 단계를 사용하여 아동이 놀이 아이디어를 전환하고 지정된 주제와 관련된 놀이에 참여하도록 해야 한다.

촉구 절차: 최소-최대

1. 장난감을 아동 가까이로 옮긴다.
2. 아동의 손에 장난감을 쥐여 준다.
3. 무엇을 하고 있는지 라벨을 붙이면서 놀이 행동을 모델링한다.
4. 아동이 놀이 행동을 보이도록 신체적 자극을 제공한다.

아동이 15초 이상 장난감을 가지고 놀지 않거나 주제와 관련이 없는 놀이 행동을 보이는 경우, 성인은 각 촉구 단계에서 5~10초 정도 기다리면서 가장 적은(최소) 촉구부터 가장 많은(최대) 촉구까지 단계적으로 진행해야 한다.

세부 목표:

1. 블록(예: 성, 집, 도로, 다리, 농장)
2. 인형 세트(예: 아기가 아파요, 아기 잠자리 준비하기, 아기에게 젖 먹이기)
3. 농장 세트(예: 농부가 동물에게 먹이를 주고, 동물이 우리에서 나와 농부가 잡아야 하고, 동물들이 경주를 벌이고 있음)

4. 주방 세트(예: 저녁 요리하기, 식당, 생일 케이크 만들기)

5. 집 영역(예: 부모와 자녀, 형제자매, 파티 준비)

협동하는 가상 놀이

기술: SP 21

목표: 놀이 장난감 세트가 주어지면 아동은 또래와 함께 놀이 계획을 세우고 교대로 5번의 기회 중 연속으로 4번 이상, 각 5번 이상 지시를 내리고 따른다.

준비물: 다양한 가상 놀이 세트, 다양한 놀이 계획의 시각적 자료, 강화제, 데이터 시트

일반적인 교수 전략: 아동들에게 다양한 가상 놀이 장난감 세트와 다양한 놀이 계획에 대한 아이디어를 제공하는 시각적 자료를 제시한다. 아동이 시각적 자료를 사용하여 놀이 방식을 선택하게 한다. 처음에는 아동이 놀이 방식을 선택할 수 있도록 성인이 돕는다. 그런 다음에 성인은 아동들이 번갈아 가며 서로에게 지시하도록 알려 주고, 처음에는 누가 먼저 지시할 것인지 결정하기 위해 성인의 진행이 제공되어야 한다. 아동들이 각자 최소 5번씩 돌아가며 지시를 내리고 따를 때까지 번갈아 가며 한다. 성인은 다음과 같은 촉구 단계를 사용하여 아동이 지시를 내리고 따르도록 해야 한다.

촉구 절차(지시하기): 시간 지연
>   1. 2초 후 전체 언어 촉구
>   2. 4초 후 전체 언어 촉구
>   3. 6초 후 전체 언어 촉구
>   4. 독립적

촉구 절차(지시 따르기): 시간 지연
>   1. 2초 후 전체 신체 촉구
>   2. 4초 후 전체 신체 촉구
>   3. 6초 후 전체 신체 촉구
>   4. 독립적

처음에 아동은 매번 주고받을 때마다 강화를 받아야 한다. 아동이 독립적 촉구 단계로 이동하면 활동이 끝날 때까지 강화가 사라져야 한다.

세부 목표:
>   1. 인형 세트(예: 아기가 아파요, 아기 잠자리 준비하기, 아기에게 젖 먹이기)

2. 농장 세트(예: 농부가 동물에게 먹이를 줄 시간, 동물이 잠자리에 들기, 어미 동물이 새끼 동물을 돌보기)

3. 주방 세트(예: 저녁 요리, 식당, 생일 케이크 만들기)

4. 동물 인형 세트(예: 반려동물 용품점, 동물 병원, 동물원)

5. 장난감 자동차와 사람(예: 여행, 차고 또는 수리점, 주차장)

자신을 옹호하기

기술: SR 14, SL 22

목표: 아동에게 도움이나 설명이 필요한 목표 상황이 주어졌을 때, 아동은 도전적인 행동을 보이지 않고 5번의 측정된 기회 중 4회에서 적절한 기능적 의사소통 반응을 사용할 수 있다.

준비물: 강화제, 데이터 시트

일반적인 교수 전략: 아동이 기능적 요청을 해야 하는 상황을 설정해야 한다. 자연스러운 상황에서 성인이 아동의 몸짓언어와 상황의 맥락을 살펴 기능적인 의사소통을 할 수 있도록 촉구를 주는 적절한 시기를 파악할 수 있어야 한다. 대상 상황에 대한 그 사회적 상황 이야기를 개발하고 아동과 함께 정기적으로 검토해야 한다. 성인은 다음과 같은 촉구 단계를 사용하여 아동이 요청을 하도록 한다.

촉구 절차: 시간 지연

      1. 전체 언어 촉구

      2. 2초 후 전체 언어 촉구

      3. 4초 후 전체 언어 촉구

      4. 독립적

세부 목표:

      1. 없어진 물건이나 항목을 알았을 때

      2. 새롭거나 도전적인 활동을 할 때

      3. 지시가 너무 작게 들렸을 때

      4. 복잡한 지시가 주어졌을 때

      5. 아동의 공간에 누가 있을 때

      6. 다른 사람이 아동의 장난감이나 물건을 가지고 있을 때

기다리기

기술: SR 16

목표: 자연스럽게 발생하는 상황에서 아동은 선호하는 장난감, 먹을거리 또는 성인과의 활동이나 또래에게 다가가기 위해 3번의 회기에 걸쳐 4번의 기회 중 3번 이상 도전적인 행동을 보이지 않고 기다린다.

준비물: 선호하는 물건이나 활동, 강화제, 데이터 시트

일반적인 교수 전략: 아동이 몸짓언어(예: 물건에 손 뻗기)를 통해 물건에 관심을 보이면 성인은 "지금은 기다릴 시간이야."와 같은 말을 한다. 아동이 목표한 시간만큼 기다렸을 때는 기다린 물건을 주며 기다린 것에 대해 언어적으로도 강화한다.

촉구 절차: 최소-최대

세부 목표:

1. 성인으로부터 선호하는 물건을 기다리기(1초)
2. 성인으로부터 선호하는 물건을 기다리기(2초)
3. 성인으로부터 선호하는 물건을 기다리기(5초)
4. 성인으로부터 선호하는 물건을 기다리기(8초)
5. 성인으로부터 선호하는 물건을 기다리기(12초)
6. 성인으로부터 선호하는 물건을 기다리기(16초)
7. 성인으로부터 선호하는 물건을 기다리기(20초)
8. 또래로부터 선호하는 물건을 기다리기(4초)
9. 또래로부터 선호하는 물건을 기다리기(8초)
10. 또래로부터 선호하는 물건을 기다리기(12초)
11. 또래로부터 선호하는 물건을 기다리기(16초)
12. 또래로부터 선호하는 물건을 기다리기(20초)
13. 세 가지 게임에서 차례를 기다리기
14. 또래와 함께 줄을 서서 기다리기
15. 도움 기다리기

감정 알기

기술: SE 1

목표: 그림 카드나 실제 사람이 표현한 여섯 가지 감정이 주어지면 "(이 사람은) 기분이 어때?" 또는 "(나는) 기분이 어때?"라는 질문에 올바른 감정을 3번의 회기에 걸쳐 측정된 기회 중 80% 식별한다.

준비물: 감정 카드, 데이터 시트, 강화제

일반적인 교수 전략: 성인은 아동에게 감정 카드를 제시하거나 실제 감정 표정을 보여 주면서 "(이 사람은) 기분이 어때?" 또는 "(나는) 기분이 어때?"라고 질문한다. 성인은 다음과 같은 촉구 단계를 사용하여 아동이 목표 감정을 식별하도록 해야 한다.

촉구 절차: 시간 지연

    1. 전체 언어 촉구

    2. 부분 언어 촉구

    3. 2초 후 부분 언어 촉구

    4. 4초 후 부분 언어 촉구

       (3번 연속으로 50% 이상의 반응이 독립적일 때까지 5단계로 이동하지 않는다)

    5. 독립적

세부 목표:

    1. 행복, 슬픔, 화남(그림)

    2. 행복, 슬픔, 화남(실제 얼굴 표정)

    3. 무서움, 놀라움, 피곤함(사진)

    4. 무작위(앞의 1~3)

    5. 무서움, 놀라움, 피곤함(실제 얼굴 표정)

    6. 무작위(앞의 1~5)

    7. 우스꽝스러운, 아픈(사진)

    8. 무작위(앞의 1~7)

    9. 우스꽝스러운, 아픈(실제 얼굴 표정)

    10. 무작위(앞의 1~9)

    11. 앞의 10번을 3명의 어른과

    12. 앞의 10번을 세 가지 상황에서

감정의 원인 알기

기술: SE 2

목표: 아동이 자신과 다른 사람이 나타내는 감정(행복, 슬픔, 화남, 무서움)을 구두로 식별하고, 그 감정에 대한 간단한 설명(예: 새 장난감을 얻었다, 아이스크림을 떨어뜨렸다, 누군가 새 장난감을 가져갔다, 큰 개를 보았다)을 3일 연속으로 측정된 기회 중 80% 제공할 수 있어야 한다.

준비물: 감정 상황에 대한 사진 또는 모델링, 데이터 시트, 강화제

일반적인 교수 전략: 성인은 정서적 상황의 그림을 제시하거나(예: 바닥에 쓰러져 있는 자전거 근처에서 울고 있는 아이), 인형이나 동물 모형을 가지고 다양한 상황을 연기하거나(예: 인형끼리 경주를 해서 한 인형이 이김) 모델링해야 한다(예: 성인이 그림을 조심스럽게 색칠하다가 실수로 종이를 찢은 경우). 성인은 다음과 같은 촉구 단계를 사용하여 아동이 목표 감정을 식별하고 해당 감정에 대한 설명을 제공하도록 한다.

촉구 절차: 시간 지연

    1. 전체 언어 촉구

    2. 부분 언어 촉구

    3. 2초 후 부분 언어 촉구

    4. 4초 후 부분 언어 촉구

       (3번 연속으로 50% 이상의 반응이 독립적일 때까지 5단계로 이동하지 않는다)

    5. 독립적

세부 목표:

    1. 행복과 슬픔(그림)

    2. 행복과 슬픔(모델링)

    3. 화나고 무서운(그림)

    4. 화나고 무서운(모델링)

    5. 무작위(앞의 1~4)

    6. 그룹 내 상황

인사말에 반응하기

기술: SL 1

목표: 자연스럽게 발생하는 상황에서 아동은 인사하는 사람의 이름을 사용하여 회기 동안에 3번 연속으로 측정된 기회 중 80%의 확률로 인사에 반응한다(예: "○○야, 안녕!").

준비물: 강화제, 데이터 시트

일반적인 교수 전략: 이 기술은 부수적으로 목표로 삼을 수 있지만, 또래와 성인이 아동에게 인사할 수 있는 기회가 마련되어야 한다. 처음에는 개별 시도 훈련 형식으로 프로그램을 시행해야 할 수도 있다. 성인은 다음과 같은 촉구 단계를 사용하여 아동이 인사에 반응하도록 한다.

촉구 절차: 시간 지연

     1. 즉시 전체 언어 촉구

     2. 2초 지연 후 전체 언어 촉구

     3. 4초 지연 후 전체 언어 촉구

     4. 독립적

세부 목표:

     1. 아동이 "안녕!"이라는 말에 반응한다.

     2. 아동이 성인 3명의 "○○야, 안녕!"이라는 말에 반응한다.

     3. 아동이 다른 상황에서 성인 3명의 "○○야, 안녕!"이라는 말에 반응한다.

     4. 아동이 또래 3명의 "○○야, 안녕!"이라는 말에 반응한다.

     5. 다른 상황에 일반화시킨다.

친숙한 사람 식별하기

기술: SL 2

목표: 한 사람에게 가서 행동을 완료하라는 지시가 주어지면 아동은 회기 동안에 3번 연속으로 측정된 기회 중 80%의 확률로 지시된 사람에게 다가가 행동을 완료할 수 있다.

준비물: 강화제, 데이터 시트

일반적인 교수 전략: 성인은 아동이 완전히 집중하고 있는지를 확인하고, 목표한 사람에게 가서 행동을 수행하도록 지시해야 한다(예: "찬영이에게 이걸 줘." "지유 옆에 앉아."). 성인은 다음과 같은 촉구 단계를 사용하여 아동이 지시에 반응하게 한다.

촉구 절차: 시간 지연

      1. 2초 후 전체 신체 촉구

      2. 4초 후 전체 신체 촉구

      3. 6초 후 전체 신체 촉구

      4. 독립적

세부 목표:

      1. 성인 3명

      2. 앞선 성인 외의 성인 3명

      3. 또래 3명

      4. 앞선 또래 외의 또래 3명

사회적 질문

기술: SL 5

목표: 열두 가지의 사회적 질문 중 회기 동안에 아동은 또래 또는 성인이 하는 각각의 사회적 질문에 3번 연속으로 측정된 기회 중 80%의 확률로 적절하게 반응한다.

준비물: 강화제, 데이터 시트

일반적인 교수 전략: 성인은 아동이 완전히 집중하고 있는지를 확인한 다음에 목표에 맞는 질문을 해야 한다. 성인은 다음과 같은 촉구 단계를 사용하여 아동이 목표한 사회적 질문에 반응하게 한다.

촉구 절차: 최대–최소

    1. 전체 언어 촉구

    2. 2초 후 부분 언어 촉구

    3. 4초 후 부분 언어 촉구

    4. 독립적

세부 목표:

    1. "이름이 뭐야?" "어디 살아?" "몇 살이야?"라고 질문하기

    2. "성이 뭐야?" "학교는 어디 다니니?" "집 주소가 어떻게 되니?"라고 질문하기

    3. 무작위로 질문하기(앞의 1~2)

    4. "생일이 언제이니?" "엄마 이름이 뭐니?" "아빠 이름이 뭐니?"라고 질문하기

    5. "너는 몇 반이야?" "가장 좋아하는 음식이 뭐니?" "가장 좋아하는 게임이 뭐니?"라고 질문하기

    6. 무작위로 질문하기(앞의 1~5)

    7. 3명의 성인과

    8. 3명의 또래와

기술: SL 6, SL 14

목표: 차례를 기다리는 형식과 시각적 단서 주제판이 주어지면 아동은 사회적 질문이나 사회적 발언(예: "가장 좋아하는 책이 뭐야?" "저는 케이넥스[2]를 가지고 노는 것을 좋아해요.")을 3일 연속으로 측정된 기회 중 80% 확률로 할 수 있다. 그리고 사회적 질문이나 의견에 관련된 진술이나 질문으로 반응할 수 있다(예: "제가 좋아하는 영화는 〈라이온 킹〉이에요. 〈라이온 킹〉을 좋아하세요?").

준비물: 질문이나 의견이 적힌 시각적 촉구가 있는 카드 세트 또는 주제판, 강화제, 데이터 시트

일반적인 교수 전략: 성인은 질문이나 의견을 시각적으로 제시하는 카드 세트 또는 주제판(예: 질문하는 기호, 음식 그림)을 사용하여 차례 지키기 게임을 준비한다. 아동은 번갈아 가며 카드를 선택하거나 주제판을 참조한 다음, 또래와 사회적 상호작용을 시작한다. 성인은 다음과 같은 촉구 단계를 사용하여 아동이 목표한 사회적 질문에 반응하게 한다.

촉구 절차:

    1. 전체 언어 촉구

    2. 2초 후 전체 언어 촉구

    3. 4초 후 전체 언어 촉구

    4. 독립적

아동이 눈을 마주치지 않는 경우에는 비언어적 촉구를 제공해야 한다.

세부 목표:

    1. 1:1 환경에서 성인과

    2. 또래 친구

    3. 또래가 포함된 그룹 형태

        A. 질문 문구("가장 좋아하는 음식이 뭐니?"라고 물으면 아동이 "쿠키."라고 답함)

        B. 질문-문장-질문("네가 제일 좋아하는 음식이 뭐니?"라고 물으면 아동이 "쿠키. 네가 제일 좋아하는 음식은 뭐니?"라고 답함)

---

2 역자 주: 레고와 같은 블럭 완구 이름을 가리킨다.

C. 문장-문장("나는 복숭아를 가지고 있어."라고 물으면 아동이 "나는 사과를 가지고 있어."라고 답함)

D. 문장-문장-질문("나는 복숭아를 가지고 있어."라고 물으면 아동이 "나는 사과를 가지고 있어. 사과 좋아해?"라고 답함)

관심 요구하기

기술: SL 8

목표: 다양한 활동(예: 퍼즐, 미술 작품, 그림 스케줄, 일상생활 기술)을 완료했을 때, 아동은 완료된 활동에 대한 관심을 요구하기 위해 3회기 연속으로 측정된 기회 중 80%의 확률로 적절한 목소리 톤으로 완전한 문장을 사용할 수 있다.

준비물: 다양한 활동, 강화제, 데이터 시트

일반적인 교수 전략: 성인은 목표 활동을 설정해야 한다. 활동을 완료한 후 자연스럽게 발생하는 상황에서 아동은 "내가 해냈어요" "내가 만든 것 좀 봐" 또는 이에 상응하는 말로 관심을 요구한다. 성인은 언어적 모델을 다양하게 제공해야 한다(예: "내가 해냈어." "내가 만든 것 좀 봐." "내가 ○○을 만들었어." "다 했어요."). 성인은 다음과 같은 촉구 단계를 사용하여 아동이 주의를 요청하게 해야 한다.

촉구 절차:

    1. 즉시 전체 언어 촉구

    2. 2초 후 전체 언어 촉구

    3. 4초 후 전체 언어

       (3번 연속으로 50% 이상의 반응이 독립적일 때까지 4단계로 이동하지 않는다)

    4. 독립적

세부 목표:

    1. 폐쇄형 활동(예: 퍼즐, 모양 분류) 완료하기

    2. 미술 프로젝트 완료하기

    3. 그림 활동 계획 완료하기

    4. 일상생활 기술을 완성하기

현재, 과거, 미래의 질문에 답하기

기술: SL 11, SL 15

목표: 일상 활동에 대한 구체적인 질문(예: "점심 시간에 누구랑 같이 앉았어요?" "체육관에서는 뭐 하니?" "쉬는 시간에는 뭐 할 거야?")을 받았을 경우에 대답할 수 있다. 질문을 받았을 때 3일 연속으로 측정된 기회 중 80%의 확률로 올바른 동사 시제를 사용하여 완전한 문장 또는 구로 답한다.

준비물: 강화제, 데이터 시트

일반적인 교수 전략: 하루 종일 성인은 방금 발생했거나(예: "점심 시간에 누구와 함께 앉았니?"), 현재 진행 중이거나(예: "선생님이 어떤 이야기를 들려주었니?"), 나중에 진행될 그룹 활동에 대해 구체적인 질문을 해야 한다(예: "점심에 무엇을 먹을 거니?"). 성인은 다음과 같은 촉구 단계를 사용하여 아동이 답하게 한다.

촉구 절차:

    1. 즉시 전체 언어 촉구

    2. 2초 후 전체 언어 촉구

    3. 4초 후 전체 언어 촉구

       (3번 연속으로 50% 이상의 반응이 독립적일 때까지 4단계로 이동하지 않는다)

    4. 독립적

세부 목표:

    1. 진행 중인 활동

    2. 진행 중인 활동, 방금 발생한 활동

    3. 진행 중인 활동, 방금 발생한 활동, 나중에 발생할 활동

자기 자신, 가족, 주요 행사에 관한 질문에 답하기

기술: SL 12

목표: 자기 자신, 가족 및 주요 행사에 대해 설정된 질문이 목표로 주어지면 또래 또는 성인의 각 질문에 아동은 3회기 연속으로 측정된 기회 중 80%의 확률로 적절하게 대답한다.

준비물: 강화제, 데이터 시트

일반적인 교수 전략: 성인은 아동이 완전히 집중하고 있는지를 확인하고 목표한 질문을 해야 한다. 성인은 아동이 목표 질문에 대답하도록 하기 위해 다음과 같은 촉구 단계를 사용한다.

촉구 절차:

1. 전체 언어 촉구
2. 2초 후 부분 언어 촉구
3. 4초 후 부분 언어 촉구
4. 독립적

세부 목표:

1. 아동 자신에 대한 정보(예: 나이, 생일, 좋아하는 음식, 좋아하는 장난감, 좋아하는 색상)
2. 가족에 대한 정보(예: 형제자매, 반려동물, 엄마의 직업)
3. 주요 행사에 대한 정보(예: 휴가, 휴일, 특별한 일정)

기술: SL 16

목표: 차례를 기다리는 형식과 시각적 단서가 주어지면 아동은 5번의 기회 중 4번 이상 연속으로 사회적 질문을 하거나 사회적 발언을 하여 대화를 유지한다.

준비물: 강화제, 데이터 시트

일반적인 교육 전략: 성인은 특정한 주제(예: 좋아하는 장난감, 놀이터, 영화)가 적힌 카드 세트로 차례를 정하여 게임을 진행한다. 아동들은 돌아가면서 카드를 고른 다음에 대화를 시작한다. 성인은 다음과 같은 촉구 단계를 사용하여 아동이 목표한 사회적 질문에 응답하게 한다.

촉구 절차:

1. 전체 언어 촉구
2. 2초 후 전체 언어 촉구
3. 4초 후 전체 언어 촉구
4. 독립적

아동이 눈을 마주치지 않는 경우에는 비언어적 촉구를 제공해야 한다.

세부 목표:

1. 좋아하는 장난감, 영화, 놀이터
2. 가족 구성원, 좋아하는 음식, 동물
3. 반려동물, 방과 후, 게임
4. 책, 노래, 휴일

교실 규칙 따르기

기술: CG 2, CG 22

목표: 교실 주변에 다양한 기능의 다단계 지시가 주어지면 아동은 3회기 연속으로 측정된 기회의 80% 확률로 10초 이내에 지시를 따른다.

준비물: 데이터 시트, 강화제

일반적인 교수 전략: 성인은 교실 규칙의 일부인 다양하고 명확하며 기능적인 지침을 아동에게 제시한다. 성인은 다음과 같은 촉구 단계를 사용하여 아동이 목표한 지시에 반응하게 한다.

촉구 절차: 최대−최소
  1. 아동 뒤에서 전체 신체 촉구
  2. 아동 뒤에서 부분 신체 촉구
  3. 제스처 촉구
  4. 독립적

세부 목표:
  1. 간식을 정리한 후 줄 서기
  2. 겉옷을 입고 줄 서기
  3. 마커를 정리한 후 동그랗게 바닥에 앉기
  4. 정리 후 동그랗게 바닥에 앉기
  5. 손을 씻고 간식 받기
  6. 매트를 가져와서 간식을 먹기 위해 앉기

이름에 반응하기

기술: CG 5

목표: 성인을 바라보며 주의를 기울일 수 있는 다양한 단서가 주어지면 아동은 진행 중이던 활동을 멈추고 최대 약 3m 거리에 있는 성인을 바라보면서 3일 연속으로 측정된 기회의 80% 확률로 지시를 들을 준비를 한다.

준비물: 강화제, 데이터 시트

일반적인 교수 전략: 성인이 아동의 이름을 부른다. 아동은 성인 쪽으로 고개를 돌려 5초 이내에 눈을 마주쳐야 한다. 성인은 다음과 같은 촉구 단계를 사용하여 아동이 성인을 바라보도록 해야 한다.

촉구 절차:

1. 제스처 촉구
2. 2초 후 제스처 촉구
3. 4초 후 제스처촉구

   (3회기 연속으로 50% 이상의 반응이 독립적일 때까지 4단계로 이동하지 않는다)

4. 독립적

세부 목표:

1. 아동이 성인과 테이블 건너편에 앉음
2. 아동이 바닥에 앉아 활동에 참여
3. 아동이 성인으로부터 60cm 떨어져 있음
4. 아동이 성인으로부터 1.5m 떨어져 있음
5. 아동가 성인으로부터 3m 떨어져 있음
6. 성인 3명에게 일반화
7. 세 가지 환경으로 일반화

또래의 대근육 모방

기술: CG 6

목표: '가라사대 게임'과 같은 구조화된 게임을 하는 동안에 아동은 연속 3회기를 측정된 기회 중 80%의 확률로 또래가 먼저 모델링한 한 단계 대근육 동작을 모방한다.

준비물: 강화제, 데이터 시트

일반적인 교수 전략: 성인 또는 또래 모델은 아동으로부터 약 1.5m 떨어진 곳에 서서 "가라사대, ○○을 합니다."라고 말하며 다양한 대근육 동작을 모방한다. 성인은 다음과 같은 촉구 단계를 사용하여 아동이 동작을 모방하게 한다.

촉구 절차: 시간 지연

> 1. 전체 신체 촉구
> 2. 2초 후 전체 신체 촉구
> 3. 4초 후 전체 신체 촉구
> 4. 독립적

세부 목표:

> 1. 아동이 1.5m 떨어진 곳에서 성인을 모방한다.
> 2. 아동이 1.5m 떨어진 곳에서 또래를 모방한다.
> 3. 아동이 1.5m 떨어진 곳에서 '가라사대 게임'의 일부로 소그룹 환경에서 또래를 모방한다.
> 4. 3명에 걸쳐
> 5. 세 가지 환경에서

활동 1: 오리-오리-동물

활동 4: 몸으로 말해요

활동 5: 동물 맞히기 게임

활동 13: 너에 대한 모든 것

활동 17: 시장에 가면(응용)

활동 23: 거미집 만들기

활동 26: 스무고개

활동 27: 범주 게임

활동 30: 뉴스 나누기

활동 41: 개별 임무 체크리스트

활동 47: 카드 지시 따르기

활동 48: 주제에 맞는 이야기하기 ①-대화 고리 만들기

개

고양이

물고기

말

양

돼지

소

뱀

새

캥거루

북극곰

코끼리

오리

거위

동물

코끼리

상어

개구리

벌

행동

헤엄치기

춤추기

마시기

노래 부르기/기타 치기

던지기

달리기

직업

소방관

의사

치과의사

건설 노동자

쉐프(요리사)

선생님

활동 5: 동물 맞히기 게임

동물

호랑이

기린

북극곰

불가사리

질문

"그 동물은 ○○을 가지고 있니?"

줄무늬

점

꼬리

4개의 다리

날개

"그 동물은 ○○에서 사니?"

바다

사막

극지방

초원

농장

활동 13: 너에 대한 모든 것

또래에게 물어볼 수 있는 질문

"네가 가장 좋아하는 ○○은 무엇이니?"

색깔	놀이터에서 할 수 있는 것	여름에 하는 것	겨울에 하는 것	장난감

동물	간식	악기	TV프로그램/ 영화	슈퍼히어로

가고 싶은 곳	책	해변에서 하는 일	친구와 하는 일	비 오는 날 활동

범주: _____   해당 항목: _____

장소	항목			
과일 가게	사과	바나나	체리	파인애플
채소 가게	옥수수	당근	브로콜리	콩
장난감 가게	기차	비눗방울	공	곰돌이

"반려동물 있니?"

"몇 살이야?"

"어디 가고 싶어?"

"형제자매가 있니?"

"제일 친한 친구가 누구야?"

"학교에서 뭐 하는 게 좋아?"

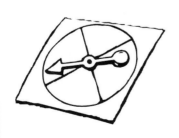

"제일 좋아하는 게임은?"

"제일 좋아하는 음식은?"

"집에서 뭐 하는 게 좋아?"

활동 26: 스무고개

범주

동물	과일	채소	슈퍼히어로	음료

특징

그것은: (색깔 상자 활용하기)

○○를 가지고 있니?: (첫째 줄, 둘째 줄)

○○에 사니?: (셋째 줄)

특정 색	날개	깃털	4개의 다리	꼬리

줄무늬	점	줄기	씨앗	코

나무	바다	초원	농장	극지방

범주와 예시

음료	우유	물	셰이크	주스
농장 동물	소	말	양	돼지
장난감	공	기차	크레파스·색연필	블록
음식	피자	아이스크림	프레츨	핫도그

활동 30: 뉴스 나누기

할 수 있는 질문의 예시

"즐거운 시간 보냈니?"

"거기 어떻게 갔어?"

"누구와 갔어?"

"거기서 뭐 먹었어?"
"거기서 뭐 마셨어?"

"어느 부분이 제일 좋아?"

"거기서 누굴 만났어?"

활동 41: 개별 임무 체크리스트

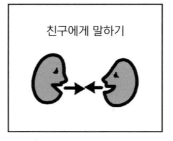

친구에게 말하기

바른 손

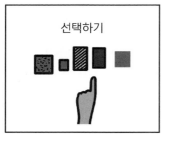

선택하기

예	아니요

예	아니요

놀이터

예	아니요

예	아니요

간식

예	아니요

예	아니요

(동물 인형을)
머리에 올리기

친구와 바꾸기

동물 춤을 추기

동물이 자는
모습을 흉내 내기

| 집에 있을 때 | 해변에서 | 슈퍼히어로 | 여름 | 가을 |

(SL 17) 또래가 화제를 바꾸면 적절하게 반응한다.
(SL 18) 말할 때 몸과 시선이 상대방을 향한다.
(SL 19) 들을 때 몸과 시선이 상대방을 향한다.

내가 듣는 자세를 할 때

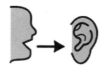

나는 말하는 사람을 쳐다봐요.

나의 몸은 차분하고 앞을 향해요.

나의 입은 조용해요.

내가 말할 차례가 되면 나는 말한 사람의 말에 대해 말해요.

예를 들어, 우리가 바다에 대해 이야기하고 있다면
나는 바다에 대한 질문이나 말을 할 수 있어요.

(SL 24) 상황에 맞는 언어를 사용하고 어울리는 주제를 꺼낸다.

나는 	새로운 것을 	말해야 할 때 	혼란스러워요.
뭔가 새로운 것을 말하고 싶을 때는 	사람들에게 알려야 해요. 		

나는 	"있잖아요……" 	…라고 말하거나 	"이게 뭐게?" 	라고 말할 수 있어요.

그러면 사람들은 	내가 	새로운 것에 대해 	말하려고 한다는 것 을 알 수 있어요.

나의 부모님과 	선생님들은 	새로운 것을 적절하게 말하는 	나를 엄청 뿌듯해 하세요. 	나는 정말 잘하고 있어요.

(SR 2) 요청이 거부되었을 때 적절하게 반응한다.

우리 엄마가 나를 에 데리고 가는 날,

나는  에 가고 싶을 때가 있어요.

나는 국어  시간에  에 갈 거예요.

엄마가  라고 해도

가끔 우리는  이 없을 때도 있지만 그건

(SR 4) 성인이 유도한 진정 전략에 반응한다.

(SR 5) 화가 났거나 좌절했을 때를 인식하고 휴식 또는 진정에 필요한 물건이나 활동을 적절하게 요구한다.

내가 	좌절하거나 	화가 나거나	분노하면 
나는	10번 심호흡 하거나 	20까지 수를 세거나 	퍼즐을 해요. 
내가 	진정할 수 	있게 되면 	

나는 	새로운 것을 	요구하거나 	산책을 가자고 	물어볼 수 있어요. 

나는 진정하기를 참 잘했어요.

(SR 10) 도전적인 행동을 하지 않고 자신이나 다른 사람의 실수에 대처한다.

가끔 나는 	대답을 	어떻게 해야 할지 모르거나 	추측하는 것이	두려울 때가 있어요. 

추측하는 것은 	좋은 거예요.	좋은 추측을 통해서 	나는 배울 수 있어요. 

나는 맞을 때도 있고, 	틀릴 때도 있어요. 

맞건 틀리건 	나는 뭔가를 배울 수 있어서 	좋아요. 

나의 부모님과 	선생님들은	좋은 추측을 하기 위해 노력하는	나를 엄청 뿌듯해하세요.	나는 정말 잘하고 있어요. 

참고문헌

Carr, S. C., & Punzo, R. P. (1993). The effects of self-monitoring of academic accuracy and productivity on the performance of students with behavioral disorders. *Behavior Disorders, 18*(4), 241–250.

Charlop, M. H., & Milstein, J. P. (1989). Teaching autistic children conversational speech using video modeling. *Journal of Applied Behavioral Analysis, 22,* 275–285.

Charlop, M. H., Schreibman, L., & Thibodeau, M. G. (1985). Increasing spontaneous verbal responding in autistic children using a time delay procedure. *Journal of Applied Behavior Analysis, 18,* 155–166.

Charlop, M. H., Schreibman, L., & Tryon, A. S. (1983). Learning through observation: The effects of peer modeling on acquisition and generalization in autistic children. *Journal of Abnormal Child Psychology, 11,* 355–366.

DiSalvo, C. A., & Oswald, D. P. (2002). Peer-mediated interventions to increase the social interaction of children with autism: Consideration of peer expectancies. *Focus on Autism and Other Developmental Disabilities, 17,* 198–207.

Ganz, J., Earles-Vollrath, T. I., & Cook, K. (2011). Video modeling: A visually based intervention for children with autism spectrum disorder. *Teaching Exceptional Children, 43,* 8–19.

Goldstein, H., Kaczmarek, L., Pennington, R., & Shafer, K. (1992). Peer-mediated intervention: Attending to, commenting on, and acknowledging the behavior of preschoolers with autism. *Journal of Applied Behavior Analysis, 25*(2), 289–305.

Gray, C. (2010). *The new social story book* (10th Anniversary Edition). The Gray Center.

Gresham, F. M., & Elliot, S. N. (1990). *Social skills rating system manual.* American Guidance Service.

Hallahan, D. P., & Kauffman, J. M. (2000). *Exceptional learners: Introduction to special education* (8th ed.). Allyn and Bacon.

Leaf, R., McEachin, J., & Harsh, J. D. (1999). *A work in progress: Behavior management strategies and a curriculum for intensive behavioral treatment of autism.* DRL Books.

Lonnecker, C., Brady, M. P., McPherson, R., & Hawkins, J. (1994). Video self-modeling and cooperative classroom behavior in children with learning and behavior problems: Training and generalization effects. *Behavioral Disorders, 20*, 24−34.

Maurice, C., Green, G., & Luce, S. C. (1996). *Behavioral interventions for young children with autism.* Pro ED.

McGinnis, E. (2011). *Skillstreaming in early childhood: A guide for teaching prosocial skills* (3rd ed.). Research Press.

McKinnon, K., & Krempa, J. L. (2002). *Social skills solutions: A hands-on manual for teaching social skills to children with autism.* DRL Books.

Partington, J. (2006). *Assessment of basic language and learning skills.* Behavior Analysis, Inc.

Strain, P. S., Kohler, F. W., Storey, K., & Danko, C. D. (1994). Teaching preschoolers with autism to self-monitor their social interactions: An analysis of results in home and school. *Journal of Emotional and Behavior Disorders*, *2*, 78−88.

Strain, P., Kerr, M., & Ragland, E. (1979). Effects of peer-mediated social initiations and prompting/reinforcement procedures on the social behavior of autistic children. *Journal of Autism and Developmental Disorders, 9*(1), 41−54.

Sundberg, M. (2008). *Verbal behavior milestone assessment and placement program (VB−MAPP).* AVB Press.

Winner, M. G. (2007). *Thinking about you, thinking about me* (2nd ed.). Think Social Publishing.

Boardmaker. www.Mayer-Johnson.com.

Stanfield, J. The Circles Curriculum Level 1. www.stanfield.com.

저자 소개

James T. Ellis, Ph.D., BCBA-D

James T. Ellis는 웨스트버지니아대학교(West Virginia University)에서 임상 심리학 박사 학위를 받았으며, 면허를 소지한 심리학자이자 공인 인증된 행동분석가이다. 2008년에는 남미 가이아나(Guyana)에 자폐 아동을 위한 스텝바이스텝학교(Step By Step School)의 설립을 도왔으며, 2012년에는 스텝바이스텝 행동 솔루션(Step By Step Behavior Solutions)을 설립하여 자폐 아동과 그 가족을 위한 상담 및 치료 지원을 20여 년 넘게 지속적으로 제공하고 있다. Ellis 박사는 전문 저널에 기사를 기고하고 있고, 놀이 개입, 효과적인 상담 지원 제공, 사회적 기술 평가 및 개입 등의 주제로 지역, 지역, 국가 및 국제 수준에서 발표하였다.

Christine Almeida, Ms.Ed., Ed.S., BCBA

Christine Almeida는 보스턴(Boston)의 시몬스대학교(Simmons University)에서 특수교육학 석사 학위와 행동교육학 석사 학위를 취득했다. Almeida는 보스턴 지역의 공인 행동분석가로서 사립학교와 공립학교에서 근무한 경력이 있으며, 현재 한 공립학교에서 자폐 아동을 위한 서비스를 감독하고 있다. Almeida는 교육 평가, 놀이 개입, 사회성 기술을 주제로 지역, 지역 및 전국 수준에서 워크숍을 진행한 경험이 있다.

역자 소개

허은정(Hur Eunjung)

단국대학교 특수교육학 박사

박사급 국제행동분석전문가(BCBA-D), 박사급 응용행동분석전문가(ABAS-D)

전 서초아이들세상의원, 남서울대학교 연구교수

현 단국대학교 겸임교수, 한국응용행동분석전문가협회 회장, 더자람ABA발달심리연구소 소장

주요 저 · 역서

『아동발달을 위한 ABA 프로그램: 차근차근 알기 쉽게 써놓은 발달장애아동을 위한 ABA 치료 실용서』(학지사, 2020), 『PACC: 아동발달을 위한 ABA 체크리스트』(인사이트, 2023), 『그룹 ESDM: 자폐 스펙트럼 장애 아동을 위한 협력적 치료』(공역, 학지사, 2024)

김명하(Kim Myoungha)

Florida Institute of Technology ABA advanced course

국제행동분석전문가(BCBA), 응용행동분석전문가(ABAS-1), PCM전문적 위기행동중재 강사 자격

전 푸르메어린이재활병원, 언어행동연구소 파란, 서초아이들세상의원 ABA치료사, 장애인 · 종합복지관 장애 청소년: 초기성인장애인 사회성향상 및 전환교육, 프로그램 진행 및 ABA 자문위원

현 한국응용행동분석전문가협회 이사, 언어행동연구소 파란 고문

김수정(Kim Sujung)

단국대학교 일반대학원 정서 및 자폐성 장애아 교육 전공 석사

Florida Institute of Technology ABA advanced course

국제행동분석전문가(BCBA), 응용행동분석전문가(ABAS-1)

전 카바ABA아동센터 부원장

현 한국언어행동분석협회(Korean Association for Verbal Behavior Analysis) 부회장, 건양사이버대학교 행동재활치료학과 외래교수, 언어행동연구소 파란 원장

주요 역서

『언어와 인지의 응용 행동 분석: 임상가를 위한 핵심 개념과 원리』(공역, 에이스북, 2024)

민정윤(Min Jungyoon)

일본 리츠메이칸 대학 대학원 응용인간과학연구과 응용행동분석 전공 석사
Florida Institute of Technology ABA advanced course
국제행동분석전문가(BCBA), 응용행동분석전문가(ABAS-1)
전 한국행동수정연구소 치료사
현 즐거운ABA아동발달연구소 소장, 안양과천교육지원청 장애학생 행동지원단 위원

주요 역서

『집에서 하는 ABA 치료 프로그램 1: 자폐아이를 위한 생활학습과제 46』(역, 예문아카이브, 2018), 『집에서 하는 ABA 치료 프로그램 2: 자폐아이를 위한 의사소통과제 30』(역, 예문아카이브, 2018), 『금지하지 않고 행동수정하는 ABA 육아법: 행동분석전문가가 Q&A로 알려주는 문제행동 중재 방법』(역, 마음책방, 2020), 『사회적 자립과 자기통제를 키우는 ABA 교육법 사춘기편: 자폐 스펙트럼 사춘기 아이를 위한 생활자립기술 36』(감수, 마음책방, 2022)

박미성(Park Mi seong)

응용행동분석 석사
국제행동분석전문가(BCBA), 응용행동분석전문가(ABAS-1), 워싱턴주 행동분석가(Washington State Licensed Behavior Analyst), 워싱턴주 행동분석가 협회(WABA, Washington Association for Behavior Analysis) 회원
전 카바ABA아동센터 슈퍼바이저, 한국행동수정연구소 치료실장, 성남시 교육청 및 성남시 육아종합지원센터 행동지원 자문위원, 한국응용행동분석전문가협회 이사
현 즐거운ABA아동발달연구소 자문위원, New Song Academy Behavior Specialist

ABA로 배우는 첫 사회성 프로그램

Socially Savvy: An Assessment and
Curriculum Guide for Young Children

2024년 10월 25일 1판 1쇄 인쇄
2024년 10월 30일 1판 1쇄 발행

지은이 • James T. Ellis · Christine Almeida
옮긴이 • 허은정 · 김명하 · 김수정 · 민정윤 · 박미성
펴낸이 • 김진환
펴낸곳 • **(주) 학지사**
　　　　04031 서울특별시 마포구 양화로 15길 20 마인드월드빌딩 4층
대 표 전 화 • 02)330-5114　　팩스 • 02)324-2345
등 록 번 호 • 제313-2006-000265호

홈 페 이 지 • http://www.hakjisa.co.kr
인스타그램 • https://www.instagram.com/hakjisabook

ISBN 978-89-997-3230-0 93370

정가 27,000원

출판미디어기업 학지사
간호보건의학출판 **학지사메디컬** www.hakjisamd.co.kr
심리검사연구소 **인싸이트** www.inpsyt.co.kr
학술논문서비스 **뉴논문** www.newnonmun.com
교육연수원 **카운피아** www.counpia.com
대학교재전자책플랫폼 **캠퍼스북** www.campusbook.co.kr